VOYAGE
HISTORIQUE ET LITTÉRAIRE
EN ANGLETERRE
ET
EN ÉCOSSE.

TOME SECOND.

VOYAGE
Historique et Littéraire
EN ANGLETERRE
et
EN ÉCOSSE

Par M. Amédée Pichot, D. M.

*...You and I cannot be confin'd within the
weak list of a country's fashion.*
SHAKSPEARE, Henri V.

TOME SECOND.

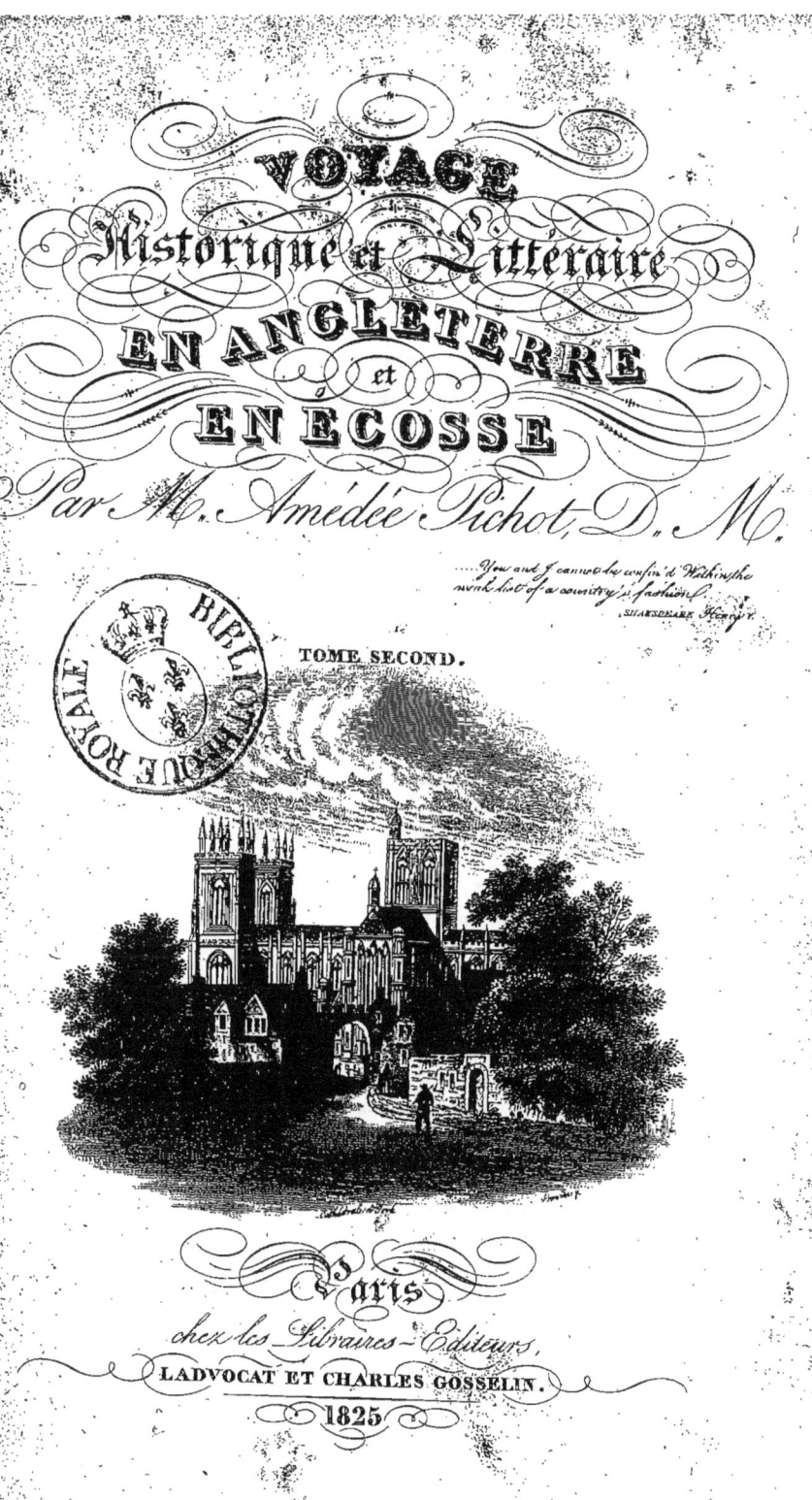

Paris,
chez les Libraires-Éditeurs,
LADVOCAT ET CHARLES GOSSELIN.
1825.

VOYAGE
HISTORIQUE ET LITTÉRAIRE
EN ANGLETERRE
ET
EN ÉCOSSE.

LETTRE XLII.

A M. VILLEMAIN.

Thee, Sion, and the flowery brooks beneath,
That wash thy hallowed feet, and warbling flow
Nightly I visit. MILTON. *Paradise lost.*

C'est toi, Sion, que je visite chaque nuit, toi et les rives fleuries des ruisseaux qui baignent tes pieds sacrés avec un doux murmure.

Nous aurons souvent à reprocher aux poètes modernes de la Grande-Bretagne de trop accorder à l'imagination, et de ne pas savoir s'arrêter dans les limites qu'impose le goût. L'ivraie qui se mêle au bon grain n'est pour eux qu'une preuve de la richesse du sol.

Parmi ceux qui brillent moins par la sage ordonnance du sujet que par une surabondance d'idées et un luxe d'images, M. Milman est peut-être le moins sobre d'épithètes, de métaphores, et de tous ces ornemens que Dryden, qui sacrifiait aussi parfois aux concetti, appelle les *Dalilas* du style. Aussi M. Milman, après avoir chanté un héros national[1], a reconnu lui-même que sa vocation l'appelait à traiter des sujets tirés de l'Écriture. Déjà, par instinct, c'était sous le beau ciel de l'Italie qu'il avait choisi la scène de sa première tragédie.

On s'étonne comment M. Milman a pu faire cinq actes de l'histoire de Fazio; mais ce sont cinq actes d'amplifications poétiques. Fazio est un jeune Florentin de peu de fortune, uni à Bianca, tout aussi pauvre que lui, vivant tous deux d'amour et d'espérance. Fazio est un philosophe, mais non un sage;

[1] *Samor, ou la Défaite des Saxons,* poëme en six chants.

car, rêvant la richesse, il s'est adonné à la poursuite de la pierre philosophale plutôt qu'à la philosophie qui nous apprend à être contens de notre sort. Ses travaux nocturnes sont interrompus soudain par un vieil avare, nommé Bartholo, qui habite seul avec son argent dans la maison voisine. Attaqué et blessé à mort par des voleurs, ce vieillard vient lui demander un refuge et meurt dans ses bras. Fazio ne peut résister à la tentation. « — Bartholo sans ami, sans parens, n'a d'autre héritier que l'état, se dit-il, et l'état est assez riche. » Il ensevelit secrètement le cadavre dans un coin de son jardin, et, muni de ses clefs, court chez lui s'emparer de son trésor. Fazio a trouvé la *pierre philosophale*. Bianca seule est instruite de son secret. Les voilà dans un palais, magnifiquement vêtus, donnant des fêtes, et entourés de flatteurs qui rappellent ceux du Timon de Shakspeare.

Malheureusement il est un triomphe qui séduit surtout l'amour-propre de Fazio. Avant de connaître Bianca, il avait osé aimer la marquise Aldabella, coquette fière et insensible, qui l'avait traîné quelque temps à son char, pour l'accabler ensuite de ses dédains. A son tour Fazio veut l'éblouir et la braver : l'artificieuse Aldabella lui fait de nouveau porter ses chaînes. Bianca, délaissée, est en proie à tous les tourmens de la jalousie. Arracher son époux à sa rivale est la seule pensée qui l'occupe. Fazio, pauvre, eût toujours été dédaigné par Aldabella : elle maudit le trésor qui l'a fait tomber dans les piéges de cette femme intéressée.

Cependant le duc de Florence et le sénat assemblés délibèrent sur l'étrange disparition de Bartholo. Ses coffres ont été trouvés vides ; ses vaisseaux encombrent les ports, ses marchandises les magasins, et l'intérêt de ses prêts usuraires n'est plus réclamé. Le duc et ses conseillers se perdent en conjectures, lorsqu'on leur annonce une femme qui demande à faire une révélation sur cet événement mystérieux. Cette femme est introduite. « — Bartholo est mort, dit-elle ; vous trouverez son cadavre dans le jardin de la petite maison située près du couvent des Franciscains. — Qui habitait cette maison ? — C'était Giraldi Fazio. — Et que sont devenues les richesses du mort ? —

Giraldi Fazio vous l'apprendra. » On devine alors comment Fazio a trouvé le *grand secret*. Le duc ordonne qu'on aille fouiller dans le jardin indiqué, et qu'on arrête Fazio. « — Vous le trouverez chez la marquise Aldabella. Emmenez-le, s'écrie la dénonciatrice. Point de pitié, point de retard ; ne lui accordez pas une seconde..... Qu'il n'ait pas le temps de lui donner le baiser d'adieu..... Quoi qu'il arrive, ils seront désunis ! » Cette femme, c'est Bianca, couverte d'un voile, mais qui se découvre quand Fazio est conduit devant les juges, et qui lui apparaît comme un témoin irrécusable. Mais l'accusation va plus loin qu'elle ne l'avait cru dans le délire de sa jalousie. Fazio est regardé comme l'assassin de celui qu'il a dépouillé ; il est condamné à perdre la tête.

Il était difficile d'intéresser vivement avec un plan si faible et des caractères tels qu'un voleur, époux infidèle ; une coquette qui en fait sa dupe, et une femme qui dénonce et envoie son mari au supplice. On ne saurait nier cependant que l'auteur ait eu le talent de nous attacher à la destinée de Fazio, par cette même faiblesse qui lui rend l'erreur si facile, mais qui s'allie à une sensibilité généreuse. Bientôt le malheur lui donne de la dignité. A la douloureuse surprise que lui cause l'accusation de Bianca, succède une noble résignation. Cette âme timide a trouvé la force d'étouffer ses reproches; il ne lui échappe pas un regret, pas un murmure; et son tranquille courage contraste avec le désespoir de Bianca. Leurs adieux dans la prison forment une scène des plus touchantes; et quand, au milieu des angoisses de cette épreuve amère, Bianca rappelle, en termes vagues, qu'elle a eu la pensée de faire périr ses enfans, c'est un mouvement sublime que l'expression des sentimens du père et du chrétien, dans la bouche du malheureux coupable.

BIANCA. — Fazio! Fazio! c'est aujourd'hui.

FAZIO. — Modère ton affliction. Sans doute, Dieu punit dans ce monde quand il veut épargner dans l'autre.

BIANCA. — Laisse-moi, Fazio, laisse-moi; tu embrasses l'auteur de ta mort.

FAZIO. — Non, c'est mon amie, mon épouse,

la mère de mes enfans!..... Pardonne, ma Bianca..... Mais, tes enfans..... Je ne les verrai plus. Un horrible spectacle laisse des traces trop profondes dans les souvenirs de l'enfance. Je ne veux pas que, dans un âge plus mûr, ils se représentent leur père infortuné dans la froide obscurité d'une prison ; s'ils t'interrogent sur leur père, dis-leur qu'il est mort, mais ne dis pas comment.

BIANCA. — Non, non ; il faudrait leur dire que ce fut leur mère qui le fit périr.

FAZIO. — Mais que font-ils, mon amour ?

BIANCA. — Et si je les avais affranchis des liens de ce monde odieux, si je les avais envoyés devant nous, dans un autre monde, de peur qu'en ne les y trouvant pas, nous n'éprouvions un pénible regret pour le triste jour que nous allons quitter !

FAZIO. — Oh ! tu n'aurais pas osé te montrer rebelle à la volonté de Dieu. Si tu l'avais fait, mes bras qui te pressent si tendrement s'éloigneraient de toi comme les rameaux d'un lierre flétri. La voix étouffée et tremblante de mes adieux s'élèverait pour te....

BIANCA. — Ils vivent ! ils vivent. Dieu soit

loué! Si je te tourmente par ces horribles idées, c'est que moi-même je suis environnée d'images affreuses. »

C'est surtout le caractère passionné de Bianca que M. Milman a peint en poète. Il a su la conserver naturelle et vraie dans sa tendresse inquiète, dans ses tourmens, ses soupçons et le délire de sa jalousie, dans la pathétique expression de son amour et de ses remords. Malheureusement la coquetterie vénale d'Aldabella, ses caprices invraisemblables ne constituent pas un caractère, et les personnages secondaires sont à peu près insignifians. La tragédie commence au troisième acte; mais ce n'est plus qu'une héroïde dialoguée. La multiplicité des interlocuteurs, les mouvemens rapides d'une double action, la complication des incidens sont trop du goût des spectateurs anglais pour que *Fazio* soit souvent représenté; mais peu de pièces ont été autant lues et vantées par les *critiques!*

La Prise de Jérusalem mérite plus encore ce dernier genre de succès. Ce drame épique est l'amplification la plus brillante du cinquième Livre de l'historien Josephe. Si je ne considérais que sa poésie riche de sentimens tour à tour tendres ou sublimes, et de ces transports dont l'expression est un hymne de l'enthousiasme, j'oserais mettre M. Milman à côté de l'auteur d'*Athalie* et d'*Esther*. Mais ce n'est plus Racine, quand on considère le peu de liaison des scènes entre elles, et cette succession de personnages secondaires qui n'ont d'autre motif pour paraître, que le discours qu'ils viennent déclamer. Cependant ce n'est pas seulement l'inspiration de quelques morceaux lyriques, la simplicité harmonieuse de quelques fragmens de dialogue qu'on admire dans *la Prise de Jérusalem*; mais l'ensemble du poëme produit une impression solennelle de terreur et de pitié, digne de cette imposante catastrophe. La simplicité du plan pourrait être regardée comme un calcul de l'art, dans un sujet qui n'est que l'accomplissement authentique d'une prophétie ; nous ne devons pas oublier que M. Milman appartient au ministère des autels. Nous marchons avec lui sur une terre teinte encore du sang de Jésus-Christ. Tous les personnages sont historiques, à l'exception des deux filles de Simon l'Assassin, qui sont les véritables héroïnes et les figures principales du tableau.

La tragédie s'ouvre par une scène entre Titus et ses officiers contemplant, des hauteurs du mont des Oliviers, la ville qui le jour suivant doit être livrée aux flammes. On sent peut-être un peu trop la rhétorique du professeur d'Oxford dans le langage étudié des Romains. Titus, destiné à être un jour le plus clément des princes, cherche à s'expliquer cette impulsion surnaturelle qui lui commande d'effacer tout un peuple de la terre. Il l'attribue à l'irrésistible loi du destin, le plus puissant des dieux, ignorant quel dieu l'a choisi pour l'instrument aveugle de ses vengeances. Cette idée poétique est heureusement amenée pour frapper l'imagination du lecteur; mais ce n'est encore que l'introduction de la tragédie qui se passe dans la ville assiégée. L'anarchie et les fureurs du fanatisme y exercent des ravages plus terribles que la faim et l'ennemi. Les revers irritent moins les Juifs contre les Romains que contre eux-mêmes. Les prodiges

sinistres ne font qu'accroître la rage des
chefs qui se disputent encore le pouvoir sur
des ruines et des cadavres. Jean est le chef
des Saducéens; et ce sont ses crimes, ses adul-
tères et ses principes profanes que son rival
accuse des malheurs de la nation. Ce rival
c'est Simon le Pharisien, que Josephe représente comme un zélateur implacable, un guerrier furieux et un habile politique, mais dont
peut-être à tort M. Milman a fait une espèce de Burley Israélite, un fanatique de
bonne foi, plus superstitieux que cruel. Simon a deux filles, toutes deux jeunes et belles.
Saloné, la première, est une âme ardente
et fière, exaltée jusqu'au délire pour la loi
de Moïse et pour la gloire future d'Israël.
Mais une passion plus terrestre se mêle à son
enthousiasme religieux; elle aime un jeune
héros, qui est avec son père le dernier espoir des Hébreux. Elle va s'asseoir chaque
jour sur les remparts de la ville, nouant ses
noirs cheveux afin qu'ils ne lui interceptent
pas la vue des armes et des bannières, nour-
rissant ses yeux avides du spectacle de ces

combats sans cesse renouvelés, et y suivant la carrière sanglante d'Amariah.

Le poète a donné à la seconde fille de Simon un caractère plus timide, une ferveur plus calme et des affections plus douces. Miriam aime un des chrétiens réfugiés à Pella depuis le commencement du siége; elle partage secrètement sa croyance, mais elle a refusé de quitter son père à l'heure du péril. Simon trouve tous les jours des alimens que lui apporte une main invisible, et qu'il croit être le don d'un ange tutélaire. C'est Miriam qui les reçoit chaque jour de Javan qu'elle voit à la fontaine de Siloé, où elle se rend par un passage creusé dans le roc, et connu d'elle seule. Cette fois Javan renouvelle ses sollicitations pour l'engager à fuir Jérusalem dont la dernière heure va sonner. Miriam résiste encore, résignée à mourir avec son père. Elle retourne auprès de lui et l'entend répéter l'horrible récit d'une visite qu'il vient de faire avec Jean et Éléazar, chez ceux qu'on soupçonnait de cacher leurs provisions. Ils ont surpris une pauvre femme qui avait pétri un gâteau de froment. Elle regardait ses enfans endormis, et pleurait, avec une étrange émotion, à la pensée de voir leurs yeux rayonner de joie à l'aspect de ce mets inaccoutumé. Elle ne l'avait pas goûté elle-même, mais elle levait déjà la couverture sous laquelle ses nourrissons reposaient, entrelacés dans les bras l'un de l'autre. Jean lui a arraché le gâteau, et l'a foulé aux pieds en la raillant avec un rire féroce! — Miriam, restée seule, invoque le Messie pour son père, dans un hymne digne des plus belles inspirations de Milton.

Le lendemain Miriam s'est de nouveau rendue à la fontaine, pendant que, repoussés dans une sortie, les chefs hébreux s'adressent mutuellement d'injurieux reproches. Le grand-prêtre survient, et les supplie d'oublier un moment leurs animosités particulières pour venger un affront que Dieu a reçu dans son temple, où au milieu des solennités de ce jour une voix a osé prononcer une invocation au prétendu fils de Dieu, le Nazaréen. Il demande qu'on l'aide à découvrir et à punir le blasphémateur. Simon s'écrie que, serait-ce son propre enfant, il lui jettera la première pierre.

L'enthousiaste Saloné murmure le nom de Miriam, attribue son absence au sentiment de son crime, s'élance au milieu des chefs pour la dénoncer, et s'arrête soudain émue par le souvenir de sa mère, qui en mourant lui a recommandé d'aimer toujours sa sœur.

Le grand-prêtre. Vierge voilée, qui es-tu?

Saloné. Loin de moi tout remords! le sang d'Abraham bouillonne dans mes veines. Comme je me dépouille de mon voile, je me dépouille de tout sentiment de crainte et d'amour. C'est une mort trop douce pour une femme si coupable de mourir pour Jérusalem. (*Elle lève son voile.*)

Simon. Saloné!

Le grand-prêtre. La fille admirée du noble Simon!

Une voix dans le lointain. Israël! Israël!

Le grand-prêtre. Qui parle avec ce ton d'autorité?

La voix. Israël! Israël!

Les Juifs. Place, place, le prophète!

Abiram (le faux prophète). Les blessures sont bandées, le sang est étanché, la haine est convertie en amour, la rivalité jalouse en union, le choc des armes et les fureurs de la discorde en chants d'hyménée et en joyeux festins.

Le grand-prêtre. Que veut dire Abiram?

Abiram. Je parle au nom du Très-Haut. Brave Amariah, fils de Jean, Saloné, fille de Simon, j'unis vos mains. Je bénis les jeunes époux, et je lie entre eux les chefs de Jérusalem par les liens de l'amitié et de la paix. » Et le faux prophète élève la voix pour faire entendre un chant nuptial auquel tout le peuple répond par des acclamations. Amariah et Saloné ne peuvent résister à la volonté du ciel d'accord avec leurs sentimens secrets, et Simon espérant que de cette alliance commandée par Jéhovah naîtra peut-être le rédempteur promis à Israël, fait procéder sans retard à la fête dont Abiram conduit la pompe.

Le poète nous ramène auprès de Miriam et de Javan, qui, après l'avoir de nouveau vainement pressée de le suivre, dit à la fille de Simon un adieu qu'il croit être le dernier.

Cependant, à l'approche de la nuit, les rues de Jérusalem sont remplies d'une foule de Juifs malheureux; dans leur terreur, ils rappellent les nombreux prodiges qui ont menacé depuis long-temps la nation. L'un parle du glaive suspendu pendant des mois entiers sur la ville; l'autre, d'armées aériennes combattant sur des chariots embrasés. Un lévite arrive qui raconte qu'à l'instant la grande porte du temple s'est ouverte d'elle-même, et a résisté aux efforts de tous ceux qui ont tenté de la refermer. Les prophètes sont devenus muets.... Tout à coup les sons d'une musique joyeuse annoncent l'hymen d'Amariah et de Saloné. Un concert d'allégresse célèbre le bonheur des jeunes époux. Mais une voix menaçante s'élève : « Malheur! malheur! malheur! » C'est la voix du fils d'Ananias, qui, depuis sept années, répète ce cri lugubre, malgré les rigueurs exercées contre lui pour le forcer au silence. Quand le siége avait commencé, il s'était tu, comme si la prédiction était accomplie. Il revient pour la dernière fois prophétiser la ruine de Jérusalem et la sienne; car à peine a-t-il ajouté : Malheur au fils d'Ananias, qu'une pierre lancée par les machines de l'ennemi le renverse et il expire. Simon et Jean sortent du banquet, plus exaltés que jamais; ils dispersent la foule à laquelle ils font un crime de ses lâches frayeurs; et se retirent eux-mêmes pour se préparer par quelques heures de repos à la victoire qu'ils croient obtenir le lendemain. Miriam demeure seule, et gémit de l'aveugle fanatisme de tous ceux qui lui sont chers. Elle murmure une prière, lorsque la foudre du Dieu vivant gronde, éclate, comme pour allumer le bûcher où Israël va être consumé. Les Romains sont en même temps montés à l'assaut, et leurs clairons sonnent déjà la charge dans les rues de Salem. « — Où est mon père? s'écrie Miriam, — bercé par des rêves de gloire; où est ma sœur? — dans sa couche nuptiale. »

Les Juifs vaincus se réfugient de toutes parts dans le temple. Simon est avec eux, et jusqu'à ce qu'il voie la flamme dévorer le faîte du sanctuaire, il croit que le Dieu d'Israël peut encore sauver son peuple. Miriam fuit éperdue, se rappelle avec un douloureux regret qu'elle aurait pu se sauver avec Javan; mais elle repousse aussitôt cette pensée pour se préparer à la mort en invoquant le nom du Christ.

Un vieillard. Qui a parlé du Christ? qui l'a appelé Sauveur? Il est ici, il est ici, mais exterminateur et escorté de la vengeance. C'est lui qui se manifeste dans le feu qui consume Sion.

Miriam. Malheureux vieillard, qui t'arrête sur le bord de la tombe pour être le témoin de la ruine de la patrie? Aurais-tu connu le Christ?

Le vieillard. Oui je le vis : c'est le Nazaréen que tu veux dire; je le vis lorsqu'il gravissait péniblement la montagne maudite. Le bois de sa croix pesait sur ses épaules déjà déchirées par les verges, et la pâleur couvrait son front couronné, mais non d'un diadème royal; il regardait avec patience et pitié la multitude furieuse.

Miriam. Et tu ne l'adoras pas?

Le vieillard. J'avais appelé la malédiction sur ma tête. J'avais crié au Romain : « Que son sang retombe sur nous et sur nos enfans; » et il est retombé sur nous, sur mes enfans et sur les enfans de mes enfans. Le glaive du Gentil les a tous moissonnés; et moi, épi flétri et desséché, j'attends la faux du carnage.

Miriam. Tu vis la croix et l'agonie du Christ sans en être touché !

Le vieillard raconte comment, honteux d'un moment de pitié à la vue de la sublime résignation du Fils de Dieu, il unit sa voix à celles qui s'élevèrent sur le Calvaire pour crier : « crucifiez-le. » Il est enfin convaincu de la divinité de la victime; mais sa croyance tardive est celle du désespoir. Dans son endurcissement il refuse d'exprimer son repentir par une prière, et s'éloigne en maudissant ses cheveux blancs. Miriam saisie d'horreur aperçoit Saloné pâle, sanglante, enveloppée du voile nuptial pour tout vêtement, et portant encore autour de sa chevelure en désordre sa couronne de jeune fiancée. Amariah, au bruit de l'assaut, s'est arraché de sa couche. « Il est bientôt revenu, dit-elle, il a déposé un baiser sur mes lèvres, a prononcé les mots d'épouse, de bien-aimée, de ravisseur, et a fait luire à mes yeux son épée dont la lame étincelante m'a éblouie. J'ai cru qu'il me frappait; puis soudain il s'est précipité sur mon sein en pleurant, et je n'ai plus senti que ses larmes brûlantes. » En vain Miriam cherche à calmer son délire,

l'enthousiaste expire sur son sein en lui disant :
« La nuit m'environne ; si Amariah revient
avec le matin, glorieux et riche de dépouilles,
selon sa coutume, tu me réveilleras, ma
sœur. »

Un soldat romain s'approche de Miriam,
qu'il a déjà poursuivie plusieurs fois en vain.
Miriam implore son honneur et sa pitié au
nom de l'amour qu'il éprouve pour sa propre
épouse, ou au nom de sa sœur. Le soldat la
transporte à la fontaine de Siloë : ce soldat, c'est
Javan déguisé. Il dépose celle qu'il aime au
milieu d'un chœur de chrétiens qui adressent
un dernier adieu à la ville sainte, dans un cantique dont rien ne surpasse la sublime poésie.

Telle est l'imparfaite esquisse de cet ouvrage, le chef-d'œuvre de M. Milman. Personne, de nos jours, n'a puisé une poésie
plus grande que la sienne dans les livres saints.
Il y a dans cette composition un caractère
d'inspiration religieuse. La pompe continuelle
du langage est ici la forme naturelle d'un tel
sujet ; les beaux vers de Milton produisent
seuls une impression aussi solennelle. Le tort
de M. Milman a été de faire succéder à ce

beau poëme deux drames de la même école, mais d'un effet moins imposant, peut-être parce qu'il a présenté trop souvent les mêmes formes de style et les mêmes idées.

Je ne dirai donc rien de son *Festin de Balthazar* ni de son *Martyr d'Antioche*, qui, malheureusement pour M. Milman, rappelle à la fois et Polyeucte et Cymodocée.

M. Milman occupe une chaire de poésie dans l'université d'Oxford ; il est devenu un des collaborateurs du Quarterly-Review. On devine que M. Milman serait en France un écrivain monarchique et religieux. Je fais allusion à cette classification, moins littéraire chez nous que politique, parce que M. Milman débuta dans la poésie par une paraphrase ministérielle sur le plus grand événement de 1814.

Le *Judicium regale* (titre un peu pédant) est un songe dans lequel l'auteur croit assister au jugement prononcé contre Buonaparte par les souverains assemblés ; les accusateurs sont les peuples qui exposent tour à tour leurs griefs. Il n'y a rien de bien saillant dans cette production qui me fournit seulement l'occasion d'observer qu'il n'est pas un poète anglais, de quelque mérite, qui n'ait consacré au moins un sonnet, celui-ci à la gloire, celui-là aux crimes de Buonaparte. Sa mort a remué puissamment toutes les imaginations anglaises. Son nom est ici partout introduit dans les conversations; il opère comme un charme sur les auditeurs attentifs. Imprimé sur le titre d'un livre ou en tête d'une affiche, il attire tous les regards. Ce culte public de l'admiration ou de la terreur, qui survit à l'homme lui-même, frappe d'abord un Français; mais, quelle que soit son opinion, il faut qu'il se défie du piége que lui tend l'orgueil national de l'Anglais se disant *Buonapartiste*. L'éloge perfide est bientôt retourné en faveur de la gloire anglaise; et ailleurs la haine, qui ne semblait accuser qu'un seul homme, s'empresse bientôt de mettre la France de moitié dans ses incriminations. En général, l'admiration est ici l'opinion de la majorité. Le buste de Buonaparte est aussi populaire que celui de Shakspeare; et son nom est un terme de comparaison devenu lieu commun. Il est une espèce d'animal extraordinaire, moitié lion, moitié tigre [1], qu'on fait voir pour un shilling. Le gardien invite le public à venir admirer le *Buonaparte des ménageries* : ce titre est consacré par l'enseigne. Un marchand de noir de fumée a imaginé d'appeler sa drogue le cirage Napoléon, en ayant bien soin d'imprimer que la recette lui a été fournie par un aide-de-camp de *sa majesté impériale*. Enfin on a trouvé le moyen de mettre à profit une petite statue en bronze de Buonaparte, en la faisant servir de quinquet à gaz hydrogène : c'est le soleil d'Austerlitz converti en lanterne.

[1] Le bonnassus.

LETTRE XLIII.

A M. LESOURD.

*...... Hail, horrors, hail
Infernal world, and thou profundest hell.*
MILTON.

Salut, horreurs; salut, empire de Satan, et vous, profondeurs de l'enfer.

Passer des hymnes pieux du révérend professeur d'Oxford, aux rêveries lugubres du pauvre desservant de Dublin, c'est rétrograder d'Éden aux royaumes infernaux, comme l'indique la citation par laquelle je commence ma lettre. Nommer M. Maturin, l'auteur de *Bertram* et de *Melmoth,* c'est évoquer toutes les apparitions de la littérature frénétique ; c'est s'entourer de sibylles, de démoniaques, de parricides, de bourreaux, de victimes, de juifs vivans parmi les squelettes de leurs enfans, de familles entières mourant de faim, etc.

J'examinerai ailleurs les romans dans lesquels M. Maturin a surpassé, par ses conceptions, la fantasmagorie d'Anne Radcliffe, et la métaphysique de Godwin, mais où il semble aussi chercher à prouver, par son style, qu'il écrit sous l'inspiration d'une démence à peu près continuelle. Comme auteur de *Bertram*, de *Fredolfo* et de *Manuel*, le révérend Maturin serait encore bien caractérisé, si un peintre le dessinait dans les convulsions et l'écume à la bouche. Il y a quelque chose d'affligeant toutefois dans la phrase d'une de ses préfaces où le malheureux poète avoue qu'il écrit des tragédies et des romans parce que son état ne lui donne pas de quoi vivre. C'est vraiment un déshonneur pour le clergé anglican, de souffrir qu'un de ses membres prostitue son génie et son caractère à ces affectations d'extravagance et d'horreurs. J'ai éprouvé plus d'une fois, en lisant les blasphèmes et les cris de rage que M. Maturin fait proférer à ses héros, ce sentiment pénible dont on est affecté à l'aspect d'un mendiant qui se donne une attaque d'épilepsie pour obtenir une misérable aumône.

Les collègues de M. Maturin répondent à ses plaintes, que s'il a encouru les censures ecclésiastiques ce n'a été qu'après avoir excité le scandale par sa première tragédie.

Il fut heureux pour l'auteur de *Bertram* d'intéresser lord Byron et sir Walter Scott, à qui il fut redevable de la bienveillance des comédiens et des libraires : il n'eut pas de moindres obligations à Kean. J'aime à croire, pour l'honneur du public de Londres, que *Bertram*, sans le jeu de cet acteur, n'aurait pas été accueilli avec tant d'enthousiasme. Il serait superflu d'analyser ce drame, plus hideux que *les Brigands* de Schiller, puisqu'une traduction l'a fait connaître en France, en adoucissant toutefois ce qu'il a de trop horrible, et souvent aussi de trop ridicule dans l'expression. Mais ceux qui ne lisent que la pièce anglaise ne sauraient dire si elle n'est pas plus ridicule qu'immorale, tant il est vrai que l'exagération ressemble toujours un peu à la parodie. On prétend que Schiller se reprocha plus d'une fois, comme une *débauche* de jeunesse, d'avoir fait *les Brigands*. Il n'y a rien dans cette production d'aussi révoltant que l'adultère que nous révèle le quatrième acte de *Bertram*.

La tragédie de *Fredolfo* n'a pas eu le succès de *Bertram* : une espèce de démon, sous la forme d'un nain, en est le personnage principal. Ce héros de pandemonium fut sifflé comme son prototype dans Milton.

Manuel n'a pas été plus heureux, et ne mérite pas davantage une notice.

M. Maturin s'est résigné à ne plus faire que des romans dont nous aurons occasion de parler. [1]

Un de ses compatriotes, M. Shiel, a produit plusieurs tragédies qui ont eu leurs jours de vogue, mais qui ne resteront pas dans la littérature anglaise. Je n'en excepte pas son *Évadné*, quoique ce soit une copie du *Traître* de Shirley, peut-être aussi à cause de cela même. M. Shiel a bien calqué le style de Shirley, mais on sent qu'il écrit dans une langue qui ne lui est pas familière, ou plutôt

---

[1] Au moment où je corrige cette épreuve, j'apprends la mort de M. Maturin, et je me hâte de dire d'avance que s'il n'eût été le plus extravagant des auteurs, il serait le plus grand génie de la littérature anglaise.

qu'il ne s'est pas assez pénétré de l'esprit dans lequel écrivaient ses modèles. Il manque toujours quelque chose à son expression, parce qu'il ne s'est pas bien rendu compte de la pensée qu'il veut traduire. Il a choisi un sujet des plus intéressans, et ne s'est pas borné à faire dominer exclusivement un caractère ; mais, comparée à la tragédie de Shirley, la sienne n'est qu'une copie pâle, et ses personnages sont sans vigueur et sans naturel.

Shirley fut un auteur original. Trop négligé aujourd'hui en Angleterre par ceux qui étudient les anciens auteurs, il peint souvent les femmes avec une poésie ravissante. L'*Évadné* de Shiel, qui n'est que l'*Amidea* de Shirley, a du moins conservé presque tout son charme dans la nouvelle pièce. La scène qui donne lieu au second titre d'*Évadné* ou *la Statue*, serait, je crois, neuve sur notre théâtre.

Le roi de Naples, prince corrompu par les plaisirs, est sous l'influence de Ludovico, courtisan perfide et ambitieux, qui a excité en lui une passion criminelle pour Évadné, dans l'espoir de le rendre victime du ressentiment de son frère nommé Colonna, jeune

Napolitain rempli d'honneur et de fierté. Colonna est l'ennemi politique de Ludovico, qui parvient d'abord, par ses artifices, à mettre la discorde entre lui et Vicencio, amant préféré d'Évadné, en persuadant à celui-ci qu'il est trompé, et que déjà le roi obtient les faveurs de sa maîtresse. Colonna blesse Vicencio dans un duel, et, arrêté comme meurtrier, apprend qu'il n'obtiendra sa grâce qu'en livrant sa sœur au caprice du monarque. Excité par les insinuations artificieuses de Ludovico, il laisse percer son intention d'immoler le tyran. Ludovico entre dans les intérêts de sa vengeance, et amène lui-même son maître au palais de Colonna. Mais Évadné supplie son frère de différer d'une heure, et le fait cacher dans une salle ornée des statues de leurs ancêtres, où le roi se croit au comble de ses désirs. Évadné, éludant une réponse sérieuse à ses propositions, le force de considérer avec elle les statues et d'en écouter l'histoire. L'une est celle d'un guerrier du temps de Charlemagne, qui semble encore, sous le marbre, jaloux de son écusson sans tache. Une seconde représente

Guelfe-le-Meurtrier, qui poignarda sa fille plutôt que de la laisser tomber aux mains des Sarrasins. Une autre enfin offre au roi un personnage connu de lui : c'est le père d'Évadné, dont elle rappelle avec enthousiasme les vertus et les services qu'il rendit à l'état et à son souverain; soudain, s'élançant vers cette image chérie, Évadné l'embrasse étroitement. « Main-
« tenant, prince, dit-elle, je suis prête. Ve-
« nez détacher mes faibles bras de ce marbre
« insensible; venez récompenser mon père
« en déshonorant sa fille. » Cet appel aux sentimens généreux du roi l'a touché; il maudit les lâches conseils de Ludovico. Colonna, qui se montre, lui offre de le convaincre de sa perfidie. A son tour, c'est le roi qui se cache, à l'approche du favori. Celui-ci, croyant le crime achevé, fait éclater sa joie, et raille Colonna qui n'a été que son instrument. Seul il va recueillir le fruit de sa vengeance, en livrant le coupable au bourreau, pour s'emparer du trône. Mais le roi paraît en même temps que les gardes qu'il appelle, et Ludovico périt sous les coups de Colonna.

L'Apostat, de Shiel, est une tragédie bien inférieure à *Évadné;* les caractères ne sont que des personnifications de tous les lieux communs du mélodrame ; aussi l'auteur appela-t-il à son secours le machiniste et le costumier. L'opposition des Maures et des chrétiens d'Espagne est déjà un spectacle poétique. On admire de plus, dans *l'Apostat*, des palais incendiés et des prisons de l'inquisition. M. Thomas Moore cite quelque part M. Shiel comme un grand poète tragique. M. Moore et M. Shiel sont tous deux Irlandais.

En résumé, la tragédie anglaise perd chaque jour davantage cette originalité qui justifiait l'irrégularité de son système. Des auteurs qui ont cru la retrouver, avec ses anciens attributs, dans l'étude des poètes du règne d'Élisabeth, les uns n'ont pas su sauver l'invraisemblance des situations romanesques, par la poésie du style ; les autres ont été faux et outrés, en adoptant un langage qui n'est nullement adapté aux mœurs d'une civilisation toute nouvelle. Il en est qui, au lieu de peindre en traits larges et énergiques la vie réelle et les passions, se sont perdus dans les abstractions d'une sombre métaphysique. Enfin ceux qui se sont adressés plus directement au jugement du peuple, ont plus cherché à éblouir les sens par les décorations qu'à intéresser l'âme par des caractères vraiment tragiques. Un moule commun sert à tous les personnages, dont la liste se compose d'un traître sans remords, d'un amant qui n'a ni bon sens ni naturel, d'un prêtre superstitieux, d'un tyran barbare et d'une héroïne qui devient folle le plus souvent.

Les critiques anglais avaient beaucoup espéré de lord Byron ; mais le régénérateur de leur théâtre n'a pas encore paru ; on ne saurait le reconnaître ni dans l'auteur du *Duc de la Mirandole* (Barry Cornwall), ni dans le traducteur d'*Oberon*, M. Sotheby, dont les tragédies ont fait peu de bruit, et sont à peu près oubliées. M. Knowles, auteur de *Brutus*, et M. Croly, mériteraient peut-être une mention plus honorable; mais ces messieurs sont trop *poètes* quand ils font parler un personnage. Ils ont volontiers recours à la *tirade*, qui est la mort du plaisir dramatique.

LETTRE XLIV.

A M. L'ABBÉ ***.

But Martin, who at this time happened to be extremely phlegmatic and sedate, begged his brother not to damage his coat by any means.
SWIFT, *Tale of a Tub.*

Mais Martin, qui était alors très calme et phlegmatique, supplia son frère de ne pas lui gâter son habit en aucune façon.
(*Le Conte du Tonneau.*)

Vous êtes curieux de savoir, mon cher abbé, si j'ai rencontré à Londres, parmi les hommes d'église, le vertueux Harrison de l'Amelie [1], ou cet excellent vicaire Primrose [2], dont la simplicité patriarcale n'est encore pour vous qu'une fiction. Je vous avoue que je n'ai vu ni l'un ni l'autre jusqu'à présent; quand j'aurai visité les provinces, j'espère être plus heureux

---

[1] De Fielding.
[2] *Le Vicaire de Wakefield* de Goldsmith.

et faire même connaissance avec un Abraham Adams, dont la bonhomie originale ne vous intéressa pas moins quand vous vous permîtes la lecture de Fielding. Mais tremblez, mon cher abbé, ce peintre fidèle des mœurs anglaises est ici à l'index. On ne le lit plus qu'en cachette, tant le siècle s'est fait moral! Je dois vous adresser prochainement un jeune ministre anglican : ne lui avouez donc tout au plus que la lecture de *Richardson*, qu'on ne recommande plus en chaire comme autrefois. Ce qui vous surprendra, c'est la brochure d'un de ses confrères d'Oxford qu'il vous porte, et dans laquelle vous verrez la preuve que les romans de sir Walter Scott ne sont que des profanations du style de l'Écriture : *les Puritains d'Écosse* surtout y sont anathématisés en règle. Vous allez encore me demander si le méthodisme a réformé l'Église anglicane, et si ses membres indignement outragés dans les comédies du temps de Charles II, censurés plus sérieusement depuis dans tant de pamphlets, ont enfin donné un démenti aux poètes et aux libellistes, en réalisant l'idéal du docteur Harrison et du vicaire Primrose.

Je ne répondrai pas directement à cette question; mais en vous faisant part de tout ce que j'ai recueilli dans mes lectures et mes observations *de visu,* je vous fournirai, sur *le personnel du clergé,* quelques éclaircissemens préalables auxquels je me réserve d'ajouter de nouveaux détails quand je serai de retour de mon excursion en Écosse, où de nouveaux objets de comparaison s'offriront à moi.

Vous aimez la vérité, et par conséquent vous souffrez la discussion; vous allez donc écouter avec tolérance tout ce qui va m'échapper, sans doute, en vous exposant l'état de l'Église en Angleterre. N'étant pas très fort théologien, et vivant au milieu des hérétiques, je vais emprunter nécessairement quelques phrases de leur langage; mais je serai docile à vos réfutations, et mes hardiesses ne serviront qu'à vous rendre plus attentif. Je me laisserai d'autant plus aisément aller à parler comme les ministres anglicans, que de toutes les hérésies, celle de leur culte se rapproche le plus du catholicisme. Calvin leur fait même aujourd'hui plus de peur que le Pape, qu'ils ne brûlent plus du reste en effigie, comme jadis. Le gouvernement est leur auxiliaire contre le papisme, et se charge de le persécuter en Irlande. Mais ils ont à combattre corps à corps les diverses sectes dont quelques unes menacent de ravir l'influence et le pouvoir à la *religion constitutionnelle*. Je me sers de cette expression, parce que l'Église anglicane est à la fois une institution religieuse et une institution politique.

Les premières semences de la réforme avaient déjà mêlé l'ivraie dans le champ du catholicisme anglais ; la plupart des esprits étaient ébranlés et incertains, lorsque la polygamie de Henry VIII, en séparant ce prince de Rome, sans le faire renoncer à son *absolutisme* en religion, fonda le culte anglican qu'acheva d'organiser la politique d'Elisabeth, habile à profiter des idées des ministres de son père. En flattant les passions et le despotisme de Henry, Cramner et Cromwell avaient compris qu'il était temps d'offrir au peuple un changement qui éludât l'exigence des réformateurs. On dirait qu'ils avaient pressenti tous les empiétemens futurs du presbytérianisme.

On ne veut pas en convenir en Angleterre ; mais quand ils affranchirent le peuple des exactions de Rome et de son orgueilleuse influence, les ministres de Henry et ceux d'Élisabeth, en feignant une espèce de ligue avec le peuple, en criant plus haut que lui contre la nouvelle Babylone, rendaient en quelque sorte la couronne et les réformateurs solidaires. Les nouvelles idées religieuses étant adoptées par le gouvernement, ne firent en effet qu'enrichir le domaine royal et la double aristocratie du haut clergé et des courtisans, aux dépens des collecteurs d'indulgences et des moines propriétaires. Ce qu'il y avait de trop âpre dans les théories toutes démocratiques de la réforme, s'adoucit sous le *rochet* de l'épiscopat ; le républicanisme évangélique fut relégué dans les cœurs des puritains; et quand il se fit jour enfin, et se manifesta violemment sous Charles Ier, il ne fit que préparer, par ses réactions, des réactions nouvelles contre lui-même, parce que la violence n'a jamais fondé un règne durable. Cromwell déjà n'avait pu le dompter tout-à-fait, après l'avoir associé à sa gloire et à sa puissance.

Avec le retour des Stuarts, l'anglicanisme, qui n'est que le catholicisme modifié, reprit le dessus. L'aristocratie épiscopale récupéra tous ses priviléges, et le monopole des richesses et des honneurs. Enfin la révolution de 1688 ne fut qu'une garantie nouvelle donnée aux puissances de l'anglicanisme contre la papauté. De la première fermentation démocratique de la réforme, du déplacement de la suprématie sous Henry VIII et Élisabeth, de l'explosion républicaine sous Charles Ier, et des garanties politiques accordées à l'anglicanisme par la maison de Brunswick, il n'est résulté qu'une circulation d'idées libérales plus abondante en Angleterre qu'ailleurs, en religion comme en politique. Milord Martin a hérité de Milord Pierre ; la variation perpétuelle des sectes dissidentes nécessairement divisées, fait la seule *raison* de l'*héritier* contre les objections toujours aussi justes de Jack. [1]

---

[1] On sait que, dans le *Conte du Tonneau*, Swift appelle les trois frères Pierre, Martin et Jack. Pierre est le papisme, Martin est l'anglicanisme, et Jack les sectes dissidentes.

Le souverain du peuple anglais est aussi le chef de l'Église anglicane; les évêques reconnaissent sa suprématie. Il pourrait prêcher et administrer les sacremens. Élisabeth, en instituant un culte national, conserva un grand nombre des cérémonies papales, les orgues, les ornemens, les autels, le rochet, la mitre, le surplis, etc., etc. Sa vanité de femme aimait la pompe, qui est un des attributs naturels du pouvoir. La hiérarchie des ministres anglicans se compose du haut clergé, c'est-à-dire de deux archevêques, de vingt-deux évêques, des doyens, des chanoines, des archidiacres, et du bas clergé, c'est-à-dire des recteurs, des vicaires, des desservans, etc. Deux millions sterling, sans compter les dîmes, sont le revenu annuel de ces fonctionnaires religieux. Mais comme on le pense bien, la répartition n'en est pas plus égale que celle des honneurs et des priviléges.

Les décanats, les prébendes, les gros bénéfices ont quelquefois été la récompense du savoir; mais on se plaint qu'aujourd'hui, comme jadis, le patrimoine de l'Église est devenu en partie celui des cadets de familles influentes.

Certains bénéfices appartiennent à des laïques, qui, assez souvent, se réunissent afin de faire desservir deux ou trois paroisses par un seul ministre.

La *non-résidence* est le vice le plus reproché aux recteurs et aux vicaires. Ceux-ci cumulent plusieurs bénéfices, ou, s'ils sont riches d'un autre côté, ils font un marché avec un ecclésiastique sans emploi, qui dessert la paroisse pour une somme modique. Ce desservant s'appelle curé (*curate*).

Je ne parle pas des simoniaques.

La liturgie fixe le dogme et le service. L'éloquence du style y est souvent remarquable; mais l'imperfection en a été reconnue par plus d'un saint prélat, malgré la terreur panique de toute innovation, maladie de l'Angleterre en religion comme en politique. Il y a, par exemple, contradiction dans les prières insérées pour la conspiration des poudres et celles qui furent composées à l'avénement de Guillaume III. Les Arminiens et les Calvinistes se disputent l'explication de quelques articles, si bien qu'il est un évêque du temps présent qui n'admet de ministre dans son diocèse qu'après l'avoir soumis à des questions préalables. Lorsque la réforme se sépara de la communion romaine, le prétexte fut le libre usage de la Bible. La liturgie est extraite des saintes Écritures, ainsi que la plupart des prières du *common prayer book* (du livre des prières communes). Tout membre de l'Église anglicane doit tenir autant au *common prayer book*, qu'à la Bible elle-même.

La religion anglicane, fille de l'intolérant Henry VIII, a conservé long-temps un caractère d'intolérance ; l'arme même, presque inusitée, de l'excommunication, resta dans ses mains après la séparation de l'Église romaine. Aujourd'hui elle se vante quelquefois d'être la plus tolérante des Églises : cela est juste, jusqu'aux frontières de l'Écosse et jusqu'à la mer d'Irlande. Cette intolérance, il est vrai, appartient moins au caractère national qu'à la politique du gouvernement ; cependant ce n'est pas seulement le clergé qui s'en rend solidaire, ni le parti ministériel. Les hautes classes s'associent chaque jour plus intimement, selon les apparences, aux doctrines anglicanes, et toutes les conséquences en sont adoptées par cette partie moins éclairée du peuple, qui, dans tous les pays, sert dévotement les intérêts de l'Église nationale, et ne voit que par les yeux de ses prédicateurs. L'anglicanisme étant la religion de l'état, doit nécessairement voir d'un œil jaloux les cultes dissidens ; l'esprit de prosélytisme qui anime en général toutes les sectes, et l'enthousiasme qui est le caractère de quelques-unes des plus actives, doivent forcer les évêques et les ministres anglicans à une lutte continuelle. L'exemple de notre athéisme révolutionnaire, enfanté par le philosophisme, fut pour eux plus récemment une grande leçon qui les mit également sur leurs gardes contre les idées libérales. Il y a donc de la vie dans toutes les croyances en Angleterre, parce que tous les intérêts opposés sont continuellement en présence, et qu'aucun pouvoir supérieur ne les contient. Voilà ce qui empêche une indifférence totale.

Il faut qu'un clergé ne soit pas dépendant sans doute de la charité publique ; mais le contact de ses intérêts mondains avec ceux

de ses ouailles le ravale dans un pays où la discussion est permise, où toute propriété est jalouse, et où l'esprit de commerce et d'industrie fait la guerre à toute espèce de spiritualisme...................
. . . . .ᴇ. . .

LETTRE XLV.

AU MÊME.

*What is church? — a flock, our vicar cries,
Whom bishops govern, etc.*
. . . .
*What is church? Our honest sexton tells;
'Tis a tall building with a tower and bell, etc.*
. . . .

CRABBE.

Qu'est-ce que l'Église? — Notre vicaire s'écrie que c'est un troupeau conduit par l'évêque. . . . . .
Qu'est-ce que l'Église? — Notre sacristain répond que c'est un vaste édifice avec une tour et des cloches, où le prêtre prêche, où le sacristain sonne pour appeler les fidèles, etc.

Mon ami le jeune théologien m'a conduit dans un petit village dont son père est le pasteur. Ce pasteur est un bon vieillard, confiant dans sa foi, scrupuleux dans l'observance de ses devoirs, et gagnant les cœurs par une bonne humeur persuasive; il est très attaché à l'Église établie, mais très modéré dans son anglicanisme. Pendant que son fils et lui étaient allés rendre une visite obligée, je suis resté dans la bibliothèque et me suis amusé à parcourir un livre dont le titre m'avait intrigué, et dont le sujet était tout-à-fait de circonstance pour moi. Les chaires paroissiales sont ici ornées d'un coussin sur lequel le prédicateur pose ses mains dans le geste de la prière. *The velvet cushion* est l'histoire d'un de ces coussins de velours qui, depuis le règne de Marie, a survécu à toutes les vicissitudes des cultes catholique, protestant et dissidens, pour devenir enfin le meuble d'une chaire obscure de province. L'auteur de cette innocente satire, qui ne brille guère par l'invention, suppose que, doue soudain de la parole, le coussin apostolique est devenu son propre historien. « J'ai vu, dit-il, la plupart des grands hommes que la piété, les circonstances ou leurs *femmes*, ont fait entrer dans les ordres. J'ai entendu les meilleurs prédicateurs de trois siècles consécutifs. Toutes les grandes questions de religion, de morale et même de politique, m'ont été soumises. Transporté souvent de la chaire au vestiaire, j'ai été témoin de toutes sortes de disputes soutenues par toutes sortes de caractères. Les sacristains forment aussi une classe qu'on suppose à tort ne se mêler des affaires de l'Église que pour percevoir leur argent chaque fois qu'ils creusent une tombe. Ils jouent, il est vrai, un rôle secondaire dans le drame ecclésiastique, mais ils sont des confidens très bien informés, et doués d'une élocution facile. »

J'ai pris dans cette œuvre, moins spirituelle que le *Conte du Tonneau*, quelques notes dont je ferai usage.

Cette autobiographie d'espèce nouvelle est en même temps une galerie de portraits. Celui du vicaire, à qui elle est adressée plus directement, réunit plusieurs traits que j'appliquai naturellement à mon hôte. J'y reconnus les habitudes tranquilles et régulières que son fils m'avaient décrites, et dont je fus témoin en partie ce jour-là. Chaque matin le bon prêtre continue la lecture de sa Bible. Il appelle ensuite sa vieille servante, le jardinier et un autre domestique pour leur dicter une action de grâces et les bénir. Après le déjeuner, son occupation est de préparer le sermon du dimanche ou d'aller visiter quelques chaumières du village, diriger lezèle, réprimander l'insouciance, consoler les cœurs affligés. Quant à l'aumône, il lui est difficile de la faire. Toutes ses jouissances sensuelles consistent à prendre une prise de tabac, à fumer parfois une pipe et à s'accorder un petit somme. Son grand regret, qu'il exprime avec une résignation toute chrétienne, est que Dieu n'ait pas voulu que sa femme l'accompagnât jusqu'à la fin de son pèlerinage mortel. Quelquefois, quand il jette les yeux sur la campagne, et qu'il aperçoit à quelques pas de distance le marbre sous lequel elle l'attend, un soupir lui échappe; mais son fils est là, il se retourne aussitôt vers lui en souriant, et lui serre la main.

Je suis revenu à Londres charmé de mon excursion, et persuadé qu'on trouve encore des ministres Primrose dans le clergé anglican.

Le fils du bon vicaire de H.... aura plus d'ambition que son père. Il apprécie ses vertus; mais il avoue lui-même qu'il se croit appelé à une carrière moins obscure. Vous faites parfois le rêve du docteur Syntaxe, lui dis-je, et il me répondit en me le récitant lui-même.[1]

Si le fils du bon vicaire de H.... parvient jamais à l'épiscopat, il le devra au patronage des amis qu'il s'est faits à l'Université. Il s'est

[1] Vous connaissez, je crois, le *Don Quichotte pittoresque* par les gravures : voici ce songe poétique dont l'illusion n'est défendue qu'aux sévères presbytériens.

« Syntaxe n'est plus un humble curé ! sa perruque, tant de fois le jouet des vents, s'est convertie sur sa tête en mitre apostolique ; une robe épiscopale a remplacé le modeste surplis. Sa pauvre Grise, digne de figurer à côté de Rossinante, n'offre plus le triste spectacle de sa queue et de ses oreilles mutilées ; six coursiers couverts de riches draperies traînent le docteur dans un carrosse qui effleure à peine le sol. Le prélat imaginaire traverse la nef d'une vaste cathédrale au milieu d'un clergé respectueux et des jeunes vierges qui sourient à sa grandeur. Il s'avance vers la chaire d'un pas solennel, et prodigue gravement ses bénédictions à la foule inclinée. L'hymne des choristes et les sons de l'orgue enivrent son âme d'une harmonie ravissante. Échappé aux mains de sa Thérèse irritée, il est devenu l'époux d'une duchesse dont les nobles manières et la beauté font l'ornement du palais ecclésiastique. »

lié à Cambridge avec les fils des grands hommes du jour. Le mot *preferment* (avancement) est de tous les mots de sa langue celui qui chatouille le plus agréablement son oreille. Il a su s'initier dans les bonnes grâces de l'évêque actuel de Londres, qu'il met déjà bien au-dessus du vénérable Porteus, son prédécesseur. Le *bishop* Porteus[1] a été un des apôtres les plus actifs de la religion anglicane. On lui doit d'utiles règlemens ecclésiastiques et quelques institutions relatives à l'éducation des pauvres. Il a combattu constamment la corruption des mœurs et les progrès alarmans des sectes nouvelles. Son zèle osait même adresser des re-

[1] Dans une des séances de la Chambre des Pairs, en 1794, un noble lord cita quelques vers du poëme *sur la Guerre* de l'évêque Porteus :

« Un seul homicide rend l'homme un assassin, des « milliers d'homicides font un héros. Les princes ont le « privilége de tuer, et des meurtres en masse sancti- « fient le crime, etc. etc. »

L'évêque Porteus était présent, il avait la constante habitude de voter pour le ministère. Un noble comte de l'opposition lui demanda s'il était bien l'auteur de ces excellens vers. — Oui, répondit l'évêque ; mais ils n'ont pas été faits pour la présente guerre.

montrances aux grands de la terre. L'observation scrupuleuse du Sabath lui tenait surtout à cœur. La mode s'était introduite dans la haute aristocratie de donner des concerts le dimanche. L'évêque écrivit directement aux principales ladies pour leur faire connaître toute l'énormité du scandale. Le prince régent avait également choisi ce jour-là pour réunir ses amis dans l'hôtel de l'un d'eux. L'évêque obtint de son altesse royale que la réunion n'aurait plus lieu que le samedi [1]. Ce prélat fut un des fondateurs et le président de la fameuse société pour la suppression du vice. Une institution semblable succomberait bientôt en France sous les traits du ridicule. Il faut avouer que cette police *volontaire* est une véritable tartuferie morale. Ses apologistes eux-mêmes ont été forcés d'en reconnaître

---

[1] Un des membres de ce club étant un peu plus gai que de coutume le dimanche matin, fut rencontré, dit-on, par un des membres de la société pour la suppression du vice, qui se permit de lui faire observer qu'il donnait un assez mauvais exemple. Le personnage répondit comme le jardinier du comte Almaviva : *C'est un petit reste de la veille.*

les abus. Mais on doit convenir que, grâces au bienfait de la liberté pratique dont on jouit en Angleterre, cet aréopage, protecteur de la morale et du culte, n'est guère plus redoutable que l'était devenue, sous Charles III, la sainte inquisition en Espagne. Or les Anglais sont si heureux de leurs continuelles déclamations contre les pauvres héritiers de Torquemada et les jésuites de notre police, qu'il nous serait bien permis de rire un peu aux dépens de cette inquisition insulaire.

Les délits de la presse sont du ressort de cette société. Elle est devenue le fléau de tous les éditeurs de livres impies; et certes il est malheureux que la législature soit souvent, malgré la *congrégation* anglaise, restée impuissante pour arrêter ce poison.

Cette inquisition, qui vient au secours de douze mille prêtres, de quatre mille juges de paix, de trente grands juges et de quatre mille constables, a dû nécessairement produire quelque bien; mais elle a créé encore plus d'abus; elle a surtout pris sous sa protection la médisance et l'hypocrisie. Trouvez en France, me disait notre ami le théologien, mille souscripteurs qui osent braver le respect humain, et se déclarer publiquement les patrons de la religion et de la morale.»—« Soyez plus indulgent, lui ai-je répondu; Dieu aurait consenti à sauver Gomorrhe et Sodome en faveur de dix justes. » Je ne sais si mon ami allait me défier de trouver les dix justes ; mais nous avions quitté le *stage-coach,* et nous traversions paisiblement les rues, lorsqu'un tumulte soudain vint interrompre notre entretien. Des constables conduisaient à l'hôtel de la police un soldat de la garde royale et un personnage en habit noir que la populace poursuivait de ses hurlemens ; les femmes élevaient surtout la voix, et mêlaient à leurs huées des cris de menace et d'imprécation. Mon théologien, cédant à sa curiosité, voulut questionner un des hommes les moins animés de ce cortége bruyant et presque séditieux. On lui répondit par une insulte, et nous nous retirâmes sans en savoir davantage.

Ce matin les marchands de brochures portent tous au haut de leur perche l'annonce d'une anecdote nouvelle, intitulée *l'Évêque et le Soldat.* Pour mes quatre sous j'ai lu ce pamphlet, qui est l'histoire du tumulte de la veille. L'évêque Jocelyn avait été surpris au fond d'une taverne avec un garde à pied, dans une attitude plus que suspecte. Ces gardes à pied ont ici très mauvaise réputation. L'évêque Jocelyn avait fait condamner, il y a quelques années, un de ses serviteurs à être fustigé publiquement, pour avoir divulgué certaines propositions que le prélat s'était cru autorisé à lui faire. Ce pauvre diable a gémi long-temps dans un cachot; il n'en est sorti qu'après avoir signé une rétractation et fait amende honorable. Aujourd'hui, Monseigneur échappé aux ongles des femmes de Londres, qui voulaient le mettre en pièces, vient de fournir une forte caution à la police; et, laissant le garde à pied comme le bouc émissaire, il est déjà parti pour le continent, où ses amis de la société contre le vice n'iront pas le poursuivre.

LETTRE XLVI.

AU MÊME.

The pulpit, drum Eclesiastick.
Butler.
La chaire, tambour de l'Église.
(*Hudibras.*)

Les cérémonies du service anglican ne sont pas assez pompeuses pour attirer le peuple : quand l'église est remplie, c'est le prédicateur qui en a toute la gloire. Heureux celui qui peut desservir une chapelle particulière, et y percevoir à son profit la taxe des bancs ! Après le chant alternatif des versets d'un psaume, le prêtre va derrière l'autel, s'y dépouille de son surplis, remonte gravement dans sa chaire, prélude par une oraison, lit son discours avec le plus grand calme, et il doit remercier le ciel s'il n'endort pas ses auditeurs. Cette froide déclamation est à peu près générale : aussi les prédicateurs anglais traitent-ils sans façon les nôtres de comédiens. Un révérend recteur, nommé Smith, qui malheureusement tombait dans un excès contraire, fut accueilli par le même titre lorsqu'il osa, en publiant quelques uns de ses discours, faire la critique de l'immobilité obligée de ses confrères. [1]

[1] « Nos ecclésiastiques, dit-il, se cramponent des « deux mains à leurs coussins de velours, tiennent leurs « yeux attachés sur leur livre, et parlent des transports « de la joie et du frémissement de la crainte avec une « voix et une physionomie qui n'indiquent ni l'une ni « l'autre; leur corps et leur âme sont enchaînés dans « une même attitude. Si, par malheur, leurs mains « s'écartent de l'orthodoxe velours, ils l'y ramènent, « comme s'ils fuyaient le contact d'une flamme liquide, « et réparent cette faute du décorum par une nouvelle « roideur et une immobilité encore plus sévère. Pour« quoi, ajoute ce critique ampoulé, pourquoi appeler « la paralysie au secours de la piété? — Pourquoi cette « *holoplexie* dans l'exercice d'un saint devoir? — Est-il « besoin, pour extirper le péché du sein des hommes, « de le plonger dans un profond sommeil, comme Dieu « y plongea notre premier père, afin de tirer Ève de « ses côtes? etc. »

Le principe qui préside depuis le siècle de la reine Anne à la composition des sermons anglais, est entièrement d'accord avec cette déclamation glaciale. Ce serait avoir recours à de profanes artifices que d'employer dans un discours chrétien la pompe des images et la poésie des pensées. Les prédicateurs anglais doivent exposer avec simplicité et clarté leurs sentimens sur le sujet qu'ils traitent, sans les exagérer. En adoptant le style du rhéteur, ils craindraient de paraître jouer un rôle et n'être pas de bonne foi dans leurs émotions. L'éloquence de la chaire française est plus figurée, plus pathétique et plus sublime. Ses défauts sont l'emphase et l'amplification. L'art n'y est pas toujours assez caché. Un sermon de la chaire anglicane est une série de démonstrations et d'argumens, un véritable essai de morale dans lequel l'orateur appuie même les vérités évangéliques sur les preuves de la raison humaine. Les prêtres français sont plus jaloux de persuader, les ministres anglais de convaincre. Ces règles ont dû nécessairement les priver de ces brillans mensonges que nous appelons oraisons funèbres. Tillotson, le moins fleuri et le moins varié de leurs prédicateurs, est encore considéré comme le seul modèle du *sermonaire classique,* parce qu'il est le plus élégant et le plus raisonnable.

Il y a parfois plus de chaleur et autant de goût dans Sherlock et Smallridge que dans Tillotson; mais Atterbury est celui qui a le plus approché du style académique de nos prédicateurs. J'oserai le dire, il y a pour moi quelque chose de trop apprêté dans tous ces discours divisés en trois points, et vous vous rappelez, mon cher abbé, ce dimanche de carême où vous fîtes tant d'effets sur vos ouailles du village par un petit sermon de ma façon, dont vous désespériez, parce qu'il était trop simple et dans une forme inusitée. Il me fallut vous persuader que ma mémoire fidèle l'avait retenu pour l'avoir copié autrefois pour feu mon grand-oncle le chanoine, à qui je demande pardon de le lui avoir attribué. [1]

Si donc je ne vous citais parmi les orateurs de la chaire anglicane que ceux de l'école d'Ad-

[1] M. l'abbé *** compose ordinairement ses sermons; des affaires pressantes l'avaient forcé pour cette unique fois d'avoir recours à une plume profane.

dison et de Blair, je concluerais comme le cardinal Maury, qui s'écrie en parlant de la patrie de Taylor, de Hall, de Barrow, de Pitt, de Fox, de Burke, etc. : « Insulaires fameux, je cherche un orateur, un véritable orateur parmi vos ministres du culte, vos écrivains, vos membres du parlement les plus célèbres dans la carrière de l'éloquence publique; et soit dit sans offenser votre génie, et surtout sans oublier votre gloire, je n'en trouve aucun digne de ce nom! » Blair n'en trouve pas davantage que notre cardinal; mais il fallait laisser de côté le style *addisonien* en éloquence religieuse, dédaigner la rhétorique qui a produit des chefs-d'œuvre parmi nous et des amplifications de rhéteurs dans la chaire de Tillotson; il fallait, dis-je, négliger l'éloquence de l'art, fille de l'argumentation calme du ministre qui prêche avec le verre d'eau sucrée près de lui, et chercher l'éloquence d'inspiration dans l'histoire des luttes de la réforme contre le catholicisme d'abord, et ensuite contre l'épiscopat, depuis les premiers élèves de Calvin et de Luther jusqu'aux apôtres du méthodisme. Demandez aux chroniques du temps ou à l'auteur du *Monastère* quelle fut en Écosse la puissance de Knox et de Warden. En Angleterre, Latimer fut une espèce de Brydaine dans ses homélies populaires. Les martyrs du règne de Marie prononcèrent souvent sur le bûcher de sublimes protestations. L'épopée d'*Old Mortality* [1] contient d'admirables modèles de l'éloquence presbytérienne, ridicule, absurde, comique même par son emphase de mauvais goût, dans l'énergumène Habacuc Keltledrum, mais singulièrement animée, véhémente, pure et presque toujours noble dans l'enthousiaste Macbriar. C'était le siècle de Milton et des covenantaires; c'était en même temps le siècle de Taylor, de Hall et de Barrow. Ces divers orateurs sont l'expression fidèle du goût de leur époque : abondance d'images, ferveur d'enthousiasme, pathétique, érudition, telles étaient les qualités qu'on exigeait d'eux. Hall, redoutable à Milton, cachait souvent sous les ornemens et les concetti une véritable force de logique et d'argumentation. Taylor a fait Burke, et Barrow a fait Pitt (Fox, rival de Pitt et de

[1] C'est le titre anglais des *Puritains d'Écosse*.

Burke avait plus étudié Démosthènes que les orateurs de sa propre nation).

Doué de l'imagination la plus brillante, riche des connaissances les plus variées, l'évêque Taylor réunit à une ardente piété la morale la plus pure et une douce candeur. Considéré comme écrivain, Taylor a mérité d'être appelé *Fénélon au bon goût près;* ses défauts furent ceux d'un siècle où, en France [1] comme en Angleterre, on prodiguait dans la chaire apostolique les ornemens les plus faux, les citations les plus extravagantes, et les jeux de mots les plus burlesques. L'*Euphuisme*

---

[1] Voyez le *Choix d'Oraisons funèbres* de M. Dussault; notice sur Mascaron.

« On prodiguait avec une profusion monstrueuse les ornemens les plus faux et les moins convenables, les traits d'esprit les plus déplacés, les rapprochemens les plus affectés, l'érudition la plus mal entendue; l'enflure espagnole s'était introduite dans la chaire française avec les pointes italiennes; les sermons n'étaient que des tissus de jeux de mots, qu'un mélange révoltant de citations ambitieuses et de mauvaises épigrammes, du baladinage le plus misérable et du plus absurde pédantisme; le burlesque même était monté avec effronterie dans la chaire de l'Évangile. »

avait survécu au siècle d'Élisabeth. A l'enflure, à l'affectation des prédicateurs orthodoxes, les puritains opposaient d'emphatiques allusions bibliques, et quelquefois aussi une éloquence inculte, mais puissante, dont l'énergique argumentation s'emparait des esprits. Taylor et Barrow soutinrent tous deux le culte de l'Église établie ; Taylor, en relevant des plus vives couleurs ses pensées poétiques, séduisait par l'éclat de son imagination variée, ou surprenait par un enthousiasme de ferveur et presque de mysticité les affections douces du cœur ; Barrow plus précis, plus rapide, plus serré dans sa chaleur, parlait davantage au jugement.

On doit à Charles II la révolution que son retour de France opéra dans la chaire anglaise. Ce prince, condamné par son rang à entendre un sermon par semaine [1], abandonna sa cou-

[1] Toute la cour s'était endormie, un jour, au sermon du chapelain South. Celui-ci s'interrompt et appelle par trois fois le comte de Lauderdale, qui se réveille en sursaut, et les autres courtisans comme lui. — « Milord, dit le prédicateur, excusez-moi, mais vous ronflez si fort que vous alliez réveiller sa majesté. » Un prédicateur méthodiste, qui avait peut-être lu ce

science aux leçons des ministres anglicans, mais voulut qu'ils se soumissent aux règles de son goût. Le style didactique fut la forme convenue des sermons, et l'enthousiasme resta aux dissidens. Avant de parler de l'éloquence méthodiste, je dirai encore quelques mots sur celle de Taylor.

De tous les prélats orateurs de l'Église anglicane, l'évêque Taylor est celui dont il est curieux surtout d'étudier le génie vaste, irrégulier, les nobles conceptions et le style tour à tour sublime et bizarre, pour être plus facilement initié à certaines opinions littéraires de *l'école des lacs*. La prose de Milton, négligée long-temps, a partagé aussi tout à coup l'admiration qu'excite sa poésie majestueuse. Il est si difficile de séparer les opinions de Milton de son éloquence, que l'école des lacs,

---

trait du docteur South, remarquant que plusieurs de ses auditeurs s'étaient endormis pendant son discours, s'écria tout à coup : « Le feu ! le feu ! » — Où est-il, où est-il ? s'écrièrent les fidèles réveillés en sursaut. — Il est à l'enfer, ajouta le prédicateur, pour ceux qui dorment pendant que leur ministre prêche la parole de Dieu.

qui s'est faite ministérielle, a besoin de toutes sortes de précautions oratoires pour concilier son culte de l'apôtre du régicide avec celui du prélat qui partagea l'exil de la monarchie.

« Toute leur vie, remarque Coleridge, ces deux grands hommes ont agi en opposition directe, sans avoir, dans leur polémique, introduit une seule fois le nom l'un de l'autre. Milton débuta dans la carrière par attaquer la liturgie et le culte anglican, et Taylor commença par les défendre. »

« Milton, ajoute le même auteur, se fit de plus en plus républicain austère, ou plutôt l'avocat de cette aristocratie morale et religieuse, appelée de son temps républicanisme, et qui était encore plus que le royalisme même, du jacobinisme moderne. » Persuadé que la majeure partie des hommes est impropre au pouvoir, Taylor devint de plus en plus attaché aux prérogatives de la royauté.

Milton se dépouillant enfin de tout respect pour les Pères et les conciles, en vint à mépriser toute forme de gouvernement ecclésiastique, pour s'en référer à la lumière intérieure de son esprit. Taylor, partisan de l'autorité, comprenant l'insuffisance des Écritures, sans le secours de la tradition et des interprètes légitimes, s'est rapproché du catholicisme plus qu'aucun ministre anglican, ajoutons même du papisme, quoique Coleridge ne veuille pas l'avouer.

Je n'introduirai ici qu'une citation de Jeremy Taylor : c'est une page digne de Milton, et j'ajouterai de Bossuet; car tout ce qui est sublime rappelle naturellement l'aigle de nos orateurs catholiques.

« Voulez-vous quelque chose de mieux que le sermon le plus éloquent, pénétrez dans les sépulcres des rois. Dans ce même Escurial, où les princes espagnols vivent dans les grandeurs et la puissance, où ils décrètent la guerre et la paix, ils ont sagement placé un cimetière où leur cendre et leur gloire dormiront jusqu'à ce que le temps ne soit plus. C'est dans l'enceinte où nos rois sont couronnés, que leurs prédécesseurs furent ensevelis; il leur faut marcher sur la tête de leur aïeul pour prendre la couronne. Tout les avertit qu'à la pompe des cours succéderont la solitude et la nudité; qu'après avoir vécu presque comme les dieux, ils mourront de la mort de tous les hommes, et passeront de leurs riches lambris sous la voûte du tombeau. Voilà bien de quoi éteindre la concupiscence, humilier l'orgueil, apaiser les désirs cupides et effacer les fausses couleurs d'une beauté impudique. Là, les princes guerriers et les princes paisibles, les princes heureux et les princes misérables, les princes aimés et les princes méprisés, mêlent leur poussière, déposent leurs emblèmes de rois mortels, et apprennent à tous les hommes que quand nous mourrons, notre cendre sera l'égale de la cendre des monarques, nos comptes plus faciles, et la peine de nos crimes plus légère, etc. etc. »[1]

[1] L'éloge suivant du mariage est encore un exemple des poétiques amplifications de l'évêque Taylor.

« Le mariage est le père du monde; il conserve les royaumes, peuple les cités, les églises et le ciel même. Le célibat, comme l'insecte dans le cœur d'un fruit, demeure dans une douceur perpétuelle; mais il est seul, renfermé, et meurt solitaire. Le mariage, comme l'abeille utile, bâtit une maison, récolte le miel sur toutes les fleurs, travaille, fonde des sociétés et des républiques, envoie des colonies, remplit le monde de suavités, obéit aux rois, maintient l'ordre, pratique les vertus, contribue au bien des peuples ; et c'est à lui que Dieu a confié la constitution actuelle de l'univers. Le mariage possède en lui les soins de l'amour, et les sentimens si doux de l'amitié, les charmes de l'état social et l'union des cœurs ; il y a en lui moins de beauté, mais plus de sécurité que dans la vie du célibat. Le mariage est plus gai et plus triste, plus rempli de joie et plus rempli de mélancolie; il porte plus de fardeaux, mais il est soutenu par toute la force de l'amour et de la charité, et ces fardeaux sont délicieux. » (*Sermon sur la sainteté du Mariage.*)

LETTRE XLVII.

A MADEMOISELLE TH. F....D.

> .... *The word of God*
> *By Cameron thundered, or by Renwick poured*
> *In gentle stream.*
> (GRAHAM, *The Sabbath*.)
>
> La parole de Dieu retentissait par la voix tonnante de Cameron, ou sortait comme des flots harmonieux des lèvres de Renwick.

CE n'est pas seulement l'éloquence de Wesley et de Whitefield, le Luther et le Calvin des méthodistes, qui a fondé la double secte puissante qui porte leurs noms. Il est curieux d'étudier, dans l'histoire de cette *hérésie*, les détails d'un véritable gouvernement ecclésiastique, aussi étonnant que celui des jésuites au Paraguay, et plus difficile à établir en Europe que parmi des sauvages. La *Biographie* de Wesley, par Southey, est une intéressante et habile exposition des doctrines et des institutions de cette secte qui, en moins d'un siècle, s'est propagée parmi une grande partie de la population de l'Angleterre, de l'Amérique septentrionale, des îles de la mer du Sud, etc., formant partout un peuple distinct qui a ses colléges, sa hiérarchie, son code religieux, ses mœurs, sa littérature, et qui traite les autres hommes de profanes, ou tout au plus de demi-chrétiens. Les progrès évidens de la dépravation sociale, surtout dans les basses classes, appelaient une réforme. Si les méthodistes ont multiplié les masques de l'hypocrisie, il faut convenir qu'ils ont arraché un grand nombre de famille à la démoralisation toujours croissante. Southey cherche en vain à pallier l'insuffisance des ministres anglicans, comme censeurs des mœurs sociales. La nouvelle hiérarchie et le mode de prédication des méthodistes multiplient les rapports entre les ouailles et les pasteurs. C'est un retour indirect aux règlemens de la *police* catholique. Les prédicateurs ambulans, les conférences, le droit de censure, la confession, le culte des saints de la secte, tout cela rappelle nos missionnaires.

Malgré les caricatures d'Hogarth et les satires de Johnstone [1], Wesley et Whitefield ne nous apparaissent plus comme des burlesques *prêcheurs*, dans l'histoire des variations du protestantisme. Whitefield rappelle lui-même, avec des larmes de sang, qu'il avait été acteur dans sa jeunesse; il avait même joué la comédie avec un vrai talent qui ne lui fut pas sans utilité dans la chaire. Outre la grâce de son action, il n'était pas dépourvu d'avantages personnels, tels que des traits réguliers et une voix étendue et douce à la fois. Un de ses auditeurs ignorans, dit Southey, caractérisait son éloquence d'une manière bizarre, mais frappante, en disant que Whitefield *prêchait comme un lion.* Cette comparaison étrange exprimait assez heureusement la passion et la véhémence de cette verve oratoire qui en imposait au peuple et le faisait trembler comme Félix devant l'apôtre. « Se croyant le messager de Dieu, et chargé d'appeler les pécheurs au repentir, il parlait, ajoute Southey, comme un homme plein de la conscience de sa haute

[1] Voyez la Vie de Johnstone, par sir Walter Scott.

mission, avec puissance et autorité. Cependant il y avait, dans tous ses discours, tant de ferveur et de charité, une persuasion si sincère et une telle abondance d'amour, qu'il semblait en même temps pénétrer violemment jusqu'au fond du cœur, et y verser un baume souverain. »

Les temples ne furent plus assez spacieux pour contenir l'affluence du peuple. Whitefield et Wesley prêchèrent en plein air comme les premiers apôtres. Franklin, autorité irrécusable, a calculé géométriquement l'étendue de la voix sonore de Whitefield, et a prouvé qu'elle pouvait se faire entendre à vingt mille personnes. Les amphithéâtres de Rome eussent à peine suffi au spectacle de semblables missions. Le prédicateur nous apprend lui-même combien l'aspect de la multitude accourue pour l'entendre réagissait sur lui, d'abord, dit-il, le profond silence de ses auditeurs grossiers et pauvres (composés en grande partie des charbonniers de Kingswood près de Bristol), et puis ces ruisseaux de larmes qui lavaient leurs visages noircis. « Je me rappelle le firmament ouvert sur ma tête, la vue des campagnes adjacentes, tous ces milliers d'hommes et de femmes, les uns en voiture, les autres à cheval, d'autres encore sur les arbres et tous baignés de pleurs, et quelquefois la solennité de l'approche du soir.... c'en était trop pour moi, j'étais comme accablé ! »

Whitefield n'avait cependant ni les talens, ni la science, ni l'ambitieuse ferveur de Wesley. Ses sermons imprimés n'ont rien de saillant. L'éloquence de Wesley agitait violemment; il prodiguait la menace, la terreur; il donnait des convulsions. Tout son aspect avait quelque chose d'étrange, tandis que Whitefield avait conservé la perruque et le costume des prêtres anglicans. La vie errante de Wesley est un vrai roman. Il était susceptible d'aimer les beautés naturelles d'un paysage, et souvent il y avait dans les accidens des sites où sa voix retentissait, des ornemens et une pompe qui servaient admirablement les prestiges de son élocution prophétique. Il décrit lui-même avec poésie, dans son journal, les bois, les coteaux, les rochers de la plage et les vallons qui lui servaient de temple, ou, si l'on veut, de théâtre, comme s'exprime Southey.[1]

Écoutons un de ses convertis les plus ardens, John Nelson, parlant de la première fois qu'il entendit prêcher Wesley.

« Ce fut un jour bien heureux pour mon « âme.... Il rejeta ses cheveux en arrière, et « tourna son visage vers le lieu où j'étais; je « pensais qu'il fixait les yeux sur moi. Son « maintien et son regard me frappèrent d'une « telle terreur avant que je l'entendisse parler, « que mon cœur battit comme le pendule « d'une horloge, et quand il parla, je crus que « tout son discours m'était adressé. »

« Nelson, dit le biographe lauréat, pouvait bien avoir une semblable pensée; car c'était là un caractère particulier de l'action oratoire de Wesley, qu'en s'occupant de tous, il semblait parler à un seul individu, de sorte que chacun de ceux qui pouvaient se faire l'application de ce qu'il disait se croyait désigné particulièrement, et les paroles du prédicateur étaient comme les yeux d'un portrait qui semble se fixer sur tous ceux qui le regardent eux-mêmes. »

[1] Quarterly Review.

« — Qui es-tu? disait le missionnaire, qui
« es-tu, toi qui sens maintenant ton indignité
« intérieure et extérieure? Tu es l'homme
« que je cherche; j'ai besoin de toi pour mon
« divin maître; je te réclame pour un enfant
« de Dieu par la foi. Le seigneur a besoin de
« *toi*. Oui *toi-même*, qui ne te crois bon que
« pour l'enfer, tu es propre à avancer l'œuvre
« de sa gloire, la gloire de sa grâce libre qui
« justifie le pécheur et l'homme qui ne travaille
« pas à son salut. Oh! viens, hâte-toi, crois
« en notre seigneur Jésus, *toi*, oui *toi-même*,
« tu es réconcilié à Dieu. » [1]

Des appels si énergiques rappellent les mots de l'apôtre : *urge, impreca, compelle intrare*, presse, supplie, force d'entrer! Ceux à qui Massillon adressait sa fameuse apostrophe de son sermon *Du petit nombre des élus*, devaient rentrer chez eux émus et attristés pieusement. Il semble que Wesley ne vous permettait pas de retourner à vos maisons : on quittait tout subitement, parens, amis, foyer domestique, pour le suivre. Je comprends qu'une telle éloquence ait pu agir comme une espèce de magnétisme.

[1] *Vie de Wesley*, tome 1er.

Les *miracles* du méthodisme ont sans doute réveillé les prêtres anglicans; mais, jusqu'à présent, ni leur chaire, ni celle des autres sectes n'ont produit des prédicateurs de la force de Wesley et de Whitefield. Malgré l'exagération et le ton déclamatoire qui est devenu à la mode en littérature, chaque paroisse de Londres se contente d'un prédicateur sage, dont la renommée ne dépasse guère les limites du quartier. Mais il est survenu tout récemment *un homme de bruit*, qui semble devoir fixer quelque temps l'attention publique. — J'ai bien peur que M. Irving ne soit en effet qu'un homme de bruit. C'est un prédicateur presbytérien qui est tombé soudain à Londres du haut des montagnes d'Écosse en s'écriant, comme Jonas, que Ninive avait offensé le Seigneur; mais, préférant un succès littéraire à un succès populaire, le Jonas écossais a voulu s'adresser aux grandes réputations mondaines. Il a cherché querelle aux hommes d'état, aux poètes, aux critiques, et la chapelle calédonienne (*caledonian chapel*) est tour à tour une tribune et un athénée. On s'est étonné de l'entendre retentir de citations de Shakspeare mêlées de citations de la bible. Le lauréat et lord Byron ont été également cités à ce tribunal ecclésiastique, l'un comme un profane flatteur des puissances de la terre, l'autre comme un Goliath impie contre lequel la fronde de David gardait une pierre en réserve. L'école érotique de Thomas Moore a été dénoncée *nominativement* comme une caste d'adorateurs de la déesse Vénus (*Cyprian goddess*). Les princes, les ministres, les hommes à la mode, les orateurs, les littérateurs sont accourus pour se faire apostropher par ce missionnaire, qui semblait échappé comme Macbriar au massacre de Bothwell-Bridge. Qu'on se figure cette voix dénonciatrice, sortant des poumons sonores d'un Samson puritain (M. Irving a plus de six pieds), et accompagnée du geste menaçant d'un bras capable, comme celui du fils de Manoel, d'ébranler les colonnes du temple. Un style inégal, mais brillant par boutade, est le caractère de son éloquence : l'exagération et l'emphase semblent ici naturelles, quand on les voit soutenues par l'énergie physique et la puissance d'un regard foudroyant. M. Irving produit de l'effet; cependant il n'a converti personne ; il est à la mode, mais il n'édifie pas. Il s'est livré à la critique des revues, en mêlant la littérature sacrée à la littérature profane : l'analyse a réduit ses discours à d'incorrectes et prolixes périphrases, assaisonnées d'épigrammes ou de menaces. Quelques élans sublimes révèlent parfois l'homme de génie égaré ; mais il compromet aussitôt sa dignité par de triviales allusions. Son enthousiasme tient à l'artifice des rhétoriciens ; son accent est celui d'un acteur plutôt que celui d'un Pierre-l'Ermite. Il ne fera pas secte, et n'aura plus de vogue quand il aura cessé d'étonner.

Il serait facile cependant de justifier les panégyristes de M. Irving par des citations. Un choix de fragmens de ses discours donnerait une haute idée de ses talens pour la narration, la description, l'amplification, etc. On pourrait souvent l'opposer avec avantage à l'évêque Taylor ; mais il n'est pas permis au dix-neuvième siècle de joindre les défauts de Taylor à ses beautés. Pour conclure, je transcrirai un passage qui m'a beaucoup ému. C'est l'analyse éloquente d'un sentiment vrai : j'en appelle à tous ceux qui ont la cruelle expérience d'une de ces douloureuses pertes dont le deuil est éternel.

« Quand nous perdons un objet chéri, il
« s'écoule un temps pendant lequel l'âme
« éprouve un vide comme si réellement elle
« avait été privée d'une partie d'elle-même.
« Elle se retire dans sa propre solitude. Enga-
« gemens, plaisirs, entretiens d'amis ne sont
« plus rien pour nous. Inaction du corps, abs-
« traction de l'esprit, œil fixe, pensées con-
« centrées, voilà notre situation.

Adieu repos d'esprit, adieu contentement.
(*Othello.*)

« Mais par degrés l'âme se relève du coup
« qui l'a étourdie, et son premier soin est de
« jeter un regard sur le passé, alors que son
« bonheur était avec l'objet perdu de ses affec-
« tions. Si elle trouve qu'elle l'a bien traité,
« qu'elle l'a honoré comme elle le devait, que
« son souvenir s'associe à des devoirs remplis,
« à des communications tendres et vertueuses
« sans mélange de repentir ou de remords,
« alors l'âme obtient une consolation, elle se
« réfugie dans sa mémoire. L'objet regretté
« reçoit une seconde vie dans ces élémens de

« l'âme qui tiennent au passé. Aux heures de
« calme il se montre et nous tient compagnie;
« c'est une apparition qui nous suit dans les
« lieux où nous séjournâmes naguère en-
« semble; il se montre dans les visions de la
« nuit et du profond sommeil, paré de ces
« mêmes attributs d'amour et de joie qui
« l'embellissaient dans nos entretiens ter-
« restres. Mais, outre qu'il vit avec le passé,
« cet objet chéri vit aussi avec le présent, dans
« les affections qu'il cultivait, dans les bonnes
« habitudes qu'il fortifiait, dans les pro-
« jets vertueux dont l'exécution l'occupait.
« Quand nous nous réjouissons du bien que
« nous avons fait, il partage notre joie; quand
« nous suivons les sentiers honorables où il
« nous accompagnait, il nous y accompagne
« encore; et quand nous nous livrons seuls à
« ces soins dans lesquels il nous aidait, nous
« pensons à ses conseils et suivons la trace de
« ses pas. Quand la vertu approuve nos regrets,
« l'être que nous avons chéri continue donc
« à participer au bonheur et à la sainteté de
« notre vie; il semble qu'il n'est séparé que
« de nos sens, mais qu'il est encore présent

« à notre esprit. A tout cela se joint l'espoir
« de le revoir un jour. Nous cherchons à lui
« redonner la vie dans ces pensées de l'âme
« qui conversent avec l'avenir. Quelle ineffable
« consolation procure un semblable espoir,
« qui introduit de nouveau la vie dans les de-
« meures de la mort, et l'éternité dans les li-
« mites du temps! La mort perd son aiguillon,
« et le tombeau sa victoire. Nous croyons en-
« tendre l'âme de celui qui n'est plus nous
« inviter à former une alliance nouvelle, et à
« nous hâter d'aller partager son repos. La mort
« est un voyage chez un ami, la vie une vi-
« site chez des amis, la mort le retour parmi
« nos amis. »

(*Les oracles de Dieu.*)

LETTRE XLVIII.

A M. DUMONT.

Il y a cent millions de petits partis comme de passions.
MONTESQUIEU.
Party the madness of many for the gain of a few.
POPE.
L'esprit de parti, la folie du grand nombre pour le profit de quelques uns.

L'ÉLOQUENCE du barreau dont je vais m'occuper se lie à tant de questions politiques, qu'il serait peut-être à propos de faire précéder mon travail de quelques considérations sur la constitution anglaise. Mais je me propose de consacrer ailleurs, à l'éloquence de la tribune et des clubs, plusieurs Lettres spéciales où j'entrerai nécessairement dans quelques détails sur les chambres et les assemblées populaires. Attaché de cœur et de raison au gouvernement représentatif, j'ai cherché cependant à ne pas me faire illusion sur les vices de ce système qu'un philosophe appellerait le moins mauvais, plutôt que le meilleur de tous. J'ai dû surtout ne pas faire une utopie du gouvernement anglais, comme tant d'écrivains à qui l'on peut reprocher sévèrement de s'être laissé séduire par les mots, avant de pénétrer dans le secret des choses.

Le temps, en Angleterre, a heureusement revêtu d'une espèce de consécration deux priviléges du peuple : la liberté de la presse, qu'une ordonnance ne supprime pas légèrement, et la liberté individuelle. Il y a certes une routine de mœurs constitutionnelles, si je puis m'exprimer ainsi, qui nous manque en France; mais c'est ici encore qu'il faut se défier de ce charlatanisme politique qui tend à persuader au peuple anglais qu'il est aussi libre qu'il pourrait l'être, et qu'il a le droit de mépriser toutes les nations européennes comme des troupeaux d'esclaves. Si notre impatience caractéristique nous irrite quelquefois outre mesure contre le pouvoir, il est nécessaire aussi de ne pas laisser insulter notre dignité par l'orgueil étranger. Heureusement il échappe des aveux aux écrivains ministériels de l'Angleterre, comme à ceux de l'opposition. Les calomniateurs des *Revues* se réfutent quelquefois eux-mêmes, et il est intéressant d'en prendre acte. J'ai trouvé aussi quelques Anglais de bonne foi, dont les entretiens m'ont éclairé sur la véritable situation morale de leur pays. Si le *Quart. Rev.* et l'*Ed. Rev.* me font l'honneur de se mettre en colère, vous m'aiderez à leur prouver que j'ai fondé du moins mes argumens sur des *autorités impartiales*.[1]

J'oserai donc réfuter quelques chapitres du roman que madame de Staël avait commencé à la suite de son livre sur notre révolution. L'autorité d'un si beau talent est difficile à ébranler. Quand madame de Staël mit le pied sur le sol britannique, il lui sembla qu'elle respirait pour la première fois un air libre. Son cœur se trouvait soulagé du fardeau de dix ans de persécutions impériales ; c'était une princesse errante, heureuse enfin

[1] Le lecteur s'apercevra facilement que cette lettre n'est qu'un fragment. J'ai rejeté dans un autre volume une suite de considérations sur le patriotisme anglais et sur la *réforme* politique.

de voir la barrière des flots entre elle et le géant qui n'avait eu qu'un pas à faire pour arriver de Paris à Moscou! Reconnaissante du premier asile qu'elle recevait, Corinne se laissa abuser trop facilement par la parade du patriotisme et la morale affichée des tartufes libéraux et religieux des trois royaumes. Sa brillante imagination personnifia poétiquement l'Angleterre sous la forme de saint George, sur son coursier de bataille, et se plut à la peindre comme le chevalier vengeur de l'Europe. La mercantile Angleterre a payé les éloges avec usure, flattée surtout de cette chevaleresque loyauté que lui attribuait une Française si célèbre, à peu près comme de vaniteux petits bourgeois écouteraient avec complaisance une femme d'un haut rang qui daignerait leur trouver l'air comme il faut. Je suis loin de rétracter l'admiration que j'ai toujours eue pour madame de Staël, comme écrivain et comme politique; malgré ses exagérations sur lord Wellington et l'Angleterre, je l'aime d'avoir du moins espéré que la France jouirait aussi un jour de la liberté constitutionnelle. Les espérances du génie sont souvent d'heureuses prédictions. Madame de Staël n'a pas blasphémé comme ceux qui soutiennent encore qu'il n'y a d'esprit public et de patriotisme que dans la patrie de Pitt et de Fox. On est suspect quand on se loue soi-même ; voici donc ce que je trouve dans une publication ministérielle. (*Quart. Rev.*, janvier 1817.)

« L'invincible attachement que les Français
« ont pour leur pays, est un des meilleurs
« traits du caractère français. Ni l'éloigne-
« ment, ni le temps, ni les torts de la patrie
« ne peuvent le diminuer. Vainement leur
« propriété a été confisquée, leur famille égor-
« gée, vainement ils ont été proscrits eux-
« mêmes, l'honneur de la France leur est tou-
« jours cher. Nous avons été souvent témoins
« de la joie des émigrés, lorsqu'ils appre-
« naient des victoires qui menaçaient de ren-
« dre leur exil éternel. Il faut le reconnaître,
« quelque honteux que ce fait soit pour nous,
« loin d'égaler les Français sous ce rapport,
« les Anglais ont moins d'esprit national
« qu'aucun peuple. Il est reconnu que les plus
« cruels ennemis de l'Angleterre en Amé-
« rique, les écrivains qui, par leurs faussetés

« et leurs violentes invectives, ont le plus con-
« tribué à exaspérer les Américains contre la
« Grande-Bretagne, furent des apostats et des
« traîtres détestant la terre où ils reçurent le
« jour. C'est un bien que cette génération de
« vipères s'éloigne volontairement; mais il
« n'en reste que trop parmi nous qui font en-
« tendre leurs sifflemens et distillent leur ve-
« nin. Nous parlons de patriotisme; mais ja-
« mais hommes n'en ont moins eu que nos soi-
« disant patriotes. Ils sont prêts, toujours et
« partout, à calomnier les motifs et les me-
« sures du gouvernement, et ne cessent d'em-
« barrasser ses opérations. Pendant la guerre,
« on les entend plaider la cause des ennemis
« avec un zèle si ardent, qu'ils finissent par
« s'identifier avec eux, et ils favorisent si bien
« leurs intérêts que leurs efforts sont comptés,
« par ces ennemis même, au nombre des
« circonstances qui ont facilité leurs succès.
« En temps de paix, il n'est pas une expres-
« sion de mécontentement, juste ou non, à
« laquelle ils ne mêlent leurs voix; n'importe
« quel chef se présente, ils se mettent sous
« ses drapeaux, pourvu qu'il leur promette

« la destruction de l'État. Un esprit semblable
« n'avait encore existé qu'à Carthage; sans
« un tel esprit, Carthage peut-être n'eût pas
« été perdue; car Annibal, comme Marlbo-
« rough, avait ses plus funestes ennemis dans
« sa patrie! »

N'acceptons que la moitié de l'éloge; il sera assez flatteur : je ne le cite même que pour l'opposer à ceux qui s'impatientent des injustices de l'esprit de parti parmi nous. . . . .
. . . .

LETTRE XLIX.

A M. Albin HOSTALIER.

Felice quella nazione dove le legge non fossero una scienza!

Heureuse la nation chez laquelle les lois ne seraient pas une science !

BECCARIA , *Traité des Délits et des Peines.*

Ce n'est pas seulement l'esprit de la constitution anglaise qu'il est important d'étudier, mais encore l'origine et l'application actuelle de toutes les lois qui intéressent directement les personnes et les propriétés. La liberté politique ne suffit pas au bonheur d'une nation ; il lui faut aussi l'égalité civile, c'est-à-dire un code de lois qui règle les droits de citoyen à citoyen, comme la constitution établit les devoirs réciproques des gouvernemens et des sujets. Les lois de l'Angleterre sont encore divisées en lois communes, ou coutumières (*common law*), et en lois écrites (*statutes law*). Les premières sont les lois traditionnelles recueillies par Alfred et par Édouard-le-Confesseur; et les secondes consistent dans les statuts ou actes du parlement, depuis la grande charte. J'aurais acquis les connaissances nécessaires pour analyser quelques unes des dispositions principales d'un code qui n'en est pas un, que je renoncerais à m'engager dans les premiers détours de ce dédale immense. On pourrait comparer la science de la législation anglaise à la science de la langue chinoise, que les mandarins eux-mêmes ne connaissent jamais parfaitement. En parcourant les Commentaires de Blackstone, pour prendre une idée de la hiérarchie des magistrats et de leurs attributions, des *droits des personnes* et *des choses*, puis des délits et de la procédure, des tribunaux civils et des tribunaux criminels, etc., je revenais involontairement à Blackstone poète, car ce professeur de droit avait aimé les muses, s'en était séparé avec douleur, et leur avait rimé des adieux poétiques, en mettant le pied sur le seuil du temple de la chicane. On reconnaît, dans le système des lois anglaises, un principe de démocratie qui remonte aux premières lois des peuples gothiques. Aussi ce jury, dont la Grande-Bretagne est si fière, se trouve-t-il dans les ordalies judiciaires des Visigoths d'Espagne, fait expliqué par la commune origine des conquérans de la péninsule et de l'Angleterre. Mais le principe démocratique est partout neutralisé par les nombreuses garanties données aux élémens aristocratiques et à la propriété. L'aristocratie de la chambre des lords est non seulement *représentée* par ses relations de famille dans la chambre des communes, mais elle est soutenue par tous les membres, hommes de loi, que leurs habitudes de routine et leur intérêt rendent ennemis de toute innovation qui renverserait les us et coutumes de la législation politique et judiciaire. L'ouvrage de M. Cottu, sur l'administration de la justice criminelle en Angleterre, est utile à étudier sous ce rapport, parce que, écrit sous la dictée des légistes whigs du jour, il trahit le secret d'une association tacite entre l'aristocratie et le barreau. Voilà ce qui explique les faciles alliances des lords titrés, avec les robes de soie (avocats du roi).

Avant Blackstone, Coke et Littleton avaient laissé de savans Commentaires sur les lois anglaises; mais ceux de Blackstone, que je ne prétends qu'indiquer ici, ont l'avantage d'être de véritables élémens de jurisprudence, et d'en offrir un cours à peu près complet. Sans s'élever à la hauteur des vues de Montesquieu, il remonte aux principes généraux de la société, en discute avec clarté l'interprétation positive et les applications successives. Si son style n'a pas la précision quelquefois prétentieuse de l'auteur de *l'Esprit des Lois*, il est souvent énergique. Il a sagement renoncé au pédantisme des anciens légistes, et une métaphore poétique n'est pas dédaignée par lui, quand elle peut orner élégamment une discussion. C'est ainsi qu'au sujet des *réparations légales*, il compare tout le système à un vieux château gothique, qui, construit dans les temps de la féodalité, est converti en une habitation moderne. « Les remparts, les fossés, les tours crénelées, les longues galeries, dit-il, sont imposans et vénérables, mais mutilés et

par conséquent négligés ; tandis que les appartemens inférieurs, consacrés à l'usage journalier, sont propres et commodes, quoique l'approche en soit embarrassée et difficile. »
Mais l'ouvrage le plus précieux pour quiconque veut étudier la législation anglaise, c'est le recueil des *State Trials*. C'est là qu'on trouve l'origine de presque toutes les lois, parce que, dans ces procès historiques d'un intérêt général et permanent, dont la discussion fut solennelle, une infinité d'incidens viennent naturellement se rattacher au cas principal, et participent à son importance. Ce sont en même temps les annales de l'éloquence anglaise, depuis Henry II jusqu'à nos jours. Là, l'historien doit étudier l'esprit de chaque siècle ; et c'est un registre inexorable d'une succession d'injustices et d'erreurs, bien fait pour humilier la *fière raison* des peuples et des rois. *La Revue d'Édimbourg* vante l'édition en 22 volumes in-8°, publiée par M. Howell et son fils, qui ont complété les travaux utiles de Salmon, d'Emlyn, d'Hargrave, dont les notes multiplient à propos les citations, ou résument les discussions prin-

cipales. Nous voyons, dans cette collection, que ce fut grâces à un statut d'Édouard III, que le latin cessa d'être la langue consacrée des plaidoiries; mais que cette langue morte ne fut bannie réellement des cours de justice que sous George II, vers le milieu du dix-huitième siècle ! La réformation religieuse avait été si exclusive, qu'elle n'avait insisté que sur la traduction de la *Bible* en langue vulgaire, par défiance des prêtres, tandis qu'elle abandonnait à la *bonne foi* des légistes le soin des intérêts matériels du citoyen. Aidé des formes barbares de la procédure, le latin des tribunaux pouvait bien être comparé aux hiéroglyphes de l'Egypte. Traduit en langue vulgaire, il me semble encore à moi une langue d'initiés. Je me reconnais profane, et c'est ce qui expliquera tout ce qu'il y a d'incomplet dans mes lettres qui traitent de la législation et du barreau. Les théories de Bentham me séduisent plus que celles de Blackstone lui-même; je vais essayer cependant de parler des avocats modernes.

LETTRE L.

A M. H. CLAIR.

> .... *A formal band*
> *With furs and coifs around me stand,*
> *With sounds uncouth and accents dry*
> *That grate the soul of harmony.*
> BLACKSTONE.
>
> Me voici entouré d'une troupe formaliste, parée de fourrures et coiffée de la calotte de la chicane [1] ; j'entends leurs discours barbares et leurs accens qui affligent l'harmonie.
> BLACKSTONE, *Adieu de l'homme de loi à la Muse.*
>
> *Antehac flagitiis laborabatur nunc legibus.*
> Au fléau des vices a succédé le fléau des lois.
> TACITE.

Si quelque jour je te parle de mes respectables confrères, les docteurs anglais, je dois en conscience te prévenir que, malgré

[1] Les *sergeants-at-law* ou avocats du roi sont aussi appelés *sergeants of the coif*, à cause de la coiffe ou calotte qu'ils portent le jour de leur réception.

moi peut-être, il entrera un peu de partialité dans les éloges que je me sens tout disposé à leur donner. Je viens de parcourir l'utile ouvrage de M. le conseiller Cottu, sur l'administration de la justice criminelle d'Angleterre, et je reste persuadé qu'il est très difficile de ne pas se laisser influencer par l'esprit de corps dont le lien unit même si étroitement des confrères de nations différentes. Cette fraternité, cette franc-maçonnerie est plus puissante, il est vrai, entre les avocats qu'entre les médecins. M. Cottu consacre un chapitre au panégyrique des hommes de lois de Londres, et les vante aussi sérieusement qu'un moine son couvent. Ce sont des hommes d'une délicatesse, d'une probité, d'une science, d'une amabilité sans égales. Il ne lui échappe pas même la plus petite épigramme sur leurs lourdes perruques poudrées, sur leurs sacs à procès, sur leurs gestes gauches ou leur débit monotone et nazillard ! M. le conseiller n'a oublié qu'un éloge, celui de leur éloquence écrite. Cependant c'est peut-être le seul qu'ils méritent, grâce à quelques noms fameux; c'est à peu près le seul que mon impartialité me permettra de leur donner franchement. Erskine, Mackintosh, Romilly, Curran, Scarlet, Brougham, Denman, Williams, etc., etc., appartiennent à la haute littérature. Car, pour moi qui ne suis pas encore à mon premier procès, l'éloquence d'un plaidoyer n'est jusqu'à présent que de la poésie.

Mais occupons-nous d'abord des écoles; car nous avons commencé par être étudians, et quelquefois encore nous aimons, toi et moi, à redescendre sur les humbles bancs de l'Université.

Quoique mon ami Henry ressemble un peu au *templier* du *Spectateur*, qui fréquentait plus volontiers le théâtre que les cours de jurisprudence, il était naturel de s'adresser à lui pour être introduit dans les écoles de droit, et entendre les professeurs. Quelle a été ma surprise d'apprendre qu'il ne reste à Londres des écoles que leur nom ! A quoi servent les *inns of court*? Qui guide les jeunes candidats dans le dédale des lois embrouillées d'Angleterre? Comment prend-on ses grades? Pourquoi n'étudie-t-on pas à Oxford ou à

Cambridge? Je faisais enfin toutes les questions que tu te prépares à m'adresser toi-même. N'écrivant malheureusement pas pour toi seul, j'abrégerai les réponses que j'ai obtenues, d'autant plus que je reviendrai nécessairement sur ce sujet, dans les villes d'université.

Tout membre du barreau appartient à un collége de droit, si l'on peut appeler ainsi les *inns of courts*, c'est-à-dire qu'il est tenu d'y élire domicile, ce qui n'empêche nullement d'avoir en même temps un autre logement en ville. Au lieu d'être soumis à suivre des cours, à subir des examens, les élèves, pendant une résidence supposée de cinq ans, sont obligés d'habiter réellement leurs chambres quinze jours chaque trimestre (*every term*), et surtout de contribuer de leur bourse et de leur appétit à une soixantaine de dîners par an, dont la dépense monte à près de cent trente livres sterling pour chacun. Ces épreuves gastronomiques paraîtront assez singulières à cette partie de notre *studieuse jeunesse* qui se permet tout au plus un dîner chez Véry ou chez les Frères Provençaux dans les trois ans de ses inscriptions.

Après avoir figuré à ces réunions de basoche ou payé une amende de dix-huit shellings par dîner manqué, l'étudiant est admis au barreau sur la proposition de la société. Il passe à un scrutin général qu'il ne faut pas mépriser; car la majorité d'une voix suffit pour le faire rejeter. Le célèbre Horne Tooke subit cette petite humiliation. La majorité a également le droit d'expulser un membre qui se conduirait mal, ou de le reléguer à une table particulière dans les banquets. La police est confiée aux *Anciens* ou *Benchers*. Après les anciens sont classés les *Barristers* (avocats reçus, hommes de barreau), puis les simples étudians. Ils portaient autrefois habituellement le costume de leur état. Ils s'en occupaient même un peu trop sans doute, puisqu'Élisabeth fit des lois somptuaires qui leur défendaient de garder des cheveux longs, de grandes fraises, des manteaux, des bottes et des éperons. La longueur de leur barbe a été aussi plusieurs fois fixée par des règlemens; mais la mode fut toujours, en fait de barbe, plus puissante que le règlement, et ils se vantent encore avec une fierté un peu turque d'avoir toujours porté la barbe longue ou courte selon leur bon plaisir. Ils ont été plus fidèles encore à leur énorme perruque classique du siècle de Louis XIV, qu'on devrait condamner notre académie à porter.[1]

Il est donc facile de faire à Londres son cours de droit pour la forme ; mais les jeunes gens qui veulent parvenir par la science et non par le titre, se placent chez les avocats consultans ou plaidans, et s'instruisent par leurs leçons et leurs exemples. Une *place* dans un cabinet bien *achalandé* coûte jusqu'à trois cents guinées. Il n'y a guère que les fils des riches maisons qui puissent choisir une carrière dont les débuts sont si dispendieux.

[1] Aux assises de l'été de 1819, à Lancastre, M. Scarlet, dans sa précipitation, étant entré dans la salle d'audience sans sa perruque et sa robe, fit ses excuses, mais il ajouta « qu'il espérait voir bientôt arriver le temps où ces *attributs de mascarade* (*mummeries*) seraient entièrement mis de côté. » Le lendemain, en conséquence de ce *désir*, qui donnait un démenti au Bridoison de Beaumarchais, tous les avocats parurent au parquet sans le costume de leur état; mais cette innovation ne dura qu'un jour, et Bridoison eut raison le surlendemain.

Heureux ceux qui, au bout de dix ans de patience, réussissent à faire leurs frais !

Les principaux colléges sont *Inner Temple* et *Middle Temple*, *Lincoln's Inn* et *Gray's Inn*. Les *Inns of Chancery* étaient autrefois des écoles préparatoires, et sont aujourd'hui habitées par la petite milice de la chicane.

Le Temple, divisé en deux *inns*, était jadis, comme le nom l'indique, une maison de templiers, qui fut acquise par les professeurs de droit lors de l'extinction de l'ordre. Puisqu'il ne reste des anciens usages de l'école que les libations et les dîners, on ne sera pas étonné que le proverbe populaire, *boire comme un templier*, se soit perpétué en Angleterre. L'entrée principale du Temple est ornée d'une sculpture représentant un agneau.—C'est, me dit Henry, le symbole de la société. — Si je n'avais craint de lui répondre par une plaisanterie rebattue, je lui aurais demandé où était le loup pour compléter l'allégorie. Que l'*enseigne* s'applique au juge, à l'avocat ou au plaideur, il est difficile de la voir sans un malin sourire. Je parierais que M. Cottu lui-même n'aura pu s'en empêcher.

L'*Inner Temple*, agréablement situé près de la Tamise, a un élégant jardin sur les bords du fleuve. On remarque avec vénération, dans la grande salle, les portraits des lords Coke et Littleton. Vers la fin du dix-septième siècle, les membres du collége firent justice de celui du chancelier Jeffries, d'atroce mémoire. Il fut question de le brûler; mais le trésorier en fit présent à sa famille. Cette protestation de la postérité contre un juge inique est une terrible leçon pour les instrumens de la vengeance des rois. L'abdication prétendue de Jacques II avertit également les rois qui emploient de pareils juges.

Middle Temple n'a de remarquable que quelques portraits de rois et de reines, dont un, celui de Charles Ier, est de Vandyck.

Lincoln's Inn et *Gray's Inn* ne méritent pas une mention plus détaillée. Les mêmes règlemens sont observés dans ces diverses maisons. Lincoln's Inn conserve dans ses annales, comme un titre de noblesse, la relation d'un banquet auquel Charles II daigna assister avec toute sa cour. Sa Majesté, quand on fut au dessert, ordonna qu'on lui apportât le registre d'admission, et s'y inscrivit de sa propre main. Les courtisans voulurent figurer à côté du monarque, sur le *tableau des avocats;* ils empruntèrent même des robes d'étudians, et, ce jour-là, s'appelèrent entre eux, avec gravité, docteurs en droit. Le lendemain, quatre députés allèrent à Whitehall remercier le roi, qui, pour témoigner sa satisfaction, leur permit de baiser sa main. De nos jours, l'empereur Alexandre, le roi de Prusse, et l'hetman des Cosaques, Platow, ont été reçus avocats à Oxford!

A défaut de cours et d'examen, les élèves forment entre eux des clubs oratoires dans lesquels ils s'exercent à la plaidoirie. Henry m'a introduit dans une de ces assemblées libres qui m'ont rappelé les petites académies de mes études médicales, où chacun soutenait sa théorie *unguibus et rostris*.

Le célèbre Curran raconte lui-même, avec son style un peu prétentieux, ses débuts dans ces réunions d'élèves. Le jeune avocat, si brillant depuis dans l'improvisation, si hardi pour répliquer aux juges, perdit la parole la première fois qu'il voulut s'essayer dans la tribune de son âge. En vain ses amis criaient : *hear him!* écoutez, écoutez! « Il n'y avait rien à écouter, dit-il; mes lèvres s'agitèrent, mais j'étais comme ce malheureux ménétrier de la foire, qui, au moment de commencer le solo qui devait ravir toutes les oreilles, s'aperçut qu'un rival jaloux avait malicieusement frotté son archet avec du savon. » Curran n'en fut pas moins exact à suivre les séances, et il se fit même aggréger à un club plus fort, connu sous le nom des *diables du Temple*. Un soir il s'y rendit avec deux camarades, après avoir dîné un peu plus copieusement que de coutume, ayant reçu la veille une petite somme de son village. Il s'était même permis une libation de punch pour boire à la santé de la bonne mère qui n'oubliait pas le pauvre étudiant. Ils trouvèrent la tribune occupée par un impitoyable bavard, qui commit tant de bévues en histoire et en chronologie, que Curran ne put retenir l'expression de sa surprise dédaigneuse. « Soit, dit-il, que ce fût l'argent qui garnissait mon gousset, soit mon respect pour les noms sacrés que profanait l'orateur, ou plutôt l'effet du bol de punch, il y avait dans mon visage un air de confiance et de défi, quand nos yeux se rencontrèrent. Charmé peut-être de trouver une occasion de s'interrompre, le jeune templier s'adresse à moi, et m'apostrophant du titre d'*orateur muet,* m'engage, avec une raillerie amère, à prouver mes talens d'une autre manière que par mon *éloquent silence.* Je ne pouvais reculer; je l'attaquai avec tant de chaleur et une ironie si mordante, que ma réputation date de ce soir-là. »

Si un barreau indépendant est une garantie de plus pour la liberté d'une nation, le seul gouvernement où la liberté soit possible en Europe, le gouvernement représentatif est le plus favorable à l'éloquence du barreau. On s'étonne que la véritable éloquence en Angleterre ne date guère que des plaidoyers de lord Erskine. L'ordre des avocats y jouit depuis long-temps de plus d'importance que parmi nous. Les succès au barreau conduisent aux premières dignités de l'état, à la pairie comme à la chambre des communes, au ministère comme aux grandes places de la judicature et de l'administration. Hume cependant désespérait de voir paraître un homme de génie qui corrigeât ses compatriotes de la froideur et du mauvais ton de leurs plaidoyers. Un critique classique, qui a jugé très sévèrement ses contemporains, quand il ne les a pas oubliés, le docteur Blair, semble ne pas croire possible l'existence d'un barreau anglais [1]. Madame de Staël ignorait Erskine, Mackintosh, Curran, etc., etc., lorsqu'elle composa son livre de *la Littérature.* Elle est revenue sur son opinion de l'éloquence bri-

[1] Les Anglais, qui veulent que le siècle d'Élisabeth ait été riche en toutes espèces de gloire, prétendent que jamais l'Angleterre n'eut autant d'habiles avocats que sous cette reine. A en juger par le plus fameux de tous, sir Édouard Coke, les avocats de ce temps-là ne se piquaient pas des grâces du métier. Sir Édouard, dans les *state trials*, semble l'agent inexorable d'une inquisition. Dans le procès du comte d'Essex, ce magistrat conclut par ces mots : « Cet homme espérait être Robert premier sur un trône; par le juste jugement de Dieu, il sera Robert dernier dans son titre de comte. »

Coke était procureur général dans l'infâme procès de Walter Raleigh. Il insulta l'accusé par d'atroces qualifications. « C'est un serpent, s'écria-t-il, qui a un

tannique dans son ouvrage posthume. Si les orateurs que je viens de citer, et quelques autres, n'avaient rien écrit, je n'aurais pas deviné leur admirable talent quand j'ai assisté aux plaidoiries de leurs contemporains. J'en excepte cependant MM. Brougham et Scarlet : mais, en général, il est difficile de ne pas appliquer aux avocats des différentes cours ce que le *Spectateur* disait de ceux de son temps : « Ils vous glacent d'avance quand vous les voyez arpenter gravement les avenues de Guildhall et des autres tribunaux, écrasés

visage anglais et un cœur espagnol ; c'est un reptile sorti de la lie impure de la terre, etc. »

Sir Walter, poussé à bout, l'interrompt :

« Vous parlez avec une indiscrète barbarie, lui dit-il.

Le procureur général. — Je ne puis trouver de mots pour caractériser de si infâmes trahisons.

Sir Walter R. — Vous manquez d'expressions, en effet, car vous avez répété six fois la même chose.

Le procureur général. — Tu es un odieux coquin ; ton nom est l'horreur de l'Angleterre à cause de ton orgueil, etc. »

Les plaidoyers de Coke sont remarquables par une certaine concision : mais un luxe d'érudition mal placée gâte ses meilleurs discours.

sous l'énorme perruque qu'ils viennent de louer chez le coiffeur privilégié, gesticulant d'un bras, et traînant de l'autre la corde de leur sac. »

Les principes de composition imposés aux avocats anglais ne peuvent guère produire de ces discours pleins de chaleur, dont une action gracieuse ou noble est l'accessoire obligé. Tout doit être positif dans leur plaidoyer. Même en matière criminelle, si l'orateur s'écarte un peu trop de la discussion matérielle du fait, le juge a le droit de l'interrompre et d'avertir le jury de se défier de toutes les apostrophes pathétiques adressées à sa sensibilité. Les chefs-d'œuvre de lord Erskine sont appelés des chefs-d'œuvre *contre* les règles.

Le mauvais ton qui règne généralement dans les rapports des avocats avec les juges, est aussi très opposé à la dignité de l'éloquence. Le Code anglais, qui réunit encore l'inextricable mélange des lois barbares des Saxons et des arguties normandes, offre des ressources toujours renaissantes aux lenteurs ou aux sophismes de la chicane. Les familles respectables dirigent volontiers vers le barreau les études des fils cadets ; mais on compte à Londres plus de dix mille gens de loi, c'est-à-dire qu'il y a beaucoup moins d'avocats que de procureurs et d'autres robins subalternes, fléau que Moïse aurait envoyé aux Égyptiens, s'il avait fallu les frapper d'une plaie de plus.

Les cours de justice, très multipliées en Angleterre, existent, ou d'après des actes du parlement, ou d'après des lettres patentes du roi, ou par une possession dont la date est souvent perdue. Ces cours ont une juridiction publique et générale dans tout le royaume (c'est-à-dire jusqu'aux frontières d'Écosse et à la mer d'Irlande), où une juridiction particulière est restreinte dans certains cantons. Les premières sont les cours supérieures de Westminster et de la chambre haute; les secondes sont celles des comtés, et les cours ecclésiastiques, militaires et maritimes. Ce serait trop m'écarter de mon but que de définir ici les pouvoirs des cours de chancellerie, du banc du roi, de chevalerie, d'amirauté, celles des assises *trimestrielles*, etc. et des universités, etc., etc.

Des *solliciteurs*, espèces d'avoués, ou des *attornies*, procureurs de moindre rang, instruisent et suivent les procès ; les premiers, aux cours d'équité ; les seconds, aux autres tribunaux civils de Westminster et aux assises. L'ordre des avocats se compose des *sergeants-at-law*, titre qui correspond à ceux de docteur en droit, d'avocat du conseil du roi ; et de *barristers*, ou simples avocats plaidant *hors la barre*. Je ne crois pas que les sergeants-at-law soient affranchis de l'usage de donner une bague aux juges le jour où ils sont *coiffés* de la calotte qui fait partie de leurs attributs. Sous le règne de Charles II, on créa dix-sept sergeants-at-law à la fois. Quelques jours après, le nouveau sergeant Powis s'étant présenté à la cour du banc du roi, le *chief justice* Keeling lui dit que les bagues présentées par lui et ses confrères ne pesaient que dix-huit shellings chacune, tandis que Fortescue, dans son Livre *de laudibus legum Angliæ*, nous apprend que chaque bague doit valoir vingt shellings au moins. Le juge eut la générosité d'ajouter : « Passe pour cette fois, « mais que nos jeunes *barristers* ne se règlent

« pas un jour sur ce *précédent*.» On est nommé sergeant-at-law par *patente* royale, et ce grade, outre la considération, donne encore un privilége de *préaudience*, et la cour des Common-Pleas n'admet que des *sergeants* pour avocats; mais j'oublie que je ne veux m'occuper que de la supériorité intellectuelle des membres du barreau actuel.

On remarquera sans doute dans la suite de ces lettres la grande indépendance du barreau anglais. Cette indépendance n'a pas toujours existé. Sous Henry VI, un procès de préséance s'éleva entre le comte Warwick et le comte Marshal; sir Walter Beauchamp, premier avocat décoré du titre de *sir*, plaidait pour le comte de Warwick. Malgré son titre de *chevalier*, il ne mit pas moins d'humilité que son confrère M. Royer Blunt, dans les protestations de son respect pour la haute qualité de comte. Chacun des deux avocats supplia le *seigneur* contre lequel il allait plaider, de lui pardonner tout ce qu'il serait obligé de dire en faveur de son client.

Hume parle d'une époque plus rapprochée de nous, lorsqu'il dit qu'aucun avocat n'osa signer le mémoire du fameux Prynn contre les prélats, etc.

Les procureurs anglais n'ont pas monté aussi vite que les avocats en considération. Une série nombreuse de caricatures entretient l'hilarité publique à leurs dépens....

Adieu. Si tu revêts enfin la robe de juge, j'aime à croire que les plaideurs s'écrieront, comme Shylock, dans *le Marchand de Venise* :

O noble judge, o excellent young man!
..... O wise and upright judge !
How much more elder art thou than thy looks !

(*The Merchant of Venice.*)

« O noble juge ! ô excellent jeune homme ! ô sage et équitable juge ! combien tu as plus de maturité que n'en promet ton air de jeunesse ! »

P. S. Pour connaître avec quelque détail la vie de l'étudiant en droit, de l'avocat et du juge en Angleterre, je viens de lire la vie de Horne Tooke. Refusé lui-même au barreau, à cause de ses opinions politiques, sous le prétexte qu'il était dans les ordres, cet homme célèbre avait *étudié* dans les *inns*, avec Dunning et lord Kenyon, qui sont parvenus l'un et l'autre aux plus hautes fonctions de la judicature. Le premier devint son avocat, et le second son juge, dans son procès de haute trahison.

La biographie de lord Guilford, l'histoire des *inns*, par Herbert, et autres ouvrages, offrent plusieurs détails curieux à glaner : j'en ferai usage à mon retour d'Écosse et des universités ; mais, dans ce volume, la poésie demande la préférence sur l'*intérieur* des légistes anglais (*lawyers*).

Je diffère, pour la même raison, de parler du lord chancelier actuel, lord Eldon, dont le savoir profond en jurisprudence est devenu proverbial. Mais personne n'accorde moins que lord Eldon à l'imagination et aux théories. Je me propose de le comparer à M. Bentham, législateur plus européen qu'anglais. Lord Eldon, sorti des dernières classes du peuple, est devenu en crédit et en honneurs, je dirais presque le second personnage de l'Angleterre. Le jour de l'installation du lord-maire, c'est le lord-maire qui est le premier ; mais le lord-maire n'a qu'une année d'administration, et qu'un seul jour d'*ovation* dans l'année.

LETTRE LI.

A M. F. BLAIN,
PRÉSIDENT HONORAIRE A ARLES.

A most rare speaker!
SHAKSPEARE.

Vir probus ac benedicendi peritus.
CICERO.

Les critiques ont voulu définir trois styles difffférens dans le barreau des trois royaumes : le style anglais, proprement dit, simple, sans ornement, réduit à l'aride discussion du fait ; le style irlandais, fleuri, pathétique, exalté ; et le style écossais, qui tient de l'un et de l'autre : ce dernier serait donc le type de la perfection. Il en approche en effet dans les discours d'Erskine. Mais, à cause de cela même, c'est celui que cherche à adopter l'avocat anglais qui veut être orateur ; je ne reconnaîtrai donc que deux écoles, celle du goût, écossaise ou anglaise comme on voudra; et l'école irlandaise qui ne pourra pas être caractérisée si brièvement. La prétendue école de Londres ne saurait fournir la moindre citation sous le rapport littéraire. Son laconisme s'explique par le *petit nombre* des cours de judicature comparées à la population et à la multiplicité des *causes*. L'avocat plaidant est obligé de compter ses minutes, d'aller directement à son but, et d'employer les termes techniques. Il plaide dix causes aujourd'hui pour en plaider vingt demain, s'il le peut. Lord Erskine et ceux qui se sont proposé lord Erskine pour modèle, ont pris le temps d'être éloquens par la raison et l'imagination réunies. Félicitons-nous de l'heureuse idée du *Barreau français*[1]. Il fallait toute cette collection précieuse pour répondre au défi des Anglais qui nous disaient : — « Où sont vos Erskine, vos Mackintosh ? » — Ce monument national nous permet d'opposer d'illustres rivaux à ces beaux talens, mais aucun, il faut

---

[1] *Chefs-d'œuvre du Barreau français*, par MM. Clair et Clapier; collection suivie depuis de celle des *Chefs-d'œuvre du Barreau anglais*.

l'avouer, qui puisse, comme le noble lord, se présenter avec vingt chefs-d'œuvre.

Madame de Staël disait : « — Je ne saurais trop recommander le recueil des plaidoyers de lord Erskine, l'avocat le plus éloquent et le plus ingénieux de l'Angleterre [1]. » En effet, il n'est aucun ouvrage qui donne des notions plus exactes sur l'institution immortelle du *jury*, sur la *liberté de la presse*, et sur la *procédure criminelle* d'Angleterre en général, dont nos magistrats devraient tous connaître les admirables principes en contradiction avec son code pénal, si absurde et souvent si atroce.

Quelques citations tronquées ne suffiront pas sans doute pour faire comprendre la majestueuse éloquence de lord Erskine, d'autant plus qu'au texte même de ses discours écrits, il manque encore cette puissance de l'organe et du geste qui leur prêtait une double magic.

Action is eloquence and the eyes of the ignorant
More learned than their ears......

SHAKSPEARE.

« L'*action* est de l'éloquence, et les yeux

---

[1] *Considérations sur la Révolution française.*

des ignorans sont plus instruits que leurs oreilles. » Ce sont les scènes de Shakspeare, privées de la déclamation de Macready, ou plutôt les tragédies de Racine privées de celle de Talma; car lord Erskine, dramatique dans les grandes scènes, est d'ailleurs régulièrement noble, et offre le type d'une éloquence sage et tempérée. Mais il faut convenir que les plaidoyers d'Erskine sont l'œuvre élaborée et finie d'un beau *talent*, plutôt que l'expression originale et spontanée du *génie*. Personne n'a rajeuni avec plus d'art les lieux communs de l'éloquence en les adaptant à son sujet. On trouve chez Erskine une élégance soutenue, de l'esprit, des allusions classiques très heureuses, toutes les grâces du beau langage, mais en général peu de profondeur, et rarement des hardiesses de pensée ou de style. Son imagination, comme son courage, ne dépasse jamais les formes; ses digressions ne sont point le résultat de cet enthousiasme qui peut entraîner quelquefois l'orateur loin de son sujet, quand une idée neuve ou poétique le séduit ou l'exalte; il semble qu'il cherche à distraire un moment les juges pour les amener sur un terrain plus favorable à ses argumens ; en un mot, c'est un avocat supérieur dans sa sphère, et un orateur commun au-delà. Erskine a échoué, du moins dans la Chambre législative, où des questions d'un intérêt plus élevé réclament quelque chose de plus que le *talent d'avocat*.

Thomas Erskine, troisième fils du comte de Buchan, naquit en Écosse vers l'année 1750. Après avoir commencé son éducation à Édimbourg et l'avoir complétée à l'Université de Saint-Andrews, il servit quelque temps dans la marine [1], puis dans l'armée de terre ; mais cédant à une plus haute vocation, il vint à Lincoln's Inn, et fût reçu avocat en 1778. Dès son début au barreau il en fut proclamé le premier orateur, et il ne fit plus que se surpasser lui-même. Successivement procureur général et chancelier du prince de Galles, élevé à la pairie, grand-chancelier pendant le ministère de Fox, il n'a jamais

[1] Le service de lord Erskine, dans la marine, le fit préférer à MM. Dunning et Lee pour plaider la cause de l'amiral Keppel, et cette cause lui valut mille guinées.

sacrifié son indépendance au pouvoir, ni cessé d'être le plus beau caractère de l'opposition.

C'est à son plaidoyer pour le doyen de Saint-Asaph, que le peuple anglais doit la victoire que la raison et la liberté ont remportée sur une perfide interprétation de la loi des jurys, par laquelle le gouvernement prétendait mutiler les priviléges de cette institution. Le jury avait-il le droit de décider sur l'intention et le fait, ou fallait-il laisser aux juges le soin de prononcer sur les secrètes pensées de l'accusé? Cette cause, qui intéressait en même temps la liberté de la presse fut traitée par lord Erskine avec tous les développemens qu'exigeait l'importance de la question; et quand Fox en fit le motif d'un bill à la chambre des communes, il s'appuya de l'autorité de ses argumens. Le bill de Fox n'est même qu'une nouvelle exposition des principes que le discours d'Erskine présentait déjà sous une forme plus dramatique. Je me propose d'avoir recours aux débats successifs de cette lutte mémorable, en faveur de l'indépendance du jury, quand j'aurai assisté à quelques audiences des assises d'York, où, grâces à une lettre de

Henry, j'espère recueillir de précieux renseignemens sur la procédure, auprès d'un des avocats de ce *circuit*.

L'effrayante doctrine des procès de haute trahison trouva dans Erskine un adversaire irrésistible, soit dans le procès de lord George Gordon, soit dans celui de Hadfield, l'assassin du feu roi.

Le gouvernement et la chambre des communes avaient témoigné, en 1780, quelques dispositions moins intolérantes envers les catholiques. Lord George Gordon parvint à communiquer son fanatisme au peuple de Londres, et une pétition, signée de quarante-quatre mille protestans appela contre les opprimés de nouvelles proscriptions. La canaille, soulevée pendant huit jours, promena l'incendie dans les rues. Les prisonniers de Newgate, délivrés par les insurgés, se joignirent à eux; et la chambre des communes les vit s'avancer menaçants, vers le lieu de ses délibérations, à la lueur des flammes qui consumaient les chapelles catholiques. La force armée dispersa enfin la révolte, dont plusieurs constables avaient même porté ostensiblement les couleurs. Le fanatisme de lord Gordon fut excusé comme une démence, et le fait de la rébellion considéré comme n'ayant qu'un rapport indirect avec sa pétition. Le talent de l'avocat, dans son plaidoyer pour le chef titré des fanatiques, est moins remarquable par de brillans effets de style ou de sublimes élans, que par l'habile contexture de l'ensemble. Il y a quelque chose d'imposant néanmoins dans le calme de ses raisonnemens et la chasteté de sa diction. Aussi est-on frappé du contraste produit par ce mouvement inattendu d'une apostrophe violente, et que le succès pouvait seul justifier, lorsqu'après avoir cité tout ce qui pouvait disculper lord George, l'orateur s'écrie tout à coup avec indignation : « Oui, j'en atteste le ciel, il serait un scélé-« rat celui qui trouverait des preuves de cul-« pabilité dans une conduite si franche et si « simple. » La sensation causée par ces paroles et par la voix, le regard, et toute l'action de l'orateur fut, dit-on, électrique et impossible à décrire. De pareilles hardiesses sont inspirées par l'instinct du moment, cette sorte de sympathie qui existe entre l'orateur et son auditoire. D'un coup d'œil l'observateur a compris ce langage muet des traits du visage, qui lui apprend jusqu'à quel point il s'est déjà rendu maître de toutes les émotions.

Madame de Staël a cité l'exorde du plaidoyer en faveur d'Hadfield, pour donner un exemple frappant du respect que le souverain constitutionnel témoigne à la loi, alors même que ses formes protègent l'auteur d'un attentat contre la personne royale. Il faut admirer avec elle ce *trait admirable* d'un gouvernement qui, dans aucun cas, ne souffre qu'un accusé soit détourné de ses juges naturels, et qui l'entoure d'une sauve-garde d'autant plus grande, que l'énormité de l'accusation doit lui susciter plus d'ennemis. A mesure que la liberté pratique s'est consolidée en Angleterre, on a aboli la fameuse chambre étoilée, supprimé les commissions extraordinaires, et multiplié les garanties individuelles contre une application du crime de haute-trahison, que le pouvoir étendait si facilement à tout ce qui déplaisait à ses agens. La démocratie est peut-être moins bien représentée dans la chambre des communes que dans l'institution du jury, appelé par lord Erskine *la chambre des communes* de l'ordre judiciaire. Ceux qui sont investis momentanément du droit d'envoyer au supplice un de leurs semblables, ont, comme le disait Fox, une sympathie naturelle, avec les habitudes de sa vie. Mais laissons parler le défenseur d'Hadfield, dont l'exorde est le plus bel éloge que l'on puisse faire des lois anglaises. On verra pourquoi je n'adopte pas la traduction de madame de Staël :

Messieurs du jury,

« L'affaire qui nous occupe, et le devoir que je suis appelé à remplir, non pas seulement par un privilége, mais par le choix de la cour, offre au monde civilisé un éternel monument de notre justice nationale.

« La procédure, dans toutes ses circonstances, telle qu'elle vous est soumise, place notre pays, son gouvernement et ses citoyens au plus haut degré de l'ordre social. Il paraîtrait [1] que, le 15 du mois dernier, un coup de pistolet fut tiré contre le roi, dans la quarantième année d'un règne pendant lequel sa majesté n'a pas joui seulement du pouvoir royal, mais a exercé un empire spontanément accordé dans le cœur de son peuple. Il paraîtrait, dis-je, que cet attentat aurait eu lieu au centre de la capitale du monarque, dans un théâtre public, et au milieu des applaudissemens de ses fidèles sujets ! CEPENDANT PAS UN DES CHE-VEUX DE LA TÊTE DE L'ASSASSIN PRÉSUMÉ N'A ÉTÉ TOUCHÉ. Dans cette scène extraordinaire de modération, le roi lui-même, qui jouait le premier rôle, soit par sa dignité, soit parce que sa personne et ses sentimens étaient plus directement compromis, donna un exemple non moins heureux que remarquable. Le moindre signe d'émotion de la part de cet auguste personnage aurait inévitablement produit une scène bien différente, et bien moins honorable que celle dont la cour va s'occuper ; mais sa majesté resta calme, et le cou-

---

[1] L'avocat se sert à dessein de ces expressions de doute. Cette précaution oratoire est indiquée par son rôle de défenseur.

pable présumé fut simplement arrêté sans outrage ni reproche, pour être traduit aujourd'hui devant vous. »

Cette dernière phrase aurait-elle été supprimée par madame de Staël, parce qu'elle fait supposer que si le roi avait perdu son sang-froid, la nation ne fût pas resté impassible ? Dans son commentaire, madame de Staël cherche en effet à relever la dignité de l'Angleterre, au détriment des autres peuples. « A la suite de cette scène, dit-elle, une multitude étrangère aux vertus de la liberté aurait demandé à grands cris le supplice de l'assassin, et l'on aurait vu les courtisans se montrer peuple dans leur fureur, comme si l'excès de leur amour ne les eût pas laissés maîtres d'eux-mêmes; rien de semblable ne *pouvait* avoir lieu dans un pays libre. Le roi magistrat était le protecteur de son assassin, par le sentiment de la justice, et nul Anglais n'avait l'idée qu'on pût plaire à son souverain, aux dépens de l'immuable loi qui représente la volonté de Dieu sur la terre. » La supposition de lord Erskine embarrassait-elle madame de Staël, après cet éloge sans restriction? Écoutons l'éloge de la loi : toute la jurisprudence criminelle des Anglais n'est malheureusement pas aussi belle.

L'avocat continue :

« — Messieurs, je conviens, avec l'avocat général, que si le même coup de pistolet eût été tiré méchamment par le même homme, contre le dernier des individus ici présens dans la salle, le prisonnier que voici eût été mis en jugement sans aucun délai, et conduit immédiatement au supplice, s'il eût été trouvé coupable. Il n'aurait eu aucune connaissance des pièces à sa charge, qu'au moment de la lecture de son acte d'accusation ; il eût ignoré les noms, et jusqu'à l'existence de ceux qui devaient prononcer son arrêt, et des témoins appelés à déposer contre lui. Mais il s'agit d'une tentative de meurtre sur la personne du roi lui-même, et voici mon client tout couvert de l'armure de la loi. Ce sont les juges institués par le roi, qui l'ont pourvu d'un défenseur, non de leur choix, mais du sien. Il a eu copie de son acte d'accusation, dix jours avant le commencement de la procédure. Il a connu les noms, demeures et qualités de tous les jurés présentés à la cour; il a joui du privilége important de les récuser péremptoirement, sans motiver son refus. Il a eu de même la connaissance détaillée de tous les témoins admis à déposer contre lui; enfin il faut aujourd'hui, pour le condamner, un témoignage double, au lieu de celui qui suffirait légalement pour établir son crime, si, dans une poursuite semblable, le plaignant était un homme du dernier rang de la société.

« Messieurs, quand cette triste catastrophe arriva, et que le prisonnier fut accusé, je me souviens d'avoir dit à quelques personnes ici présentes, qu'il était difficile, au premier coup-d'œil, de rapporter ces exceptions indulgentes au principe qui les dicta à l'humanité de nos ancêtres, pour les cas de trahison contre le gouvernement, ou de conspiration *rebelle* contre la personne du roi. Dans ces deux cas, les passions et les intérêts de grandes masses d'hommes étant compromis et agités, il devint nécessaire d'établir un contre-poids pour donner du calme et de l'impartialité aux tribunaux criminels, mais une simple tentative d'homicide contre la personne du roi, sans aucune connexion avec son caractère politique, semblait devoir être assimilée à une tentative du même genre contre un simple particulier.

« La sagesse de la loi est au-dessus de la sagesse d'un homme, quel qu'il soit; à combien plus forte raison au-dessus de la mienne! un attentat contre la personne du roi est considéré comme un parricide envers l'état. Les jurés, les témoins, les juges eux-mêmes sont ses enfans. Il est donc convenable qu'un délai solennel précède le jugement; et quel spectacle plus sublime la justice peut-elle offrir que celui d'une nation entière qui se récuse elle-même pendant un temps limité, accordant une *quarantaine* de quinze jours au prévenu, pour garantir les esprits de la contagion d'une partialité si naturelle! »

Pour comprendre l'issue de ce procès, il faut suivre l'avocat dans le développement de son ingénieuse théorie sur l'aliénation mentale. Jamais question de *médecine politique* ne fut plus habilement approfondie.

Ses argumens sont fondés sur l'application difficile de la définition d'une folie complète ou partielle. Dans une affaire civile la loi écarte l'acte d'un homme dont il est prouvé que la tête n'est plus saine, quoique l'acte en question ne puisse être rapporté à l'impulsion particulière de l'affection maladive. Mais en matière criminelle on doit toujours trouver quelque liaison entre l'acte et l'hallucination dont le prévenu est atteint.

Lord Erskine prouve, de plus, que non seulement l'accusé est fanatique, mais encore qu'il a agi sous l'influence immédiate de son délire. Hadfield avait été blessé au service, les accès périodiques d'une monomanie complète étaient le résultat de sa blessure. Sa folie consistait à croire qu'il était prédestiné à sauver le monde en subissant une mort violente, mais non par le crime d'un suicide. Lord Kenyon, qui présidait la cour, avait paru d'abord très mal disposé pour le prisonnier ; mais lord Erskine établit si bien le principe sur lequel reposait sa défense, que sa seigneurie se désista de la poursuite au nom de la cour, et Hadfield fut acquitté sans que la couronne fît même une réplique.

Hadfield était le troisième régicide qui tentait d'assassiner le roi George III, et les deux autres avaient été absous également.

Le plaidoyer pour Stockdale est peut-être celui où l'éloquence de lord Erskine s'est élevée le plus haut.

Pendant qu'on instruisait le procès de lord Hastings, M. Stockdale, libraire de Londres, publia un pamphlet dont l'auteur, s'instituant le défenseur du Verrès de l'Inde, se permettait quelques expressions qui parurent injurieuses à la chambre des communes, comparée, entre autres licences, à un tribunal d'inquisition. Ce pamphlet produisit une impression profonde.

M. Stockdale aurait pu être cité à la barre du parlement; mais Fox, au nom de ses collègues, se contenta de le traduire à la cour du banc du roi. Les passages incriminés furent dénoncés comme diffamatoires; le fait de la publication fut admis, et « M. Erskine, dit *la Revue d'Édimbourg*, prononça le plus beau de ses discours, soit que l'on considère l'adresse merveilleuse avec laquelle ses argumens sont conduits, la solidité des principes et leur heureuse application, soit que l'on admire davantage la brillante imagination de l'orateur et son langage tour à tour énergique et touchant. » Tous les jurisconsultes anglais regardent en effet ce plaidoyer comme un exemple parfait de l'art de s'adresser à un jury, et un littérateur y trouvera souvent tout ce qui constitue la *poésie* de l'éloquence.

Erskine présente d'abord à son auditoire un tableau de la grande procédure de Westminster, dans le but d'appeler l'intérêt sur la situation du lord Hastings et de son défenseur. Il cherche à faire envisager le prévenu comme accablé sous le poids du ressentiment des assemblées législatives, et sur le point d'être opprimé par les formes mêmes d'un procès si solennel, insinuant que l'auteur du pamphlet s'est seulement hasardé à dire quelque chose pour la défense du malheur, et que dans une lutte si inégale, un jury anglais peut bien excuser quelques paroles imprudentes échappées à celui qui a entrepris une défense si généreuse et presque désespérée.

« — Messieurs, avant de vous soumettre le livre, je dois vous rappeler (car c'est un fait également notoire) que, long-temps avant sa publication, le procès de M. Hastings avait déjà commencé à la barre des lords sous ces funestes auspices.

« C'est là qu'était offert chaque jour le spectacle le plus auguste. Un vaste tribunal avait été érigé, imposant par ses grands priviléges et sa dignité, vénérable par le savoir et la sagesse des juges, frappant l'attention par le concours de personnes de tout rang qui s'y rendaient comme à un théâtre. L'esprit public était préparé à toutes les impressions, lorsque s'élevèrent de jour en jour, successivement, des hommes doués de toute la puissance du talent, éclipsant par leur éloquence accusatrice les harangues les plus illustres de l'antiquité, excitant l'orgueil et le ressentiment de la nation par les plus terribles invectives contre la violation de la foi des traités, agitant tour à tour les âmes de pitié ou d'horreur par les tableaux les plus brillans de la nature et de l'humanité outragées, toujours animés de cette énergie que donne l'amour de la gloire, passion du génie, toujours fermes et infatigables par le sentiment de la justice de leur cause.

« Mesieurs, quand l'auteur prit la plume pour écrire le livre que voilà devant nous, toutes les armes inépuisables et terribles du zèle, du talent et d'une éloquence irrésistible, unie à la plus haute dignité, étaient journellement, et sans terme probable, dirigées contre un seul homme sans protection, condamné, en présence de tout le peuple anglais, à tout entendre avec le silence le plus respectueux. Je ne m'en plains nullement, puisque c'est là ce que la loi permet et sanctionne dans le cours d'un procès public; néanmoins si nous nous rappelons que nous ne sommes pas des anges, mais des hommes faibles, et que même les nobles juges de ce tribunal sont sujets sous leur hermine aux infirmités communes de la nature humaine, nous serons dans la disposition nécessaire pour examiner le livre qui va vous être soumis. Qu'il me soit permis de vous rappeler encore une fois que ce prétendu libelle fut composé sous l'influence de toutes ces circonstances, et au milieu des passions et des préventions que devait si naturellement exciter la scène que j'ai essayé de vous décrire. »

L'orateur *introduit* alors l'auteur du livre à

son auditoire, après lui avoir ménagé avec adresse un accueil favorable.

« — L'auteur, dit-il, fut touché de la situation d'un compatriote, exposé à un procès qui, juste ou non, est certes bien sévère; à un procès qui n'est pas restreint à quelques actes criminels comme ceux que vous jugez habituellement, mais qui embrasse la conduite d'une vie entière, et l'administration compliquée de plusieurs peuples lointains; à un procès qui n'avait aucun terme visible de durée et de dépense; à un procès sortant du cercle des questions ordinaires, devenu le sujet général des entretiens du monde, et faisant oublier non seulement toute autre affaire sérieuse, mais encore tous les amusemens de la mode.

« Messieurs, la question sur laquelle vous avez à prononcer est extrêmement simple, et la voici : Au temps où, du consentement de la chambre, les accusations contre M. Hastings étaient dans toutes les mains et sur toutes les tables; lorsque les foudres de l'éloquence ne cessaient de le frapper et d'éblouir le public; lorsque chacun pouvait avec impunité dire, écrire et publier tout ce qu'il lui plaisait contre le dévastateur supposé des nations, aurait-on fait un crime à M. Hastings lui-même de rappeler au public qu'il était un enfant de cette terre libre, qu'il avait des droits à la protection de sa justice, et un bouclier à opposer aux traits qu'on laissait lancer de toutes parts contre lui? Voilà, sans subterfuge et sans exagération, la véritable question que vous devez décider.

. . . .

« Messieurs, je frémis d'indignation en me voyant forcé de soumettre une question semblable en Angleterre. Quoi donc! un citoyen de ce pays sera accusé par les chambres pour les transactions de vingt années de sa vie, l'accusation sera répandue aussi loin que la presse peut le faire; l'accusé, de jour en jour et d'année en année, sera donné en spectacle à un public entretenu dans de continuelles préventions contre lui; et il ne sera pas permis, sans s'exposer aux peines les plus rigoureuses, de rien soumettre en sa faveur au jugement des hommes! Si telle est la loi (et c'est à vous de le décider aujourd'hui), cet homme-là n'est pas *jugé* : ce vaste palais, consacré par nos pères à la justice anglaise, n'est plus une cour, c'est un autel, et un Anglais, au lieu d'y être jugé *par Dieu et son pays, est une victime sacrifiée.* »[1]

Après avoir prouvé la bonne foi et l'impartialité de l'écrivain par l'intention de son livre, l'orateur, qui évite adroitement d'en adopter ou d'en défendre les opinions et de justifier Hastings, est cependant amené à montrer comment on pourrait le faire, afin de venger son client de l'imputation de s'être servi de son livre comme d'un manteau pour attaquer la chambre des communes. Cette tentative était délicate. L'avocat ne pouvait, sans soulever l'opinion, pallier les atrocités du proconsul de l'Inde : la voix terrible de Sheridan retentissait encore contre lui. Il fallait éviter de trop rapprocher l'auteur du libelle de l'objet de l'indignation générale. Ce n'est qu'avec de nombreuses précautions oratoires

---

[1] « Comment voulez-vous être jugé ? dit l'officier du tribunal à l'accusé. — Par Dieu et mon pays, répond l'accusé. — Dieu vous donne une bonne délivrance! » reprend l'officier du tribunal. Cette forme explique l'allusion de lord Erskine.

que lord Erskine ose faire remarquer qu'on pouvait en effet s'étonner qu'aucun témoin ne se présentât pour déposer dans cette affaire.

« — Le procureur général cherchera-t-il donc à découvrir l'hypocrisie de notre auteur en nous donnant quelques détails des preuves par lesquelles ces atrocités personnelles ont été constatées, et qu'il est supposé avoir connues? C'est ce que je demande en ma qualité de défenseur de M. Stockdale, et non de M. Hastings, avec qui je n'ai rien de commun. Je suis fâché vraiment d'être obligé de répéter si souvent cette protestation ; mais je me sens de plus en plus embarrassé de ces coïncidences de défense qui se multiplient pour moi à chaque pas, et qui sans doute échappèrent à la chambre des communnes quand elle sollicita cette enquête interlocutoire. Je le demande donc en ma qualité d'avocat de M. Stockdale, lorsqu'un criminel d'état est traduit en justice avec des frais immenses, lorsqu'il est accusé des plus atroces cruautés, lorsqu'il est accusé d'avoir dépouillé des princes et détruit des nations, je le demande, n'est-il pas permis à chacun de dire : Où sont ses accusateurs? sur quelles autorités sont fondées ces odieuses plaintes? où sont les ambassadeurs et les mémoires de ces princes dont il a pillé les revenus? où sont les témoins de ces malheureux dans la personne desquels les droits de l'humanité ont été violés? Le sang de l'innocent est donc bien profondément enseveli, qu'il ne se lève pas pour accuser et confondre le coupable? Ce sont là, certes, des questions que l'humanité a le droit de faire, quand un citoyen est soumis à un procès si long, si pénible et si dispendieux. Elles sont dictées par le simple bon sens de l'homme le moins lettré, et l'histoire aussi en veut être instruite. Quand, devant le grand tribunal de Rome, Cicéron accusa Verrès de semblables déprédations et cruautés, le peuple romain ne resta pas livré à ces incertitudes. Toute la Sicile environna le Forum, demandant justice par ses pleurs et ses imprécations. Ce ne fut point par l'éloquence de l'*orateur*, mais par les larmes des malheureux que Cicéron gagna cette illustre cause. Ce ne fut point la voix de Tullius qui fit prendre la fuite à Verrès, mais ses accusateurs et leurs témoins. Pour perpétuer la renommée de son éloquence, Cicéron composa ses cinq discours fameux; mais ils ne furent jamais prononcés contre le criminel, parce qu'il s'était échappé de la ville, effrayé à la vue des victimes de son oppression. On me dira que l'affaire de la Sicile et celle de l'Inde sont bien différentes; cela peut être. Je ne suis pas tenu de nier la possibilité de répondre à de pareilles questions; je ne fais que justifier le droit de les faire. »

Ici l'orateur revient plus directement à son sujet, et entre dans quelques détails sur la nature de l'ouvrage qu'il défend; mais sentant jusqu'où il peut aller, il hasarde une nouvelle tentative en faveur d'Hastings dont il lui importe d'atténuer les torts. Peu à peu il ose montrer que la plupart des atrocités qu'on impute à ce vice-roi peuvent être rejetées sur les instructions qu'il avait reçues, sur la position où il se trouvait, sur la politique perfide de l'Angleterre, et sur l'iniquité des peuples civilisés abusant de leur supériorité intellectuelle contre les peuples moins éclairés dont ils troublent le repos. C'est là que, introduisant une anecdote de ses Voyages en Amérique, Erskine met dans la bouche d'un Sauvage une de ces leçons sublimes qu'il serait si utile de répéter à l'ambition; mais il vaut mieux citer un tel passage que de le louer.

« — Messieurs, si c'est là un exposé faux, des instructions données à M. Hastings pour son gouvernement, et de ce qu'il a fait pour s'y conformer, l'auteur et l'éditeur de cette défense méritent la plus sévère punition, comme coupables d'avoir spéculé sur le mensonge. Mais s'il est vrai qu'il lui était enjoint de faire de *la sûreté et de la prospérité du Bengale le premier objet de son attention*, et que sous son gouvernement la sûreté et la prospérité du Bengale n'aient pas été compromises; s'il est vrai que la conservation de nos domaines et de nos revenus en Asie lui fut indiquée comme le grand principe de son administration, et qu'il ait conservé ces domaines et ces revenus malgré des dangers sans exemples; il viendra incontestablement se mêler ici une question dont les conséquences s'étendront au-delà de cette cause, — question que les accusateurs de M. Hastings auraient dû prudemment éviter, à moins que, regrettant la fatigante longueur d'une telle affaire, ils n'aient voulu lui procurer l'occasion de cette étrange défense; car, bien que je ne sois pas l'avocat de M. Hastings, et que je désire n'avoir pas à m'occuper de ses crimes et de son innocence, toutefois, pour justifier mon client, je suis amené à dire certaines choses qui pourront être considérées par plusieurs comme hostiles à la grande accusation. Car, si nos domaines ont été conservés et nos intérêts affermis, je puis remarquer qu'il est extravagant et injuste de vouloir régler, d'après la justice et l'humanité, l'administration d'un empire fondé sur la violence et la terreur. Peut-être, et je le crois sans peine, M. Hastings a fréquemment violé les droits et les priviléges du gouvernement asiatique, s'il était le fidèle agent d'un pouvoir qui ne pouvait se maintenir une heure sans les fouler aux pieds. Oui, il doit avoir offensé les lois de Dieu et de la nature, s'il était le fidèle viceroi d'un empire arraché parmi des flots de sang au peuple qui l'avait reçu de la nature et de Dieu. Oui, il doit avoir maintenu cet injuste despotisme sur des nations timides et abjectes par une autorité terrible, tyrannique et outrageante, s'il était le fidèle administrateur de votre gouvernement, qui n'étant point fondé sur des intérêts communs, ni soutenu par aucun des principes qui unissent les hommes en société, ne pouvait se conserver que par la perfidie et la force. Ce malheureux peuple de l'Inde, tout affaibli qu'il est par la mollesse de son climat, dompté, divisé par la ruse et la puissance de la civilisation, se soulève encore parfois dans toute l'énergie qu'inspire l'excès de l'outrage. Pour être gouverné, il faut qu'il le soit avec une verge de fer, et notre empire de l'Orient serait depuis long-temps perdu, si la politique et le courage militaire n'avaient pas réuni leurs efforts pour maintenir une autorité que le ciel ne nous donna jamais, pour la maintenir, dis-je, par des moyens que jamais le ciel ne sanctionna.

« Messieurs, je crois apercevoir que cette manière de considérer cette cause fait impression sur vous, et je me l'explique facilement ; c'est que je ne l'ai point considérée à travers le milieu des livres. Mais j'ai parlé de l'homme, de la nature et de l'autorité humaine, d'après ce que j'en ai vu moi-même chez des nations qui ne se soumettent qu'en murmurant à notre puissance ; je sais quels sont leurs vrais sentimens, et par quels moyens exclusifs on peut les réprimer. Je les ai entendus dans ma jeunesse de la bouche d'un sauvage exprimant son indignation comme prince, au nom des sujets qui l'entouraient, s'adressant au gouverneur d'une colonie anglaise, et tenant à la main un faisceau de baguettes pour servir de *memento* à son éloquence illettrée.

«— Quel est celui, disait ce chef jaloux du désert envahi par l'inquiète ambition de nos aventuriers, quel est celui qui fit jaillir la source de ce fleuve des hautes montagnes, et qui l'envoie se jeter dans l'océan? Quel est celui qui ordonne aux vents d'hiver de souffler avec violence, et qui les calme au retour de l'été? Quel est celui qui pare de feuillage les arbres superbes de cette forêt, et les dévore à son gré avec sa foudre rapide? C'est le même Être qui vous donna une patrie de l'autre côté des flots, et qui nous donne ici la nôtre ; c'est à ce titre que nous la défendrons, ajouta le sauvage en jetant sa tomahawk contre terre, et faisant entendre le cri de guerre de sa nation.

« Tels sont les sentimens de tout homme esclave sur toute la surface du globe ; ne vous y trompez pas, la crainte seule peut régner là où il serait inutile de chercher l'affection.

« Ces réflexions sont la seule réponse possible à ces anathèmes d'une éloquence plus qu'humaine, qui ont dernièrement ébranlé cette enceinte. Dans l'intérêt de ma cause, je suis obligé, pour en atténuer un peu l'effet, de vous rappeler que vous avez dans l'Asie un empire puissant qui ne saurait être maintenu par l'indulgence et la justice! Que feront pour vous ces sentimens paisibles et conciliateurs, entourés comme vous l'êtes par deux cent mille hommes, avec une artillerie, une cavalerie et des éléphans, lorsque ces peuples réclameront de vous les domaines dont vous les avez dépouillés! La justice viendra sans doute, dans une telle circonstance, vous interdire de lever une amende pour payer une soldatesque révoltée, un traité pourra s'opposer à la nécessité de doubler un tribut dont dépend l'existence même du gouvernement, le respect dû au sexe peut défendre de pénétrer dans un zénana [1] pour réclamer l'argent, quelle que soit la nécessité d'en exiger ; toutes ces choses doivent revenir sans cesse : mais au milieu de tant de difficultés si dangereuses pour l'honneur national, il vaudrait mieux, peut-être, penser à garantir complétement cet honneur en rappelant nos troupes aussi-bien que nos marchands, et en abandonnant notre empire de l'Inde. Jusqu'alors la religion, la philosophie seront vainement appelées au secours des réformes et des châtimens. Si l'Angleterre, dans sa soif d'ambition et d'avarice, persiste à maintenir son autorité despotique sur des nations lointaines et ennemies qui lui sont si supérieures par le nombre, si elle donne à ses vice-rois la mission de les gouverner sans autres instructions que celles de perpétuer leur esclavage et d'assurer la levée des impôts, sous quel prétexte raisonnable peut-elle parler au nom de la morale, et affecter d'être indignée de l'exécution de ses propres ordres? Comment osera-t-elle éta-

[1] *Harem.*

blir une mesure exacte de cruauté et d'injustice pour ne se plaindre que de l'excès, considérant son autorité comme le privilége de violer les commandemens de Dieu, et cette violation punissable seulement quand elle n'est pas conforme aux ordonnances des hommes?»

Dans ces pages brillantes, ce qu'il y a de plus remarquable peut-être c'est de voir l'imagination toujours asservie aux intérêts de la cause. Je citerai encore un passage où le génie de l'orateur ne s'allie pas moins heureusement à la logique de l'avocat. « Condamner un homme pour quelques expressions inconsidérées, dit-il, ce serait réduire la liberté de la presse à n'être plus qu'un vain mot; quelque pure que fût l'intention d'un homme, il ne pourrait plus prendre la plume qu'en ayant à sa droite un avocat, et à sa gauche un procureur. » C'est un peu la position à laquelle sont réduits nos journalistes, grâces à la loi des tendances. Voici comment lord Erskine peint les résultats d'une semblable loi.

« Des esprits subjugués par les terreurs du châtiment pourraient-ils produire de ces œuvres de génie qui étendent l'empire de la raison humaine, ou de ces nobles compositions par le secours desquelles sont fondés les grands établissemens des sociétés? Encore moins faudrait-il en attendre des utiles applications à ces circonstances critiques qui, grâces au zèle des citoyens patriotes, ont ramené plusieurs fois notre constitution à ses vrais élémens.—Sous l'empire de ces craintes, tous les progrès de la science et de la civilisation seraient arrêtés; car les hommes ne peuvent se communiquer librement leurs pensées lorsqu'ils ont une épée suspendue sur leur tête. Il est de la nature de tout ce qui est grand et utile dans le monde d'être indépendant et irrégulier; il faut donc accepter le bien avec son alliage ou s'en passer. Le génie brise les chaînes de la critique, mais ses écarts sont sanctionnés par sa force et sa majesté, quand il poursuit sa carrière; soumettez-le à la critique, vous le condamnez à vous causer de l'ennui. — Les grands fleuves franchissent leurs rives en hiver, ensevelissant sous leurs flots les troupeaux abandonnés sur le sol qu'ils fertilisèrent en été. — Les tempêtes ébranlent nos demeures, et poursuivent nos flottes commerçantes, mais elles chassent devant elles les élémens engourdis qui seraient devenus stagnans et pestilentiels. — De même la liberté, le dernier et le plus précieux présent fait par Dieu à ses créatures, doit être agréée telle qu'elle est.—Vous pouvez la mutiler pour la rendre régulière et timide, vous pouvez la façonner sur le modèle d'une loi sévère et scrupuleuse, mais elle ne serait plus la liberté, et il faudrait vous résoudre à mourir sous la verge de cette inexorable justice que vous aurez préférée aux bannières de l'indépendance! »

C'est à regret que je ne cite pas la péroraison de ce discours où lord Erskine tient tête en même temps aux trois accusateurs de Hastings, et rivalise de talent avec Burke, Fox et Sheridan. Mais dans la péroraison il cherche à s'élever au-dessus de toute rivalité, au-dessus de toute considération humaine; c'est en empruntant aux principes de la charité chrétienne ses derniers argumens, qu'il parle au cœur des juges avec l'accent d'un orateur de la chaire.

Une péroraison non moins remarquable est

celle du plaidoyer pour le capitaine Baillie contre les administrateurs de Greenwich, lorsque l'avocat appelle au secours de son client toute la gloire maritime de l'Angleterre.

« — Je ne parle plus comme avocat, dit-il, mais comme citoyen d'une nation dont l'existence dépend toute entière de ses flottes. Qu'une mauvaise administration s'introduise dans l'hôpital de Chelsea [1], il faudrait en gémir sans doute; mais ses abus ne seraient pas funestes à notre puissance, tandis que c'en est fait de l'Angleterre si elle laisse vicier les élémens de sa force navale. Si le brave marin qui, du sein des tempêtes et des périls, tourne ses regards vers Greenwich, comme vers l'asile promis à ses infirmités et à sa vieillesse, en voit les portes assiégées par la corruption, s'il entend la voix tumultueuse d'insolens étrangers, étouffant les plaintes de ses malheureux compagnons de gloire, voudra-t-il affronter plus long-temps les mers? L'amirauté pourra bien encore *presser* son corps, à la honte de l'humanité et de la constitution anglaise, mais elle ne pourra

[1] Hôpital des Invalides de l'armée de terre.

presser son âme et son héroïque courage. Au lieu d'envoyer des flottes pour porter la terreur sur tous les points du globe, nos ministres ne pourront même plus nous amuser du pacifique et vain spectacle d'une revue navale, etc., etc.[1] »

Mais je dois renoncer au plaisir de citer de nouveaux passages d'un orateur qui, si ingénieux dans la discussion, et d'une élévation si soutenue, a d'ailleurs, par la pureté de son goût, une physionomie toute française; je craindrais d'oublier avec lord Erskine que d'autres avocats méritent une honorable mention. Je ne renonce pas, toutefois, à reparler quelque jour de ce digne citoyen, à qui l'on peut surtout appliquer le vers de Ducis:

L'accord d'un beau talent et d'un beau caractère.

Avant lord Erskine, l'avocat Dunning était parvenu à la pairie par ses plaidoyers. Dunning, créé lord Ashburton, mourut en 1783,

[1] Une revue navale avait eu lieu à Portsmouth à peu près à cette époque.

[2] L'Angleterre a perdu lord Erskine depuis que cette lettre a été écrite.

avec une grande réputation de facilité, d'esprit et de gaîté, malgré les désavantages d'un bégaiement assez sensible.

Lord Thurlow s'éleva aussi, par son éloquence, aux dignités les plus éminentes. Un autre des prédécesseurs de lord Erskine, écossais comme lui, pourrait fournir la matière d'un parallèle à la manière de Plutarque ; je veux parler de l'avocat Murray, devenu lord Mansfield, qui appliqua la même intégrité, les mêmes talens et l'influence du même caractère que lord Erskine à la défense des principes monarchiques.

Lord Mansfield en combattant Wilkes, la liberté de la presse et le parti populaire, a laissé la même réputation que lord Erskine, défenseur des libertés publiques. Mais lord Mansfield était un champion de bonne foi, et non un intrigant ministériel. Il croyait défendre le peuple de lui-même et ne combattre que la licence. Sa tolérance pour les catholiques en est la preuve. Aussi dans les émeutes de 1780 sa maison fut livrée aux flammes par les protestans fanatiques. Cet événement fournit à lord Mansfield une allusion sublime, parce qu'elle exprime l'honorable modération de ses regrets : il prononçait au parlement sur une question de droit : — Je ne parle pas d'après les livres, ajouta-t-il, *car je n'en ai plus.*

LETTRE LII.

A M. MIGNET.

> .... *Genius high, and lore profound,*
> *And all the reasoning powers divine.*
> . . . .
> Sir W. Scott.
>
> Génie élevé, science profonde, force divine de raisonnement, etc.

Sir James Mackintosh, un des membres les plus influens de l'opposition parlementaire, a presque égalé lord Erskine au barreau, où sa réputation n'est fondée cependant que sur un seul plaidoyer; mais ce seul plaidoyer fit sa fortune, en arrêtant sur lui l'attention du ministère auquel il avait déjà fait, dit-on, certaines concessions de principes. Sir James, né à Dores en Ecosse, fut élevé à l'Université d'Aberdeen, où ses études se dirigèrent vers la médecine; il y prit même le grade de docteur, et ce ne fut qu'après la mort de son père qu'il reconnut que le barreau et la politique étaient sa véritable vocation. Il se trouvait à Lincoln's Inn au commencement de la révolution, et il s'y lia avec Godwin et autres partisans des idées républicaines. Aussi quand Burke publia sa chevaleresque et prophétique protestation contre la démagogie française, sir James Mackintosh lui répondit avec l'enthousiasme d'un adepte, et ses *Vindiciæ gallicæ* (ouvrage profond et vigoureux d'ailleurs) lui valurent le *brevet* de citoyen français. Peu à peu cependant, soit qu'une tête aussi bien organisée que la sienne ne pût être plus long-temps abusée par les sophismes de l'anarchie, soit que les rapports qui s'étaient établis entre Pitt et le jeune avocat eussent contribué à ce changement, il modifia si bien son républicanisme que ses amis plus opiniâtres traitèrent sa sagesse d'apostasie. La *raison* seule semble avoir dicté ses *discours sur le droit naturel et le droit des gens*, comme ses *leçons de jurisprudence anglaise*.

On ajoute que l'éloquence de Burke eut le

mérite de cette conversion, qui fut la dernière conquête de l'orateur-chevalier sur le parti de la révolution : les *Vindiciæ gallicæ* avaient été pour Burke la révélation d'un antagoniste redoutable. Il en parlait avec éloges; et Mackintosh chargé depuis d'analyser dans la *Revue mensuelle* l'ouvrage intitulé *la Paix régicide*, montra dans sa critique tous les égards dus à un génie supérieur. Burke exprima le désir de connaître personnellement le jeune Whig qui reçut ses avances comme un honneur. Ils se virent et engagèrent, dit-on, une lutte d'argumens qui dura trois jours. Je me figure quelque jeune Benjamin Constant, en conférence familière avec le vicomte de Châteaubriand. — La poésie l'emporta sur la logique; l'auteur des *Vindiciæ gallicæ* fit d'amples concessions à l'éloquent adversaire des idées républicaines.

Une occasion solennelle se présenta lors de la paix d'Amiens, où sir James, dans l'exposition de ses principes, se rapprocha encore davantage de la théorie des *légitimités politiques*.

La révolution française était presque épuisée par ses propres fureurs. Tous les hommes qui depuis quelque temps se succédaient au pouvoir étaient trop nuls ou trop avilis pour fonder un gouvernement stable. Quand Buonaparte parut, précédé de sa réputation lointaine, et promettant de régénérer la France par la gloire, il trompa facilement tous les partis qui sentaient également le besoin d'un homme capable d'anéantir le passé et d'assurer l'avenir. Les républicains apercevaient encore le bonnet rouge sous les lauriers du général, tandis qu'il laissait croire aux royalistes que ces lauriers servaient à cacher la cocarde de Monk. Mais quand on le vit confisquer peu à peu à son profit la force militaire, les lois de la terreur, et avec le trône les abus de l'ancienne monarchie, il se trouva dans tous les partis quelques âmes généreuses qui s'indignèrent d'avoir sacrifié à l'égoïsme d'un tyran, les unes, la fidélité à leurs anciennes affections; les autres, les espérances de la liliberté. Quand tous les nobles souverains de l'Europe, y compris celui de la Grande-Bretagne, reconnaissaient pour frère le souverain parvenu, quelques voix françaises s'élevèrent courageusement pour réclamer contre la double usurpation des droits du peuple et de ceux de la dynastie légitime. Non content d'ensevelir dans ses cachots les hommes assez hardis pour deviner son despotisme, le futur empereur fit poursuivre leurs protestations courageuses chez les peuples étrangers. Enfin, la liberté de la presse anglaise fut attaquée devant les tribunaux anglais par le consul d'une république; et si la paix d'Amiens se fût prolongée de quelques années, l'empereur aurait sans doute exigé que les journaux de nos rivaux, comme les nôtres, fussent soumis à ses censeurs.

Entre toutes les dénonciations poétiques du patriotisme contre le premier consul, la *Napoléone* de Charles Nodier troubla surtout son sommeil. Avant d'attribuer cette ode à un jeune homme de vingt ans, la police, qui malheureusement se connaissait déjà en poésie, soupçonna des hommes dont elle lui rappelait d'abord les beaux vers. Le véritable auteur ne laissa pas long-temps accuser Chénier, Lebrun, Ginguené; il lui en coûta quatre ans de captivité et de persécutions.

Ce ne fut qu'une imitation de la *Napoléone*, ou plutôt la même idée revêtue de moins nobles images que Peltier inséra dans son *Journal de Londres*. La *Napoléone* de Charles Nodier avait été composée pour servir de chant de ralliement aux hommes irréprochables des deux partis, qu'une haine commune réunissait contre Buonaparte, et que Pichegru devait faire fraterniser sous la bannière d'un Bourbon constitutionnel. La *Napoléone* imprimée par Peltier a une couleur plus prononcée de républicanisme ; la menace du poignard y est plus directe, aussi fut-elle appelée par l'agent du gouvernement, une provocation à l'assassinat. M. Peltier eut besoin de toute l'éloquence de son défenseur. Sir James Mackintosh sentit l'importance d'une telle cause. S'occupant à peine quelques instans à pallier plutôt qu'à justifier les intentions de son client, il s'élève aux plus hautes considérations politiques ; et pour lutter avec avantage contre le chef souverain d'un état, c'est à la cause de la Liberté elle-même qu'il associe la cause d'un malheureux exilé, réduit à vivre d'un obscur journal.

« — M. Peltier, dit sir James Mackintosh, est un royaliste français, qui s'éloigna de sa patrie dans l'automne de 1792, à l'époque de cette mémorable et terrible émigration où tous les propriétaires et les magistrats du plus grand royaume de l'Europe civilisée furent chassés de leurs foyers par les poignards des assassins. Alors nous vîmes nos rivages, comme à la suite d'une affreuse tempête, couverts de vieillards, de femmes, d'enfans et de ministres des autels, fuyant la férocité de leurs concitoyens, comme une invasion de barbares.

« La plupart de ces malheureux exilés, je veux dire de ceux qui ont échappé aux poignards, ou qui ont survécu aux dangers des climats pestilentiels et à leurs douleurs, obtinrent depuis la permission de revoir leur patrie. Quoique dépouillés de tout, ils ont accepté le triste privilége de pouvoir mourir sur la terre natale.

« Mais cette grâce devait être payée par des complaisances et des déclarations d'adhésion au gouvernement nouveau, que quelques uns de ces royalistes infortunés ont cru incompatibles avec leur conscience, leurs plus douces affections et leurs devoirs les plus sacrés. M. Peltier est de ce nombre ; je ne veux pas blâmer ceux qui se sont soumis, et j'espère que vous ne jugerez pas défavorablement le refus des autres. Vous ne sauriez mésestimer un homme qui se présente devant vous, victime volontaire de sa loyauté et de son honneur. Si une révolution (Dieu nous préserve d'un tel avenir !) devait nous jeter dans l'exil, sur une terre étrangère, nous espérerions que les hommes généreux nous pardonneraient du moins d'être restés fidèles aux lois et au gouvernement de nos pères. »

Ce n'est pas là, je crois, la défense d'un avocat radical ; voici par quelles réflexions philosophiques sir James intéresse toute l'Angleterre dans ce procès mémorable. Les citations ont ici l'importance de l'histoire.

— « Je suis convaincu, par des circonstances que je m'abstiendrai pour le moment de discuter, que c'est ici l'essai d'une longue suite de combats, entre la plus grande puissance du monde et la seule presse libre qui reste en Europe. Messieurs, cette distinction de la presse anglaise est nouvelle ; elle devrait à la fois nous remplir d'orgueil et de tristesse. Avant que la grande catastrophe de la révolution française eût détruit tous les sanctuaires d'une discussion libre sur le continent, nous jouissions de ce privilége avec plus d'étendue qu'aucun peuple, mais non exclusivement : dans les grandes monarchies, la presse avait toujours été considérée comme un instrument trop formidable pour être confiée à des individus non autorisés. Mais dans les autres états du continent, grâces aux lois fondamentales, ou à une longue habitude de libéralité et de tolérance de la part des magistrats, il existait une liberté de discussion suffisante pour les intérêts les plus urgens. Elle existait de fait là où elle n'était pas protégée par la loi. La sage et généreuse condescendance des gouvernemens était de jour en jour justifiée par la civilisation croissante de leurs sujets. En Hollande, en Suède, dans les villes impériales de l'Allemagne, la presse était libre légalement ou par la coutume. La Hollande et la Suisse n'existent plus, et depuis le commencement de ce procès cinquante cités impériales ont été d'un seul trait de plume effacées de la liste des états indépendans. Trois ou quatre conservent encore une existence précaire et incertaine. Je ne dirai point à quelles concessions elles la doivent. Je n'insulterai pas à la faiblesse de ces états, dont personne plus que moi ne déplore la chute non méritée.

« Ces gouvernemens formaient à plusieurs égards une des plus intéressantes parties de l'ancien système de l'Europe ! Malheureusement pour le repos des hommes, les grands états sont forcés, pour leur propre conservation, de faire de l'esprit militaire et des habitudes belliqueuses de leur peuple le principal objet de leur politique. De fréquentes hostilités semblent presque la condition nécessaire de leur grandeur. De moindres états, exempts de cette cruelle nécessité (amère satire de l'espèce humaine), se vouaient aux arts de la paix, à la littérature et au culte de la raison. C'étaient des lieux de refuge pour la franchise hardie des discussions ; spectateurs et juges impartiaux des diverses luttes des ambitieux qui, de temps à autre, troublaient la paix du monde, ils devenaient naturellement les organes de cette opinion publique qui convertissait l'Europe en une grande république, dont les lois modéraient l'ambition, qu'elles ne pouvaient entièrement éteindre, et établissaient de vrais tribunaux de morale, dont les souverains les plus despotiques étaient justiciables. Si des guerres d'agrandissement étaient entreprises, leurs auteurs étaient accusés à la face de l'Europe. Si des actes de tyrannie intérieure étaient commis, ils étaient dénoncés par mille presses à toutes les nations civilisées. Des princes dont aucune loi ne réprimait les caprices, trouvaient là une contrainte morale que le plus puissant ne pouvait braver avec une entière impunité. Ils agissaient devant un vaste auditoire, dont l'approbation ou le blâme ne pouvaient leur être tout-à-fait indifférens. La constitution même de la nature, les lois inaltérables de l'esprit humain, contre lesquelles toute rébellion est inutile, soumettaient les plus fiers tyrans à ce frein. Il n'est pas de pouvoir, si élevé qu'il soit, il n'est pas de dépravation complète, d'innocence sans tache qui puisse rendre l'homme indépendant de la louange ou du blâme de ses semblables.

« Ces gouvernemens étaient, à d'autres égards, une des parties les plus belles et les plus importantes de notre ancien système. La parfaite sécurité de ces états si faibles et si peu étendus, leur tranquillité si rarement troublée au milieu des guerres et des conquêtes, attestaient, bien mieux qu'aucune autre partie du système européen, à quel degré de modération, de justice et de civilisation était parvenue l'Europe chrétienne. Leur faiblesse n'était protégée que par l'habitude du respect pour la justice, que les peuples avaient contractée pendant des siècles. C'était là le seul rempart qui les défendait contre les puissans monarques auxquels ils offraient une proie si facile. Ce rempart avait suffi jusqu'à la révolution française. Remarquez, par exemple, la situation de la république de Genève, et sa position sous la main de la France; et rappelez-vous sa sécurité, son profond repos, ses brillans succès dans l'industrie et la littérature, pendant que Louis XIV versait sur l'Italie ses milliers de soldats dont le torrent passait sous ses portes.—Rappelez-vous cette fameuse époque où nous ne pensions pas plus à la possibilité de voir subjuguer la plus faible république de l'Europe que son plus vaste empire, et dites-moi si vous pouvez imaginer un spectacle plus beau en morale, ou une preuve plus convaincante des progrès de la véritable civilisation.

« Ces faibles états, monumens de la justice de l'Europe, asiles de la paix, de l'industrie et de la littérature, interprètes de la raison publique, refuge de l'innocence et de la vérité persécutées, ils ont péri avec les anciens principes qui faisaient leur sauvegarde et leur protection. Ils ont été engloutis par cette convulsion terrible qui a ébranlé le monde jusqu'à ses dernières limites ; ils sont détruits à jamais.

« Un dernier asile de discussion libre n'est pas encore violé. Il existe un seul lieu en Europe où l'homme peut, sans contrainte, exercer sa raison sur les intérêts les plus importans de la société, où il peut publier avec hardiesse son opinion sur les actes des tyrans les plus orgueilleux. La presse de l'Angleterre reste libre. Elle est gardée par la constitution de nos pères ; elle est gardée par les cœurs et les bras des Anglais, et je crois pouvoir dire que si elle tombe, ce ne sera que sous les ruines de l'empire britannique.

« C'est une grande considération, messieurs. Tous les autres monumens de la liberté européenne ont péri : — cet antique édifice, graduellement élevé par la sagesse et la vertu de nos ancêtres, est encore debout, — et grâces au ciel, solide et intact; — mais seul, et entouré de ruines. »

Pour absoudre tout-à-fait sir James du reproche de radicalisme, il suffit de citer le hideux tableau qu'il trace de nos jacobins. Cette peinture vaut mieux que les ingénieux sophismes par lesquels il voudrait insinuer que l'*ode* du procès n'est qu'une parodie de leurs sentimens anarchiques.

« Il est un degré d'oppression qui fait naître la résistance, mais il en est un autre qui dompte et énerve les hommes. Robespierre lui-même fut en sûreté jusqu'à ce qu'il attaquât ses propres complices. L'âme des hommes vertueux était brisée, et il ne restait d'énergie capable de détruire le tyran que chez les complices audacieux de sa tyrannie. Quant à cette malheureuse populace, naguère aveugle et insensible instrument de tant de crimes, dont la frénésie ne peut plus exciter dans un cœur généreux d'autre émotion que celle de la pitié;—cette multitude d'êtres abrutis, qui méritent à peine le nom d'hommes, est déjà tombée dans une espèce d'oubli de ses propres atrocités. Si vous demandez à quelques uns d'entre eux, qui a détruit ce monument magnifique de la religion et des arts? ou qui exécuta ce massacre? ils vous répondent stupidement : les jacobins! quoique celui qui prend la parole ait été lui-même probablement un de ces jacobins. De sorte qu'un voyageur, ignorant l'histoire de la France, pourrait croire que ce nom de jacobins est celui d'une horde de Tartares, qui, après avoir ravagé la France pendant dix ans, auraient enfin été chassés par les habitans. Ils ont passé de la rage à un calme stupide. Leur délire a été suivi de la léthargie.

. . . .

« Quelques uns, il est vrai, les plus vils parmi eux,—les sophistes, les rhéteurs, les poètes lauréats du meurtre, — qui furent cruels par avarice, ou par d'égoïstes calculs, sont tout prêts à consacrer leur plume vénale à tout gouvernement qui ne dédaignera pas leur infâme appui. Ces hommes, républicains par servilité, qui publièrent les panégyriques des massacres, et discutèrent le pillage comme un système philosophique, sont disposés à prêcher l'esclavage comme l'anarchie.—Mais les plus audacieux;—j'allais presque dire les plus nobles scélérats, ne peuvent fléchir si aisément la tête sous le joug. — Ces esprits fiers n'ont pas perdu *l'opiniâtreté, la soif de la vengeance, la haine immortelle* [1]; ils laissent les jouissances de la servitude aux hypocrites subalternes, aux Bélial et aux Mammon de la faction infernale, et poursuivent leur ancien plan de tyrannie sous leur ancien prétexte : la liberté. Le souvenir de leur pouvoir sans bornes leur rend insipide et odieuse toute condition inférieure. Leurs atrocités précédentes forment, si je puis parler ainsi, une

---

[1] Milton, *Paradis perdu.*

sorte de destinée morale qui les pousse irrésistiblement à accomplir de nouveaux forfaits. Il ne leur reste pas un lieu sur la terre pour se repentir; l'opinion les a frappés de la plus terrible proscription qui ait jamais été prononcée contre des hommes. Ils se sont privés de tout moyen de retour à la société. — Réveillés de leur rêve de démocratie, ils n'entendent plus le tumulte qui les rendaient sourds à la voix de l'humanité; il est tombé de leurs yeux le nuage qui leur dérobait la noirceur de leurs propres actes. Poursuivis par la mémoire de leur scélératesse sans expiation, condamnés tous les jours à rencontrer les regards des veuves et des orphelins qu'ils ont faits, ils sentent le fouet de ces furies réelles, et se précipitent dans de nouveaux forfaits pour y étouffer les cris du remords, ou, trop dépravés pour en entendre la voix, c'est dans l'espoir d'imposer silence aux malédictions du genre humain. Un pouvoir tyrannique est leur seul refuge contre la vengeance de leurs concitoyens, et l'assassinat leur seul moyen pour usurper le pouvoir. Le carnage et le pouvoir, voilà tout ce qui les occupe. Ils ont trop bu de sang humain pour jamais perdre ce goût de cannibale. »

On sent, dans ce passage un peu déclamateur, le généreux dépit que devait naturellement exciter, dans une âme sincèrement enthousiaste de la liberté, l'odieuse faction qui l'avait calomniée en l'associant à ses fureurs. Sir James ne pouvait se dissimuler non plus que le nouveau chef de notre république n'avait embrassé la liberté que pour l'étouffer. Mais, en devinant l'empereur dans le consul, il ne pouvait prédire ouvertement les dangers de l'Europe sans compromettre la paix dont sa patrie avait besoin pour se préparer à une nouvelle lutte. Il se servit d'une sorte d'allégorie historique, dont il était toutefois facile de comprendre le sens caché. Chacun pouvait reconnaître celui qui était désigné par Philippe II et Louis XIV, dans le morceau par lequel je terminerai mes citations.

« — Nous avons besoin, dit l'orateur, de fortifier nos âmes par la contemplation de grands exemples de constance et de courage; cherchons-les dans nos annales.

« Le règne d'Élisabeth peut être considéré

comme le commencement de l'histoire moderne, surtout dans ses rapports avec le système nouveau de l'Europe, qui, dès ce temps-là, prit la forme qu'il a conservée jusqu'à la révolution française. Ce fut une époque mémorable, dont les principes doivent restés gravés dans le cœur de tous les Anglais. Philippe II, à la tête du plus grand empire alors connu, tendait ouvertement à la domination universelle, et ce projet était si peu regardé comme chimérique par les plus sages politiques ses contemporains, que, d'après l'opinion de l'illustre duc de Sully, il serait parvenu à son accomplissement, si, par une singulière réunion de circonstances, il n'avait eu à combattre à la fois deux têtes aussi fortes que celles de Henry IV et d'Élisabeth. Aux domaines les plus étendus et les plus riches, aux armées les plus nombreuses et les mieux disciplinées, aux plus habiles capitaines, aux plus riches revenus, Philippe joignait la puissance la plus formidable sur l'opinion. Il était le chef d'une faction religieuse, animée du plus atroce fanatisme, prête, dans tous les états protestans, à seconder son opinion par la révolte, l'anarchie et le régicide. Élisabeth était entre autres l'objet de son hostilité. Cette sage et magnanime princesse se plaçait à l'avant-garde pour défendre les libertés de l'Europe. Quoiqu'elle fût occupée chez elle par la faction fanatique de Philippe, qui embrassait presque toute l'Irlande, divisait l'Écosse, et n'était pas à mépriser en Angleterre, Élisabeth aida les habitans opprimés des Pays-Bas dans leur juste et glorieuse résistance contre la tyrannie. Elle aida Henry-le-Grand à dompter l'odieuse rébellion excitée en France par l'anarchie et soutenue par les armes espagnoles. Après la fortune variée d'un long règne, pendant lequel elle conserva son courage au milieu de grandes calamités et des plus grands périls, Élisabeth brisa enfin la force de son ennemi, et réduisit son pouvoir dans des limites qui l'empêchaient de compromettre désormais la sécurité de la Grande-Bretagne et du reste de l'Europe. Son seul allié réel fut l'esprit de son peuple, et sa politique cette magnanimité qui, à l'heure du danger, donne des leçons préférables à celles d'une froide raison. Son grand cœur lui inspira une noble sagesse qui dédaigna d'en appeler aux passions basses et sordides de ses peuples, même pour protéger leurs vils intérêts, parce qu'elle savait, ou plutôt parce qu'elle sentit que ces passions lâches et aveugles abandonnent souvent le combat dont dépend la satisfaction de leurs ignobles désirs. Dans une cause juste elle excita ces généreux sentimens qui seuls donnent la hardiesse, la constance et les vrais lumières, et qui sont par cela même les vrais gardiens des moindres intérêts d'une nation en même temps que ses plus nobles garanties. Quand elle adressa sa mémorable proclamation à ses sujets armés, alors que l'Espagne la menaçait d'une invasion, cette femme héroïque dédaigna de leur parler de leur commerce, de leur richesse et de leur existence..... Elle toucha une autre corde, elle leur parla de l'honneur national et de la dignité de l'Angleterre. Elle les pénétra de ces énergiques sentimens qui exaltent les hommes vulgaires, en font des héros, les conduisent au combat, forts d'un saint et irrésistible enthousiasme, et couvrent même de leur bouclier tous les misérables intérêts qu'un vil calcul et un lâche égoïsme tremblent de perdre et n'osent cependant défendre. A défaut d'expérience, une sorte d'instinct prophétique semble avoir révélé à Élisabeth l'importance de ce levier pour exciter les esprits des hommes, qui depuis son règne a changé la face du monde, mais que peu de gouvernemens ont bien compris, ou sagement employé : à ce levier puissant sont attachés sans doute plusieurs détails ridicules et honteux ; il a produit et peut encore produire de grands malheurs ; mais son influence doit, après tout, être considérée comme le résultat le plus certain des progrès de la civilisation, et soit qu'il devienne un fléau ou un bienfait, c'est l'instrument le plus fort que puisse manier un homme d'état; je veux parler de la *presse*. Un fait curieux, c'est que, l'année de l'Armada, la reine Élisabeth fit imprimer les premières gazettes qui eussent paru en Angleterre. J'avoue que, lorsque j'observe que ce moyen de stimuler l'esprit national était alors sans exemple, et qu'elle ne pouvait juger de son efficacité par l'expérience des temps précédens, je suis porté à croire qu'Élisabeth fit un des essais les plus ingénieux, une des plus grandes découvertes de la politique, une des plus frappantes anticipations de l'avenir que nous trouvions dans l'histoire. Je vous le cite, messieurs, pour justifier l'opinion que j'ai émise sur l'étroite connexion de notre caractère national, avec notre presse et même avec notre presse périodique. »

L'avocat cite l'éloge que Bacon nous a laissé d'Élisabeth. Si tout n'était ici sacrifié à l'allusion, on pourrait objecter à sir James Mackintosh que c'est trop exalter la libéralité d'une reine qui fit couper la main à un journaliste coupable d'avoir écrit contre elle. Charles II, prince sévèrement jugé par les historiens de sa nation, était plus tolérant que la fille des Tudor pour les délits de la presse. Rencontrant un pauvre auteur qu'on allait conduire au pilori, il demanda ce qu'il avait fait. On lui répondit qu'il s'était permis de composer un pamphlet contre les ministres. « — Le sot ! reprit le roi, que ne l'écrivait-il contre moi, on l'aurait laissé tranquille. » Je ne rapporte, du reste, cette anecdote assez connue que pour faire observer que ce n'est que peu à peu que la législation de la presse a été bien comprise en Angleterre.

Sir James Mackintosh peint sous de noires couleurs et Charles II et Louis XIV. Le grand roi a été si souvent rapetissé par l'histoire moderne que le jugement de l'avocat anglais rentre dans les lieux communs. Mais il rappelle assez adroitement l'accueil que reçurent en Angleterre les protestans français, lorsque l'inquisition jésuitique eut arraché à la vieillesse de Louis la révocation de l'édit de Nantes. — « On les encouragea à élever la voix contre leur oppresseur, et à proclamer leurs outrages; ils le firent, et à leurs plaintes tout Anglais, digne de ce titre, joignit le cri d'une juste indignation; — indignation féconde qui bientôt produisit la résistance de l'Europe contre l'ennemi des droits des peuples, et de toute liberté civile et religieuse. Eh bien, même alors que Jeffries déshonorait le siége qu'honore l'illustre président de la cour, aucun réfugié ne fut poursuivi pour avoir exprimé ses sentimens, et accusé l'oppresseur à la face de l'Europe. »

Je passe à regret l'éloquente histoire de la liberté de la presse depuis Charles II, qu'intro-

duit ici l'orateur; il arrive à la péroraison de
son plaidoyer, fort de sa dialectique, et rappelant au jury que cette même salle où il est
assemblé entendit acquitter un prétendu libelliste¹ accusé par Cromwell tout puissant. Deux
fois les juges du peuple résistèrent aux ordres
de l'usurpateur, presque à la vue de l'échafaud
encore teint du sang de leur roi, et au bruit
des mêmes baïonnettes qui avaient chassé le
parlement.

« Cet esprit de liberté qui survécut dans le
cœur des jurés anglais, n'est pas éteint, grâces
à Dieu, je le pense; et si quelque moderne
tyran, dans l'ivresse de son insolence, osait
espérer d'intimider les jurés d'aujourd'hui, je
crois qu'ils sauraient lui dire : Nos ancêtres
bravèrent les baïonnettes de Cromwell; —
nous défions les vôtres. ²

« Et comment ce tyran, quel qu'il fut,
pourrait-il effrayer nos jurés ? — Tant que
leur patrie existera, ils seront ceints d'une armure impénétrable. Jusqu'à ce que leur patrie
soit détruite, aucun danger ne peut les me-

¹ Hilburne.
² *Contempsi Catilinæ gladios, non pertimescam tuos.*

nacer dans l'exécution de leur devoir, — et j'aime à croire qu'aucun Anglais n'est assez indigne de la vie pour désirer de survivre à l'Angleterre. — Mais si quelques uns parmi nous étaient condamnés au cruel supplice d'avoir été les témoins de la ruine de leur pays;—si, dans les impénétrables desseins de la Providence, cet asile de la justice et de la liberté, ce noble chef-d'œuvre de la sagesse et de la vertu humaine était destiné à périr, ce qui serait, je puis le dire sans prévention nationale, le coup le plus dangereux porté à la civilisation [1], du moins emportons avec nous dans l'exil la consolation de n'avoir pas violé nous-mêmes les droits de l'hospitalité envers les exilés ; — réservons-nous de pouvoir dire que nous n'arrachâmes point de l'autel le suppliant qui réclamait notre protection, comme victime volontaire de sa conscience et de sa fidélité. »

Ce fut peu de temps après l'affaire de Peltier que sir James Mackintosh fut nommé à une place importante de magistrature dans l'Inde,

[1] On reconnaît ici l'idée souvent exprimée sous la plume anglomane de madame de Staël.

où il ne perdit pas la tradition de son éloquence, en l'appliquant à un autre système de législation. Cependant à son retour en Angleterre, sir James ne reparut plus au barreau. Nommé depuis membre de la chambre des communes, il s'y est distingué autant par une opposition modérée aux envahissemens du pouvoir, que par une élocution forte de logique, quoique peu brillante, mais toujours réglée sur les véritables formes parlementaires. C'est le Royer-Collard de la chambre élective anglaise. Je l'ai entendu ces jours-ci appuyer la motion de faire imprimer aux frais du gouvernement les anciens chroniqueurs de la Grande-Bretagne. Sir James lui-même a composé une histoire qui fera sans doute époque dans la littérature nationale. Collaborateur de la *Revue d'Édimbourg*, sir James Mackintosh y est reconnu à ses articles pleins de science et purs de style. La clarté est un de ses mérites, d'autant plus que ce n'est pas toujours celui des autres aristarques de ce journal. Riche de ses études, aussi vraies que profondes, riche des connaissances acquises dans ses voyages, sir James Mackintosh est un des hommes les plus remarquables de l'Angleterre. Dans sa conversation brillante cet orateur donne l'idée de cette universalité de connaissances à laquelle un Anglais peut parvenir plus facilement peut-être que les citoyens de toute autre nation.

LETTRE LIII.

A M. AYLIES, avocat.

To whom dispute and strife are bliss and bread.
CRABBE.
Ceux pour qui dispute et noise sont jouissance et pitance.

Depuis la mort de sir Samuel Romilly, MM. Brougham et Scarlett sont les deux avocats les plus renommés de Londres.

Sir Samuel, dignement loué en France par un des membres les plus éloquens de notre opposition, n'a pas laissé de plaidoyers imprimés ; ou du moins, comme ceux de MM. Brougham et Scarlett, il faut les chercher assez inexactement rapportés dans l'histoire complète de toute une affaire. L'Angleterre doit sir Samuel Romilly à la révocation de l'édit de Nantes, et nous pourrions lui envier un si bon citoyen : en rendant hommage à ses vertus, il est doux de penser que quelques gouttes de sang français coulaient encore dans ses veines. Entré au barreau avec peu de fortune, mais avec la plus louable ambition d'en acquérir, il y réussit en peu de temps, et ce fut pour mettre sa famille dans une situation indépendante; jeune encore d'années et de talent, il fut trouver celle qui devait un jour être son épouse, et avec la noble confiance d'une belle âme, il la pria de différer leur union jusqu'à ce qu'il pût lui offrir le prix de quelques années encore consacrées au travail; —bientôt après il obtint la richesse, la gloire et le bonheur, trois choses qu'il est assez difficile de rencontrer ensemble. Il en a joui jusqu'en 1820, où la perte de l'épouse qu'il adorait altéra sa raison et lui fit attenter à ses jours.

De bonne heure membre de la chambre des communes, sir Samuel Romilly y fut une des lumières de l'opposition, par sa raison profonde, mais toujours calme. Jurisconsulte instruit, le code pénal l'occupa toute sa vie, et il réussit à y opérer d'utiles réformes. Venu en France en 1789, il avait été distingué par Mirabeau, qui le pria de rédiger un précis des règlemens de la représentation parlementaire.

Quand Fox parvint momentanément au ministère, en 1806, sir Samuel Romilly fut appelé à la place d'avocat-général de la couronne; mais il déposa de lui-même ses fonctions quand son parti fut obligé de céder la faveur du monarque au lord Castlereagh.

Aucun Anglais n'a plus de titres à la reconnaissance des étrangers que sir Samuel Romilly : on l'a vu constamment combattre la loi peu généreuse de l'*alien-bill*, et s'il ne parvint pas à la faire abolir, ses puissantes réfutations forcèrent du moins le gouvernement à la modifier dans la pratique..... Je vois aussi avec moins de peine le descendant d'un réfugié français solliciter dans le parlement d'Angleterre une intervention en faveur des protestans du midi de la France (1815) : mais quelque louable que fût, en général, le motif qui inspira tout à coup aux Anglais tant de commisération pour nos *malheureux* religionnaires, ce fut un texte si fécond en calomnies contre notre caractère national, qu'on est forcé d'en déclarer le secret : — L'orgueil et la haine contre la France. C'est à l'Irlande que j'en appelle.

Je ne saurais, par exemple, reconnaître une philanthropie toujours sincère dans l'aigre libéralisme de M. Brougham, si je m'occupais ici de son éloquence politique. Cet orateur de mauvais ton a peut-être autant et plus de science que sir Samuel Romilly et sir James Mackintosh, mais il lui manque leur goût et la pureté de leur style. Sa manière rappelle quelquefois la taverne dans les plus solennelles occasions : il a de la véhémence et de l'énergie ; son ironie est amère, et ses invectives terribles ; mais même quand il défend une mauvaise cause (et il passe pour aimer à s'en charger), son audace devant les juges ressemble à la menace. C'est l'orgueil de la supériorité, il est vrai, mais dans le sanctuaire des lois cet orgueil a un air d'insolence. Quand il interroge un témoin dont la déposition l'embarrasse, il dédaigne souvent les adroites précautions du métier ; son regard le fixe avec mépris, il y a du fiel dans le son de sa voix : s'il parvient à l'embarrasser, la perfide joie de son sourire fait mal; son opposition dans la chambre produit le même effet : le mauvais goût de ses diatribes, la grossièreté de ses moqueries gâtent ses plus éloquentes récriminations.¹

Quand M. Brougham se fit l'avocat-chevalier de la reine d'Angleterre, il eut assez de tact pour s'observer dans sa défense, et plusieurs passages de ses divers plaidoyers sont pleins de dignité. Je ne crois pas avoir besoin de les citer : le scandale a popularisé tous les détails de ce procès honteux pour la Grande-Bretagne. Si l'affaire du collier fut une des mille causes qui aidèrent à la révolution française, par les soupçons qu'elle fit planer un moment sur d'augustes personnages si près du trône, l'opprobre que les documens du *sac vert* versèrent sur la majesté même, aurait dû compromettre plus directement toute la maison de Hanovre.

¹ Depuis que ce passage a été écrit, M. Brougham en a confirmé la vérité par ses vulgaires et plates injures contre un ministre dont je ne louerai ici que l'urbanité parlementaire.

Un trône constitutionnel est peut-être plus solidement assis qu'un autre. Mais dans l'intérêt de la puissance qui toujours et partout a besoin d'illusions et de prestiges, il faut que la femme d'un monarque comme celle de César, ne puisse pas même être soupçonnée : s'il en est autrement, il ne reste plus que la ressource du silence. Quel spectacle que celui d'un tel procès, pour le peuple *moral et religieux* des trois royaumes ! Le roi, les lords et le peuple auraient dû s'approcher de la reine en détournant les yeux et la couvrir de leurs manteaux, au lieu de la livrer dans sa nudité à la dérision de l'Europe.

La conduite de l'Angleterre dans ces circonstances me semble très importante à examiner. J'en ai fait plusieurs fois le sujet de mes entretiens avec un secrétaire de l'ambassade, M. Billing, qui aux formes aimables, qu'on ne trouve peut-être que chez un Français, réunit cet esprit d'observation dont les Anglais voudraient se faire un apanage exclusif. [1]

---

[1] Il y a eu dans la conduite du peuple anglais, vis-à-vis de la reine, certaines contradictions qu'il est curieux d'expliquer. La reine avait contre elle la cour,

L'avocat qui peut seul le disputer à M. Brougham en réputation et en talent, c'est M. Scarlett, qui fait comme lui partie de la chambre des communes, et appartient également à l'opposition ; mais il s'y met en scène moins souvent, parce qu'il s'occupe davantage de ses plaidoiries, et semble avoir peu de goût pour les brillantes amplifications des questions politiques. On dit que M. Scarlett aime sur-

et pour elle non seulement l'opposition radicale, mais l'opposition des whigs. Ceux-ci, d'après le système des *tartuferies morales*, rougissaient un peu de défendre une femme dont ils n'osaient justifier l'inconduite. Aussi, à peine le ministère eut-il retiré son bill des *peines et amendes*, la reine gagna son procès et perdit ses amis les plus influens. Nous avons, disaient-ils, défendu dans la reine opprimée, la constitution attaquée, mais non le libertinage. Les acclamations de la canaille devenaient aussi plus rares, parce qu'elles étaient sans objet. La populace anglaise, facile à agiter, ne comprend pas les paisibles égards dus au malheur. La reine, *motif* d'opposition, avait une cour ; triomphante, elle fut délaissée, et elle embarrassait même ses derniers partisans. Elle mourut presque isolée, et il fallut exciter le bruit d'une sédition pour que Londres se mît aux fenêtres quand son cercueil traversa la ville.

tout les pointilleries et les subtilités de son état, parce que, plein de confiance dans sa perspicacité et sa finesse, il trouve une satisfaction vive à rendre clairs, pour les autres comme pour lui, les points douteux et obscurs. C'est un homme simple, sans affectation, et d'un esprit très cultivé. Il y a quelque chose de séduisant dans le son de sa voix et dans sa prononciation; son action a de la grâce; mais dans son mépris pour toute espèce d'emphase et de pompe, il n'est pas assez varié, et ses discours manquent d'art. C'est un de ces avocats laconiques auxquels on peut plus spécialement appliquer ce que Voltaire dit de tous les Anglais, qu'ils gagnent une heure ou deux par jour dans l'emploi du temps consacré à la conversation. M. Scarlett préfère un mot court à un mot long, quand même le mot long semblerait devoir, sinon mieux rendre son idée, du moins prêter plus de force et d'harmonie à son style. Il n'est pas dépourvu d'énergie et de chaleur; mais il est rarement éloquent à la manière de Burke, et il commence souvent mieux une phrase qu'il ne la finit.

MM. Scarlett et Brougham plaident surtout dans les *assises* ou cours de *nisi priùs,* ainsi nommées de l'injonction faite aux shérifs de composer un jury pour venir juger à Westminster les questions qui de fait sont du ressort des comtés, *à moins que* auparavant (*nisi priùs*) les juges ne soient venus tenir les assises. Ces cours sont composées de deux des douze juges qui, d'après des commissions spéciales, font leur tournée dans le royaume d'Angleterre seulement, partagé en six circuits. Ils se rendent ainsi deux à deux et deux fois l'an dans chaque comté, excepté dans les quatre comtés du Nord, où ils ne vont qu'une fois, et excepté à Londres et dans le comté de Middlessex, où ces cours se tiennent pendant la durée des tribunaux de Westminster, etc.

Dans les plaidoiries de ces cours de *nisi priùs* il s'agit pour l'avocat d'exposer la cause, de détailler les faits, et de répliquer aux objections de son adversaire. M. Scarlett étonne surtout par ses répliques. Il excelle à découvrir le côté faible de celui qui l'attaque et à faire ressortir les avantages de sa propre défense. C'est un spectacle amusant que de le voir déployer adroitement toutes ses ressources, et chercher à surprendre l'autre avocat, s'il n'est pas sur ses gardes. Tantôt ses paroles subtiles vous enveloppent comme d'un filet, tantôt il s'empare d'un mot vague, lui prête un sens à son avantage, et s'en sert comme d'un trait pour vous atteindre. L'interrogatoire ou *contre-examen* des témoins est encore un exercice où il fait usage de toute sa souplesse et de son ingénieuse malice. Il me semble l'entendre encore dire : — « Vous rappelez-vous avoir fait ceci, ou fait cela ? » et puis, sans être déconcerté par une négation positive, insister avec l'air et l'accent de l'homme sûr de sa question : « — Eh bien ! tâchez de vous le rappeler. » La voix de M. Brougham inspire la crainte, celle de M. Scarlett une défiance de soi-même qui livre celui qu'il interroge à l'indécision de la faiblesse timide. Mais en résumé, si M. Scarlett est l'avocat le plus fin et le plus subtil, M. Brougham est l'orateur le plus puissant. A la chambre des communes nous trouverons celui-ci aux prises avec l'élégant rhétoricien Canning.

LETTRE LIV.

A M. PONCELET,

PROFESSEUR DE DROIT.

Thy Curran, thy Grattan, thy Sheridan, all
Who for years were the chiefs in this eloquent war.
Lord BYRON.
Ton Curran, ton Grattan, ton Sheridan, qui furent
long-temps les chefs de cette guerre de l'éloquence
contre la tyrannie.

Si l'Irlande fut jadis peuplée par une colonie venue de l'Orient, la preuve d'une telle origine serait plus difficile peut-être à trouver dans les recherches des antiquaires que dans la tradition d'un style vraiment asiatique, conservée non seulement par ses poètes, mais encore par ses orateurs. Je me hâte de dire que Goldsmith et Swift n'eurent rien d'irlandais, ni dans leurs vers ni dans leur prose : Collins, par ses églogues, Burke, par son éloquence, sont les vrais chefs de cette école de brillans déclamateurs qui, de nos jours, a produit Thomas Moore et le luxe de ses images, Curran, Grattan et Phillips, avec leur diction emphatique. Malgré les traits communs par lesquels on peut classer ensemble ces auteurs contemporains, les nuances de leur caractère individuel et celles de la tournure particulière de leur esprit établissent entre eux de véritables contrastes. Burke, pour qui l'éloquence était une habitude plutôt que le résultat du travail, — plutôt le langage naturel d'une âme élevée qu'une poésie de circonstance, —Burke qui portait sa riche imagination dans les détails les plus ordinaires de la vie, outrepassait plus rarement les limites du goût; son style est moins inégal, quoique plus souvent sublime; il a plus de profondeur, plus de passion et plus de variété, sans cesser d'être pur. Grattan, excellent citoyen et puissant défenseur des droits de sa pauvre patrie, est déjà plus diffus, moins philosophe, mais surtout gâtant ses plus beaux discours par une affectation maniérée et un abus de ces antithèses et de ces continuelles épigrammes, que se permettait rarement le génie de Burke.

Curran, dont je m'occuperai davantage ici, parce qu'il doit la moitié de sa gloire au barreau, que Grattan déserta de bonne heure pour l'éloquence politique, Curran, dis-je, est encore un orateur brillant, plein de verve et d'originalité, mais s'éloignant de plus en plus du modèle, et qui, trop amoureux de l'*effet*, est souvent ridicule par les bizarres écarts de sa folle imagination. Phillips enfin, qui a outré tous les défauts de ses devanciers, n'est guère que bel-esprit quand il veut être ingénieux, et extravagant ou inintelligible quand il vise au sublime.

Sheridan, orateur, ne fut pas exempt des défauts irlandais; et nous retrouverons au parlement quelques souvenirs de sa manière. J'ai dit que je ne voulais parler ici que du barreau.

J'ai déjà cité ailleurs une anecdote de Curran. Il y en aurait plusieurs autres à recueillir dans la Biographie publiée par son fils, qui promet de faire honneur à son nom.

Il était né à Newmarket, petite ville du comté de Cork. Son père, James Curran, remplissait une place de peu d'importance. Sa mère, femme d'esprit, lui inspira dès l'enfance une préférence marquée dans sa tendresse filiale. Il aimait à attribuer à ses premières leçons tout le talent de son âge mûr. « Mon père, disait-il quelquefois, ne m'a laissé pour héritage que sa physionomie ingrate et sa tournure nullement attrayante ; heureusement ma mère m'a fait part des trésors de son intelligence. » Il s'exerçait à répéter ses contes et ses bons mots : il mettait son originalité à ne ressembler qu'à elle. Curran s'accusait, du reste, d'avoir été un enfant assez espiègle. Le trait suivant prouve sa malice et sa gaîté.

Il était encore bien petit garçon lorsqu'arriva à Newmarket un théâtre de marionettes, au grand contentement de tout le voisinage. Les drôleries de M. Polichinelle (*M. Punch*) et le babil de son interprète invisible, firent oublier tous les autres amusemens de l'endroit. Par malheur, l'homme nécessaire, le souffleur, tomba malade. La terrible affiche de relâche par indisposition allait annoncer l'interruption du spectacle, lorsque le jeune Curran vint en secret s'offrir au directeur dans cette conjoncture critique.

Il fut agréé. Pendant plusieurs soirs le débutant fut tellement applaudi, qu'encouragé par le succès, il ne se contenta pas de souffler des lieux communs à Polichinelle; mais, en présence de nombreux spectateurs, il se permit de gloser sur la politique du pays : le voilà faisant le portrait des beautés villageoises, trahissant les secrets de leurs amours, et raillant tous ses auditeurs les uns après les autres; mais on n'est pas indiscret à demi à l'âge où était Curran ; le grave curé devint à son tour l'objet de ses caricatures. Ce scandale fut le signal des sifflets; ceux qui avaient été forcés de rire un peu à contre-cœur firent surtout grand bruit de leurs scrupules, et, d'une voix presque unanime, M. Polichinelle fut banni de Newmarket. Le modeste souffleur garda prudemment l'incognito. Il rappelait quelquefois cet épisode de ses jeunes années, comme la preuve de sa vocation précoce pour l'art de la parole. Jamais, ajoutait-il, je n'ai depuis produit autant d'effet sur un auditoire.

M. Boyse, recteur d'une paroisse voisine, prit le petit espiègle en amitié. Après lui avoir donné lui-même les premiers élémens d'une éducation classique, il consacra une somme pour son entretien au collége de Middleton, d'où Curran entra à l'université de Dublin. Vingt-cinq ans plus tard, devenu illustre au barreau, et logé dans un riche hôtel sa propriété, il aperçut, en rentrant avec quelques amis, un bon vieillard qui s'était emparé du coin du feu du salon, familièrement assis dans le fauteuil de M. l'avocat. L'étranger se retourne et se lève ; Curran le reconnaît, vole dans ses bras : c'était son bienfaiteur.«—Vous avez raison, lui dit-il, vous êtes chez vous ; le petit Jean n'a pas oublié vos bontés ; sans vous, il ne s'entendrait pas traiter d'*honorable membre* à la chambre législative!—»Le vieillard et lui versèrent de douces larmes d'attendrissement.

Curran n'avait embrassé cependant la carrière du barreau que par suite d'une petite querelle avec ses maîtres à l'université; car, d'après les conseils de sa mère, c'était à l'état ecclésiastique qu'il se destinait. Une punition méritée peut-être, mais trop sévère, lui fit sentir le prix d'une profession indépendante.

Il vint étudier à Middle Temple, où dans une autre lettre j'ai raconté ses débuts.

Appelé au droit de plaider en 1775, à l'âge de vingt-cinq ans, ce fut à Dublin qu'il alla l'exercer. Peu apprécié dans ses premiers débuts, il n'acquit sa grande réputation qu'après quelques années. Par malheur son caractère naturellement irascible lui attira, dès le commencement, de dangereuses querelles avec les objets de ses personnalités. Il s'établit même entre les juges et lui une véritable lutte, dans laquelle il faut avouer qu'il n'avait pas tous les torts dans un royaume comme l'Irlande, traité en pays conquis par les agens du pouvoir, et où de continuelles oppressions étaient bien faites pour révolter une âme généreuse. Quelques unes des répliques de Curran nous paraîtraient néanmoins assez extraordinaires, malgré la provocation qui y donnait lieu. Ainsi un jour qu'il s'échauffait sans doute un peu trop dans sa défense, le président de la cour ayant appelé le shériff pour qu'il se tînt tout prêt à arrêter quiconque troublerait le bon ordre, Curran s'appliqua l'avertissement et apostropha le shériff en ces termes : «—Oui, monsieur le shériff, allez préparer mon cachot, allez y faire placer un lit de paille pour moi, j'y goûterai un repos plus tranquille que si j'étais assis sur le siége de la magistrature avec une conscience qui le déshonorât. » La pétulance de Curran le compromettait même avec ceux qui lui étaient favorables. Lord Avonmore, qui l'aimait beaucoup, l'arrêtait quelquefois dans ses écarts, et anticipait sur ses conclusions. Curran, au milieu d'un plaidoyer des plus sérieux, se permit de railler à ses dépens par un trait de fort mauvais goût.

« — En effet, Milord, dit-il, je m'emporte peut-être ; mais vous devez l'attribuer à la vive émotion qui m'agite. Je viens d'être témoin d'un spectacle si terrible que mon imagination en est encore troublée. (*On l'écoute avec attention.*) En passant au marché, continua Curran, j'ai aperçu un boucher prêt à tuer un veau ; il levait le bras, lorsqu'un enfant s'approche de lui sans en être aperçu, et j'en tremble encore ! je vois le sang ruisseler. Le boucher avait plongé son couteau dans....
— Dans le sein de l'enfant ! s'écrie le juge tout ému.—Non, dans celui du veau, Milord ;

mais votre seigneurie anticipe quelquefois. »

L'origine de son duel avec un M. Saint-Léger lui fait plus d'honneur.

Il avait fait un portrait assez noir de cet homme en plaidant contre son parent le lord Doneraile. Ce seigneur, ainsi que tous les puissans de l'Irlande, regardait les catholiques irlandais comme des ilotes soumis à ses caprices. Il entretenait une maîtresse dont le frère, qui avait été condamné à une peine ecclésiastique, réclama la recommandation de Milord auprès du curé. Milord se rendit lui-même au presbytère. Il trouva le prêtre qui lui répondit respectueusement que l'évêque ayant prononcé la peine pouvait seul la modifier. Milord irrité outragea brutalement le vieillard et l'accabla de coups. Tel est l'avilissement de l'esclavage, qu'aucun avocat n'osait porter aux tribunaux la plainte de ce prêtre malheureux; et quand Curran, peu connu encore, osa s'offrir pour attaquer l'oppresseur, il entendit blâmer de toutes parts sa folle témérité. Son indignation et son courage *firent* son éloquence. Il obtint d'un jury protestant trente livres sterling de dommages.

C'était beaucoup, quand on pense que quarante ans auparavant un catholique ayant réclamé contre une injuste confiscation, la chambre des communes d'Irlande avait en séance solennelle déclaré que tout avocat, tout procureur, tout homme d'affaires qui agirait au nom de ce catholique, *serait traité en ennemi de l'état.*

Lord Doneraile, surpris de se voir condamné, fit écrire à Curran que, pour punir son audace, il le menaçait de le combattre de son influence partout où il se mettrait sur les rangs pour obtenir un emploi. La phrase prêtait à une équivoque ; Curran, qui s'était déjà battu avec le cousin de sa seigneurie, se contenta de la tourner en ridicule.

Devenu membre du parlement irlandais, Curran y plaida constamment la cause de l'Irlande entière, sans cesser de défendre au barreau chaque victime de la tyrannie. Sa vie politique et l'histoire de ses plaidoyers se rattachent également aux révolutions qui ont agité son malheureux pays jusqu'à la réunion des deux parlemens. — Il semble que l'Angleterre excitait elle-même les insurrections pour décimer les catholiques. « On a voulu comparer Curran à Erskine, dit un de ses biographes; mais quand Erskine plaidait, c'était au milieu d'une nation jouissant d'une sécurité complète ; il était comme un ministre du temple de la Justice, une main sur l'autel de la Constitution, avec toute l'Angleterre à ses pieds, prête à recueillir les oracles qui sortaient de sa bouche. — Curran plaidait sur un échafaud, sans autres compagnons que les malheureux dont la tête allait tomber, sans autres auditeurs que la multitude accourue au lieu de ces promptes exécutions, et qui bientôt se retirait précipitamment pour se hâter d'effacer tout souvenir du spectacle affreux dont elle venait d'être témoin. »

Un de ses cliens, le révérend W. Jackson, donna un terrible spectacle à la cour. Il avait avalé du poison, et il expira dans les plus cruelles angoisses avant que sa sentence fût prononcée : « *Nous avons trompé les juges,* [1] » avait-il dit une heure auparavant à un de ses amis, qui n'avait pas compris d'abord ces paroles de Pierre dans la *Venise sauvée*.

[1] Vers d'Otway.

Un seul témoin suffit en Irlande pour faire condamner un homme ; et ce qu'il y a d'atroce, c'est le grand nombre d'agens provocateurs entretenus dans ce royaume par les autorités anglaises. Ces espions salariés ont été souvent flétris par les éloquentes invectives de Curran. Le gouvernement, qui redoutait un tel adversaire, avait essayé de le séduire par les plus brillantes promesses : il resta incorruptible, et il eut alors à résister aux menaces du corps des délateurs et aux vexations de la soldatesque. Son courage fut mis surtout à la plus dure épreuve, quand il osa se charger de l'affaire des deux frères Sheares, convaincus de haute trahison. On affecta de confondre l'avocat des *traîtres* avec les *traîtres* eux-mêmes, et au lieu des applaudissemens qui accueillaient ordinairement ses plaidoiries, il se vit interrompu par d'insolentes clameurs et le bruit des armes.

En 1800, le parlement d'Irlande, par une espèce de suicide politique, promulgua sa propre abolition ; la voix de vrais amis de la patrie fut étouffée. Curran fut profondément désolé de cet acte qui n'arrêta pas le cours des insurrections ; celle de 1803 compromit le repos de sa famille.

Le chef de ce mouvement était un jeune homme de la plus haute espérance, nommé Robert Emmet, qui, reçu chez Curran, avait contracté un tendre engagement avec sa fille Sara. Robert Emmet n'avait rien laissé soupçonner du complot qu'il méditait. Il avait aussi hésité long-temps à faire connaître son amour à Sara : cet amour fut la cause de sa perte ; il aurait pu sortir du royaume, s'il n'avait différé son départ pour dire un dernier adieu à celle qu'il aimait. Cette fatale liaison fut connue : on devine quelles armes elle aurait pu fournir au gouvernement contre Curran, si son innocence avait été un moment douteuse.

Le ministère de 1806 ne pouvait oublier Curran ; il fut promu à la dignité de *master of the rolls* (chef du greffe) en Irlande, et il en est resté revêtu jusqu'en 1814. Il était depuis quelque temps atteint d'une profonde mélancolie, pour laquelle il chercha vainement des distractions dans divers voyages. C'est en 1817 qu'il est mort, à l'âge de soixante-huit ans, se plaignant de sentir *une montagne de plomb* sur son cœur.

L'éloquence de Curran est trop riche et trop originale, même dans ses défauts, pour ne pas fournir de piquantes citations.

Le tableau suivant d'un délateur a quelque chose de fantasmagorique, et donne déjà une idée assez exacte de sa manière.

Il dénonce d'abord la politique atroce du gouvernement qui ensevelit un misérable dans une prison comme dans une tombe, l'y laisse jusqu'à ce que son âme y soit entièrement corrompue, et l'en retire alors, docile à ses caprices, pour lui faire porter témoignage contre les victimes qu'elle lui désigne.

« —Vous l'avez vu, échappé à cette tombe, sortant de cet asile de mort et de contagion, apparaître ici, vivante image de la vie et de la mort, et suprême arbitre de l'une et de l'autre! n'avez-vous pas remarqué comme à son approche les flots de la multitude se sont retirés? N'avez-vous pas remarqué que tous les cœurs rendaient à cette puissance sinistre l'humble hommage d'une *respectueuse horreur?* Son regard, semblable à la foudre, a frappé l'accusé, et l'a marqué du sceau de la tombe pendant que sa voix était le signal de la mort, — d'une mort que l'innocence ne saurait éviter, qu'aucun art ne saurait éluder, aucun antidote prévenir. — Il y avait un antidote autrefois, — le serment d'un juré. — Eh bien, cette chaîne indestructible qui liait l'intégrité de l'homme au trône de l'éternelle justice ; — elle est dissoute par le souffle qui s'échappe de la bouche du délateur ; — la conscience recule, et le juge épouvanté assure sa propre conservation en livrant la victime. »

La liste des pensions a inspiré à Curran une déclamation que les possesseurs de sinécures ne seront peut-être pas les seuls à trouver un peu exagérée.

« — Ce polyglotte de la richesse, ce muséum de curiosités, la liste des pensions embrasse tous les anneaux de la chaîne humaine ; hommes, femmes et enfans de toute espèce, depuis le rang élevé d'un Rodney jusqu'à la femme qui s'humilie pour être exaltée ! Mais c'est des leçons qu'elle donne, que naît sa principale perfection ; — c'est elle qui apprend que la paresse et le vice peuvent manger le pain dont la vertu et la probité sont privées après l'avoir gagné ; c'est elle qui donne au gouvernement les moyens de nourrir les corbeaux de la ménagerie royale dont les cris demandent sans cesse leur pâture ; c'est elle qui propose à l'imitation des hommes ces saints à sinécures semblables aux lis des champs, ne travaillant pas, ne filant pas, et néanmoins parés comme Salomon dans sa gloire ; enfin c'est elle qui répète ce qu'Épictète avait déjà dit, « qu'il est quelquefois utile de ne pas être trop vertueux. » — Grâces à elle, plus notre détresse augmente, plus la munificence de la couronne s'étend ; à mesure que nos habits deviennent des haillons, le manteau royal se déploie sur nous, etc. »

Il est juste de citer quelques uns de ces passages sur lesquels ne repose peut-être pas en Irlande la réputation de Curran, mais que les hommes de goût de tous les pays peuvent admirer. Dans le plaidoyer pour Rowan Hamilton, auteur d'un libelle séditieux, il définit ainsi l'*émancipation univer-*

selle que M. Rowan prétendait avoir été l'objet de son écrit.

« — Je parle dans l'esprit de la législation anglaise, qui a voulu que la liberté fût attachée au sol britannique, et qui déclare à l'étranger nouveau-venu qu'il pose le pied sur une terre sainte et consacrée par le Génie de *l'émancipation* universelle. N'importe dans quelle langue une sentence aurait été prononcée contre lui, n'importe quelle couleur incompatible avec la liberté le soleil de l'Inde ou de l'Afrique a imprimée sur son front, n'importe les rites suivant lesquels il a été dévoué sur les autels de l'esclavage, dès qu'il touche le sol sacré de la Grande-Bretagne, l'autel et le dieu s'abîment dans la poussière. L'âme du malheureux recouvre sa dignité native; son corps se redresse, délivré de ses chaînes qui tombent autour de lui, et il est racheté, régénéré, libre enfin, grâce au Génie irrésistible de l'*émancipation* universelle. »

On retrouve la même image dans Cowper. Ce n'est pas la seule fois que Curran s'est rencontré avec un poète : la péroraison du même plaidoyer offre une idée empruntée à l'Écriture; car l'orateur met à contribution l'histoire, la fable, les philosophes et les livres saints, pour s'enrichir des métaphores qui lui paraissent susceptibles de produire de l'effet.

« J'écarte ces tristes réflexions ; je ne perds pas l'espérance de voir mon client rendu par votre *verdict* aux vœux de sa famille et à ceux de sa patrie ; mais si (Dieu nous en préserve) on a malheureusement résolu que, parce qu'il n'a pas fléchi sous le pouvoir, parce qu'il ne s'est pas prosterné devant le veau d'or pour l'adorer, il faut qu'il soit jeté dans la fournaise, — j'ai la confiance qu'il y a dans la constitution un ange sauveur qu'on verra marcher avec lui à travers les flammes, et qui le préservera de leur atteinte dévorante. »

Curran aime surtout, par une transition inattendue, à passer de la déclamation la plus hyperbolique à un ton de familiarité ou de sarcasme. Quelquefois il fait tout un plaidoyer en épigrammes. Quand la partie adverse a le malheur de prêter au ridicule, il emploie contre elle les traits de la moquerie la plus bouffonne.

Les sots sont ici-bas pour nos menus plaisirs,

semble être sa devise. Son persifflage rappelle alors par moment celui de Beaumarchais. Pour achever de faire connaître Curran, il faudrait citer tout l'historique des griefs d'Hevey contre Henry Sirr. Ce récit forme une espèce de drame tragi-comique, dont la lecture serait tout-à-fait divertissante, si on pouvait se persuader un moment que ce n'est qu'une fiction. Les deux majors mis tour à tour en scène avec leurs propres paroles, étaient présens. Après avoir raconté épisodiquement une friponnerie du major Sandys, Curran s'interrompt pour l'interpeller. « — Le voilà lui-même, dit-il; il va vous attester le fait par serment ou par la modestie plus probable de son silence. »

Curran ne fait grâce aux deux petits despotes d'aucun acte de leur oppression lâche et insolente. Ils sont traînés au pied du tribunal dans toute leur difformité morale ; à un trait qui les couvre de ridicule en succède un autre qui les flétrit d'opprobre. Le règne de la loi est si bien établi en Angleterre, qu'on a peine à croire que l'arbitraire ait pu humilier les sujets d'un même gouvernement, parce qu'un bras de mer sépare les deux pays. Malgré le bienfait de la Charte, il faut avouer qu'en France nous pouvons facilement comprendre quelques unes des exactions dont Hevey fut la victime. Dans nos départemens reculés, nous éprouvons tous les jours le besoin d'une nouvelle législation communale pour réprimer la petite tyrannie de nos maires et de nos conseils municipaux; il serait temps de leur faire oublier les traditions de la révolution et du régime impérial. Leur pouvoir discrétionnaire n'est plus en harmonie avec les libertés du système nouveau. Grâces au ciel, nous n'avons pas du moins, comme en Irlande, des major Sirr et des major Sandys. Il a fallu la crise de 1815 pour voir dans les Bouches-du-Rhône le règne éphémère du colonel Magnier.[1]

A son début, Curran avait improvisé ses

[1] De peur que le parallèle ne semble forcé, il est bon de dire que le major Sandys, ayant confisqué la jument du pauvre M. Hevey, s'indigna que celui-ci osât la réclamer. — La monture est trop bonne pour un traître, dit-il, et surtout depuis qu'elle a eu l'honneur de me porter.

plaidoyers. Quand il eut une réputation à ménager, il essaya pendant quelque temps de les écrire, et de les réciter de mémoire. Ce moyen ne lui réussit point ; il se contenta de méditer son sujet en se promenant dans son jardin, ou plus souvent encore en jouant du violon. Les seules notes qu'il portait avec lui à l'audience étaient les métaphores, dont il se proposait de faire usage ; mais très laconiquement indiquées. Ainsi avant d'être prononcé, tout son plaidoyer pour M. Rowan consistait en ces mots : « *Caractère de M. R. —fournaise,—rébellion,—étouffé,—ange rédempteur.* » Avec ses simples *mementos*, qui étaient pour lui les baguettes du sauvage cité par lord Erskine, il se lançait dans son discours, et se confiait à l'impulsion de son éloquence naturelle. « — Il arrivait presque toujours, nous dit son fils, que le résultat surpassait son attente. Son âme s'échauffait par l'intérêt de la cause, et par cette confiance que la vue d'un auditoire fait naître ordinairement chez tout orateur assez heureusement doué pour recevoir cette inspiration. Alors une foule de pensées neuves venaient ajouter aux ornemens et à la vigueur de son élocution : par une conséquence inévitable, dans ces momens de verve et d'abondance il lui échappait des idées fausses ou bizarres qui faisaient tort à son goût, mais qui prouvaient du moins sa féconde imagination. »

Le secret des succès et de la manière de Curran est mieux expliqué encore dans une apologie franche de ses défauts, que son fils trace dans un autre passage de son amusante Biographie.

Les jurés parmi lesquels il se trouva jeté, et pour lesquels il forma son style, n'étaient pas de fastidieux critiques, mais plus ordinairement des hommes plus grossiers que délicats, et disposés à se laisser persuader par celui qui saurait les amuser ou les éblouir. Quelque heureuse que fût l'inspiration de son goût, comme avocat, il s'aperçut bientôt que son imagination avait pleine licence, et qu'une fois que le charme agissait, ses conceptions et ses images les plus fantasques étaient aussi bien accueillies que les saillies d'un esprit cultivé : cette attention que les juges n'eussent pas accordée à un raisonneur de sang-froid, à un orateur méthodique et grave, ils n'avaient pas la force de la refuser à celui qui la sollicitait avec la familiarité persuasive et gaie d'un camarade encouragé par ses premiers succès; cette violation des règles devint donc un privilége dont il ne se départit jamais ; aussi dans presque toutes ses plaidoiries, quelque auguste que fût l'audience, quelque solennelle que fût l'occasion, on le voit retomber sans cesse dans ses anciennes habitudes de négligence.

Si, comme orateur, Curran n'est pas irréprochable, il lui reste une gloire sans tache : celle de l'honnête homme et du patriote fidèle.

LETTRE LV.

A M. Ch. DE REMUSAT.

Let Erin remember the days of old,
Ere her faithless sons betray'd her.
Moore, *Irish melodies.*
Qu'Erin se souvienne des temps où ses fils infidèles ne l'avaient pas encore trahi.

L'avocat Charles Phillips est un homme de talent, de génie même, si l'on veut; mais qui a mis tout son talent et son génie à renchérir sur les défauts de ses prédécesseurs et de ses contemporains au barreau d'Irlande. Il semblerait que M. Phillips regarde l'hyperbole comme l'essence de l'éloquence nationale : se livrant à une colère toute gasconne contre les aristarques, il s'est déclaré le Don Quichotte du style figuré. Ses discours avaient donné lieu à de sévères mais justes critiques, à Londres comme à Édimbourg. Il a voulu rendre ses compatriotes solidaires, en publiant un choix *des beautés* de Burke, de Curran, etc. et quelques unes de ses citations étaient faites pour compromettre leur gloire. Mais il a été guidé par son propre goût, dont il cherche à consacrer l'extravagance dans sa préface. Selon lui, le style irlandais serait un type particulier, comme le drame germanique, la musique italienne, la peinture flamande. «—L'orateur irlandais, dit-il, cherche la persuasion plutôt que la conviction ; les métaphores sont le premier langage de l'enfance d'une nation, et conservent leur charme dans un âge plus avancé, comme tout ce qui est lié à l'enfance. *Elles forment le vocabulaire de la nature;* elles ne parleront pas en vain, jusqu'à ce que l'homme présente une surface si dure et si polie que les armes de la nature rebondissent sur lui. »

On voit que M. Charles Phillips n'abandonne pas ses armes pour combattre. «—La grande bévue des critiques, ajoute-t-il, est d'avoir voulu soumettre aux mêmes règles l'essai destiné à être lu, et le discours composé pour être récité. Ce qui paraîtrait extravagant dans l'un est chaste dans l'autre, et l'allusion capable d'enflammer l'enthousiasme d'une assemblée, doit paraître bizarre et *rapsodique* dans la solitude du cabinet. Ici le lecteur ne voit que son livre, il peut faire une pause, et réfléchir, s'il veut, après chaque période. — L'auditeur, au contraire, tout yeux et tout oreilles, emporté par la rapidité de ses sentimens, échauffé par la sympathie de tous ceux qui l'entourent, n'a pas le temps de critiquer l'image fugitive par laquelle il est charmé au moment même, et dont tout l'effet est dû à l'accent et au geste qui l'accompagnent. Si l'orateur atteint son but, sa tâche est remplie, et ce n'est rien ôter de son mérite que de dire qu'il a triomphé par des moyens qu'un jugement plus froid ne sanctionne pas. Ses instrumens peuvent être bizarres et extravagans ! — Il peut épouvanter par un fantôme,—tromper par un sophisme, ou égarer par un météore sans substance, n'importe, pourvu qu'il ait raison aux yeux de ses juges et de ses auditeurs. »

J'adoucis quelques expressions de M. Phillips; mais il y a du vrai dans sa théorie :

l'orateur, comme le poète dramatique, doit tendre à produire de l'effet sur un public plutôt qu'à satisfaire un peseur de mots. M. Charles Phillips fait non seulement le procès de son goût, mais aussi du goût de ses compatriotes, peuple plus facile à éblouir par des prestiges de phrases, qu'à convaincre par des argumens rationnels; peuple de beaucoup d'imagination et de peu de jugement, mais qui, sachant apprécier Sheridan et Burke, méritait que M. Phillips suivît de plus près de tels modèles, au lieu de faire ses plaidoyers et ses discours comme M. Maturin fait ses romans. Au reste, avant de se mettre du parti des *revues* de Londres et d'Écosse contre M. Phillips, il faut dire à quelles définitions on s'expose.

« — Je n'aime pas, dit M. Ch. Phillips, ce froid et timide tribunal de la critique, où l'ennui juge l'éclat, où la puissance plaide contre la passion, où l'orateur se perd dans le rhétoricien; je n'aime pas ce cirque aride et borné, où l'adversaire captieux enveloppe dans son misérable filet le guerrier dont il n'a pas la force de manier les armes. Oh!

le cœur se révolte à la vue du fils des pygmées affectant la démarche fière du géant! Quel supplice pour l'âme, de voir un objet placé sur un trône idéal, nous offrir l'obscurité pour l'étendue, les ténèbres pour le sublime! — Il serait plus facile au char roulant sur une route herissée de cailloux et d'ornières de rivaliser avec la voix terrible de la foudre. — Le météore, enfant du marécage et habitant de la solitude, pourrait aussi bien le disputer en beauté à l'étoile fixe qui se réjouit dans le ciel au son de l'éternelle harmonie des sphères. »

L'imagination de M. Phillips s'enivre de ses conceptions et s'excite elle-même à un poétique délire. Cette ivresse et ce délire n'ont rien de factice : l'orateur croit parler sous la dictée d'un dieu qui l'agite : ses phrases, en général sonores et bien cadencées, ses périodes réglées par un véritable rhythme, ravissent son oreille comme une musique : cherchez l'avocat, vous trouvez sur le trépied un Ossian en robe noire.

M. Phillips aime à introduire dans ses discours toutes sortes d'opinions comme toutes sortes d'images. Je ne nommerai pas l'auteur auquel on pourrait dédier un choix de portraits, de définitions et de métaphores emprunté à ses œuvres.

Notre saint père le pape :

« — Placé au tabernacle des grandeurs humaines, entouré de toute la pompe du Vatican et des splendeurs d'une cour, lançant les décrets du Christ du haut du trône des Césars, il avait des peuples pour sujets, des rois pour compagnons, la religion pour servante [1] ; il s'avançait décoré de toutes les dignités des siècles, faisant fléchir tous les genoux, béni respectueusement comme le prince de ce monde et le prophète de l'autre. Eh bien ! vous avez vu en un moment sa couronne brisée, son sceptre converti en roseau, son trône en ombre, son palais en prison. »

Napoléon :

« — Dans la pantomime de sa politique, la

[1] *Handmaid.* L'avocat des catholiques aurait dû plutôt considérer le pape comme le premier serviteur ou ministre de la religion, surtout dans un discours où il rend justice à l'héroïque résignation du saint père.

fortune était le *valet* de ses caprices. Le terme de l'ambition des autres hommes était son point de départ ; les couronnes lui servaient de jouets ; les trônes de marchepieds. Il courait de victoire en victoire. Sa route était *une surface d'élévations successives*.

Portrait d'un bigot :

« — Misérable, qu'aucune philosophie ne peut humaniser, aucune charité adoucir, aucune religion convaincre, aucun miracle convertir ; monstre qui, brûlant des feux de l'enfer, courbé sous les crimes de la terre, élève sa divinité meurtrière sur un trône de crânes, et apaiserait volontiers sa soif de cannibale avec le sang d'un frère. »

Quelques variations d'opinions ayant été reprochées à M. Charles Phillips, voici une justification qui fera sourire quelques unes de nos girouettes politiques.....

« — Ne nous laissons pas abuser par la déclamation, cette faculté fatale qui répand sur tous les objets la profusion prismatique de ses éblouissantes couleurs ; examinons le vrai mérite de cette noble vertu ! La persévérance ! oh ! elle peut bien vanter son origine et sa parenté. — La fille de l'obstination, — la sœur et l'épouse de l'entêtement, — maudite fut l'heure de leur affreux hymen! maudites les cérémonies de leurs noces, où la superstition tenait la torche dont l'infernale lumière éclairait l'autel noirci et ensanglanté! maudits sont les enfans de cet incestueux commerce! — La persévérance! ignorent-ils, ces insensés, que le *mouvement* est le but, le principe et la force de la vie? — ignorent-ils que sans le mouvement la mer ne serait plus qu'une eau stagnante, — un désert de mort, — un abîme de putréfaction? — Sortez pendant le tumulte de la tempête, et voyez comme le mouvement des tourbillons ailés purifie l'amphithéâtre voûté des airs! regardez la nature autour de vous : — la cessation du mouvement n'est-elle pas un prélude de mort? Et l'âme seule abandonnerait les analogies de la nature? L'opinion resterait enchaînée, immobile? La vieillesse serait impérieusement gouvernée par les principes de l'enfance irréfléchie? Cette assertion est un solécisme contre la société, —un crime contre l'âme. »

Ce serait être injuste que de ne pas citer maintenant quelques passages dignes de l'ami de Curran, et qui seuls donnent le droit à ses partisans trop flatteurs, de prétendre que M. Charles Phillips a hérité du manteau du prophète. Je me hâterai ensuite de quitter le barreau de l'*île verte*, car je sens que la contagion des figures me gagne !

Il y a dans le plaidoyer pour Guthrie contre Sterne, un tableau charmant du bonheur domestique, avec le contraste habilement amené de la honte d'une épouse adultère, et de l'irréparable malheur d'un époux outragé. La péroraison dut faire une impression profonde sur le jury. La véhémence n'est plus ici de l'exagération. L'avocat réclame des dommages du séducteur; mais il oublie à dessein le mari pour ses enfans chargés de la honte de la mère, et il s'appuie sur les considérations morales et religieuses qui parlent en leur faveur :

« — Croyez-moi, Messieurs, si ce n'était pour ces enfans, le malheureux père ne serait pas venu aujourd'hui chercher ce triste dédommagement; — il ne serait pas venu, si votre *verdict* ne pouvait empêcher ces innocentes victimes devenues orphelins, d'errer, de mendier leur pain sur la terre. Ce *verdict*, je ne le demande pas à votre compassion : — je le recevrai de votre justice. — Je vous conjure, non seulement comme pères, mais comme époux, comme citoyens, comme hommes, comme chrétiens, par tous vos devoirs publics et privés de morale et de religion, par l'hospitalité profanée, par les lois du Dieu vivant violées, — sauvez, oui, sauvez votre foyer domestique de la contagion, votre patrie du crime, et peut-être des milliers d'hommes encore à naître, de la honte, de la souillure et de la douleur d'un semblable exemple. »

Ces procès scandaleux de *crim. con.* (*criminal conversation, adultère*), où le mari vient réclamer le prix de la honte de sa femme, ont été pour lord Erskine l'occasion de deux plaidoyers, chefs-d'œuvre du genre. C'est aussi la partie brillante de M. Phillips, parce qu'il lui est plus difficile d'y amener ces gigantesques images politiques dont il est si jaloux. Il n'est pas toujours malheureux toutefois quand il attaque de grandes questions. L'amplification suivante sur les catholiques d'Irlande est de la plus haute éloquence.

« — Vous vous plaignez de la violence du catholique irlandais ! pouvez-vous en être surpris? elle est la conséquence de tous vos actes.

« Votre amitié lui a été plus funeste encore que votre haine; il ne sent vos embrassemens que par l'étreinte de ses fers. Je m'étonne, moi, qu'il ne soit pas plus violent. Il remplit votre trésor, il combat dans vos batailles, il nourrit votre clergé, il partage vos fardeaux, il partage vos périls, il partage tout, excepté vos priviléges. *Pouvez-vous être surpris s'il est violent?* Peu importe son mérite, peu importent ses droits, peu importent ses services. Il se voit sujet de nom, esclave de fait; il voit ses enfans héritiers peut-être de ses travaux, peut-être de ses talens; mais héritiers à coup sûr de vos refus. *Pouvez-vous être surpris s'il est violent?* Il voit les prétendus obstacles de son émancipation évanouis, l'Europe catholique votre alliée, les Bourbons sur leur trône, l'Empereur captif, le pape votre ami, les calomnies dirigées contre sa foi démenties par sa fidélité pour vous contre tous les potentats catholiques ; et il se sent flétri d'une dégradation héréditaire. *Pouvez-vous être surpris s'il est violent?* Il fit d'humbles pétitions; sa timidité fut traitée d'apathie. Il pétitionna avec plus de fierté ; ses remontrances furent traitées d'insolente audace. Il pétitionna dans la paix; on lui dit que ce n'était pas le temps. Il pétitionna dans la guerre; on lui dit que ce n'était pas le temps. Survint un étrange intervalle, un phénomène en politique, une pause entre la guerre et la paix, qui semblait faite pour lui; je veux parler de l'époque qui s'écoula entre la retraite de Louis et la restauration de Buonaparte : alors il renouvela ses pétitions; on lui dit que ce n'était pas le temps. »

Deux autres avocats de Dublin font partie de la *constellation* dont M. Charles Phillips est l'astre principal, M. Burrows et M. Bushes. Les défauts de l'école sont chez eux plus rares et moins saillans; mais ils offrent aussi beaucoup moins de ces traits heureux qui font de M. Phillips un grand orateur.... par extraits.

Je ne désespère pas d'étudier à Dublin

même le barreau irlandais. Je diffère donc de vous entretenir de plusieurs autres talens remarquables, qui, tels que le procureur général Plunket, le *sergeant* Lefroy, chef de la congrégation biblique, et le fougueux catholique O'Connel, ont chacun une originalité particulière, résultat de leur position respective, de leurs idées politiques ou religieuses, et de leur caractère individuel.

LETTRE LVI.

A M. LADVOCAT.

— I never praised, or blamed, an author's book
Until your wise opinions came abroad;
On these with holy reverence did I look;
With you I praised or blamed, so help me God!
. . . .
    Peter Pindar, *Épître aux Journalistes.*

Les Anglais répètent souvent la phrase banale que la liberté de la presse est l'*égide* de leur constitution. Ce bouclier conservateur nous rappelle en effet celui de Minerve avec la tête hideuse de Méduse hérissée de serpens. Mais toutes les comparaisons sont épuisées sur cette arme à la fois salutaire et dangereuse; la mienne a été peut-être déjà faite au moins par un des poétiques orateurs de l'Irlande. Nous voyons, par le plaidoyer de Mackintosh, que les journaux britanniques firent peur à Buonaparte quand il s'essayait à la toute-puissance.

Depuis l'affaire de Peltier il ne cessa de négocier avec le gouvernement de Pitt, pour obtenir d'abord qu'il fût défendu aux journalistes de l'attaquer; il voulut ensuite stipuler au moins pour leur silence, s'engageant à empêcher qu'aucune de nos gazettes ne glosât en rien sur les actes du ministère anglais. Pitt aurait désiré conserver la paix à ce prix qu'il ne l'aurait pas pu, non qu'il n'eût à sa disposition des lois pour étouffer la liberté de la presse ; mais ici la prescription de la coutume est plus forte que les lois, et le jury eût été un asile pour les écrivains poursuivis. Supposons un moment la possibilité d'un tel traité, avec deux despotes comme Pitt et Buonaparte à la tête de l'Europe; où en serait le gouvernement représentatif? à qui s'adresserait l'histoire pour vérifier ses documens sur l'empire, si depuis 1803 les journaux anglais avaient cessé de médire, de mentir, de calomnier même, si l'on veut?

Ce n'est que de la « *glorieuse* » révolution de 1688 que date en Angleterre la liberté de la presse proprement dite. Ce ne fut que quatre ans après l'avénement de Guillaume qu'elle fut assise sur de solides bases par le refus que firent les parlemens de consacrer les continuelles restrictions que réclamait le pouvoir.

Le pouvoir, n'osant plus interdire le combat, est réduit à se défendre, et paie ou récompense les champions qui se dévouent à sa cause. Le revenu énorme qu'il retire de toutes les feuilles périodiques lui suffirait pour en avoir un plus grand nombre à sa solde. Au commencement de la guerre d'Amérique, la taxe du timbre était de quatre sous par *numéro*; lord North l'augmenta d'un sou, observant que ce n'était pas faire payer trop cher le droit de rire aux dépens du ministère. (Mazarin ne taxait pas les chansons de la fronde.) Peu à peu Pitt a fait monter le prix du timbre à huit sous à peu près, plus du double de la valeur du feuillet. Le nombre des papiers publics s'est accru à proportion. Il paraît annuellement à Londres à peu près trois millions d'exemplaires de journaux, qui rapportent au gouvernement près de cinq cent mille livres sterling, et qui, grâce au prix des annonces, sont aussi des mines de guinées pour les propriétaires. De tous les journaux, l'*Observer* est celui qu'on tire à un plus grand nombre, à onze mille exemplaires ; mais il ne paraît que le dimanche, jour où les autres feuilles ne paraissent pas. Des journaux quotidiens, c'est le *Times* qui a le plus de débit ; on le tire à sept ou huit mille. J'ai été curieux de visiter la presse à vapeur de ce journal, qui imprime huit cents feuilles par heure. Or la dimension du *Times* excède de moitié celle du *Moniteur*.[1]

Cette machine à vapeur, capable d'effrayer nos ministres comme un monstre plus terrible que la Chimère, supplée à la force de quatre chevaux. On conçoit que les éditeurs

---

[1] Cette presse, d'invention allemande, est montée sur une table ; deux cylindres garnis reçoivent les feuilles de papier et les impriment sur la forme, qui s'y présente par un mouvement de *va et vient* sans interruption. Un ouvrier place les feuilles sur chaque cylindre, et un enfant les enlève quand elles sont imprimées. Quatre autres cylindres, placés au milieu et par paire, servent à triturer l'encre qu'un dernier cylindre transmet à la forme par une ouverture supérieure, etc. Mais nous avons enfin importé à Paris de semblables mécaniques qu'on perfectionne même tous les jours.

des journaux du matin ont besoin de cette célérité *sténographique* pour pouvoir distribuer régulièrement leurs feuilles à neuf heures, même quand les séances des chambres se prolongent jusqu'à trois ou cinq heures du matin. La publicité des débats parlementaires serait illusoire, s'ils n'avaient pour témoins que deux ou trois cents spectateurs qui peuvent être admis dans l'enceinte de Saint-Étienne. Par la voie des journaux, le troisième jour après chaque séance toute l'Angleterre peut savoir ce qui a été discuté et décidé.

Chaque journal a son éditeur et son sous-éditeur qui gagnent de trois mille à huit mille guinées par an. L'éditeur est chargé de la composition des articles politiques, et le sous-éditeur de la révision des articles accessoires. Les employés subalternes sont les traducteurs des nouvelles étrangères, les collecteurs des *on dit*. Mais les ouvriers importans sont les *sténographes* des chambres et des tribunaux, qui, en général, n'ont pas recours à la sténographie. Un des grands produits des propriétaires, c'est le produit des diverses annonces et des correspondances anonymes. Un Anglais de mes amis, qui a besoin de grandes précautions auprès d'une dame qu'il aime, lui donne ou en reçoit des rendez-vous par une espèce de formule algébrique, qu'ils insérent moyennant tant par ligne, dans le *Morning-Chronicle*, que le mari, grand politique, ne manque pas d'envoyer acheter tous les matins au bureau; car on ne s'abonne guère d'avance aux publications quotidiennes. Je souhaite à toute la famille de ne pas figurer un jour sur la feuille discrète, dans la colonne des procès en *crim. con.*

Les annonces de librairie ne sont nullement des articles de littérature; et comme on ne paie pas plus cher une épithète qu'une autre, pourvu qu'elle n'allonge pas la ligne en exaltant le mérite du livre, les auteurs se donnent le plaisir de se recommander assez chaudement à la renommée. L'article suivant, que je traduis littéralement, parce qu'il intéresse les lettres françaises, a été répété plusieurs fois dans les colonnes du *Morning-Herald*, du *Courier*, etc.

« Plus de quinze pièces de théâtre ont déjà
« été tirées de ce roman, qui réunit le carac-

« tère historique et le style dramatique des
« ouvrages de sir Walter Scott, l'éloquence
« poétique du Télémaque, la naïve simpli-
« cité de l'Estelle, l'imagination brillante de
« l'Arioste, etc., etc.[1] »

Peut-être une telle annonce sera une énigme
à Paris, pour ceux qui ont lu sir Walter
Scott, Fénélon, l'Arioste, Jean-Jacques,
Florian, etc., etc.

Rarement les journaux quotidiens hasar-
dent la critique raisonnée d'un ouvrage littéraire : le *Morning-Post* seul un peu plus
souvent. La pièce de vers, la charade et
l'anecdote trouvent aussi de temps en temps
une place; mais les médisances, les calomnies, les personnalités nourrissent plus régulièrement la colonne des *mélanges*. La
grossièreté de ces attaques vous transporte aux
saturnales de la révolution. Dans son numéro

---

[1] *The Recluse*, a romance by the viscount d'A....
« Upwards of fifteen dramas have been already foun-
ded on this romance, which combines the historical
character and dramatic style of sir W. Scott, with the
poetical eloquence of the Telemaque, the genuine sim-
plicity of the Estelle, the splendid imagery of Ariosto,
the deep and profound interest of, etc. »

d'aujourd'hui, le *Morning-Chronicle* invite clairement à une Saint-Barthélemi de rois, et notamment à l'assassinat du roi de France, sur lequel il versait hier les outrages les plus vulgaires. L'autre jour le *Courier*, journal ministériel, insultait gratuitement à la cendre d'un malheureux poète. Le *Moniteur de Goldsmith*, le *Register de Cobbett*, le *John Bull*, rendraient le père Duchesne jaloux de leur cynisme. S'il est une partie de la littérature qui soit l'expression de la société, c'est indubitablement les journaux [1]. On serait donc tenté de croire que l'urbanité n'est pas une vertu de la société anglaise.

Ces formes hideuses que prend ici la littérature politique dégoûteraient en France, où nous avons cependant, disent les Anglais, si peu de dignité. Les Anglais concluent de cette délicatesse même, que nous ne sommes pas organisés pour être libres ; cela tient beaucoup aux mœurs si différentes des deux

---

[1] En France, comme en Angleterre, ce sont bien quelques grimauds qui rédigent certains journaux ; mais plusieurs de nos notabilités littéraires ont part à la rédaction des feuilles principales.

peuples. La liberté anglaise hante les tavernes; depuis 1815 la liberté française vit dans nos salons, où certes elle a autant de franchise que dans les clubs de Londres.

Quoi qu'il en soit, le gouvernement représentatif a besoin de la lumière; il ne suffit pas que le ministère dise qu'il veut jouer les cartes sur la table [1], il faut qu'il joue devant de nombreux témoins, et qu'on puisse l'accuser de tricher, de peur qu'il ne soit tenté de le faire. Il y aura dans la galerie des témoins de mauvaise foi, j'en conviens : mais ils auront bien moins de crédit quand le jeu sera à découvert.

Les journalistes anglais se recrutent naturellement parmi les aventuriers littéraires, comme les appelle la *Revue* ministérielle; mais elle a tort de leur supposer à tous l'instinct du mal. Il en est qui se jettent en aveugles dans cette littérature armée, mais avec les bonnes intentions de cet Irlandais qui,

[1] Ce mot est, je crois, d'un ministre qui, depuis qu'il tient les cartes, n'a cessé de tricher. Gaspard l'Avisé, qui n'était pas gascon, commençait aussi par s'écrier : *Au moins ne trichons pas!*

voyant deux bandes de ses concitoyens aux prises, et ne pouvant s'empêcher de se mettre de la partie, fondit au milieu de la mêlée, en criant : Dieu veuille que j'aide ceux qui ont raison ! La vanité et le demi-savoir, qui se croient volontiers capables de régénérer le monde, mettent la plume à la main au jeune homme échappé des universités, qui trouve trop de concurrens pour un état plus honorable. Les idées d'indépendance de la jeunesse deviennent facilement des idées démocratiques ; mais, au point où en est la civilisation, il n'est plus temps d'arrêter cette tendance générale. Quel contrepoids d'ailleurs que celui d'un budget pour gagner tous ceux qui croient que leur talent est une puissance dans l'Etat ! C'était jadis les barons mutins qui inquiétaient la monarchie : c'est aujourd'hui les écrivains raisonneurs qui osent avoir une autre bannière que la sienne. C'est avec eux qu'il faut se résoudre à combattre et à négocier tour à tour. Pour finir mes comparaisons, j'en citerai une toute physiologique, que j'emprunte à un autre voyageur [1], mais

---

[1] *Journal of a tour and residence*, etc. Je traduis sur

qu'en ma qualité de médecin je croirais volontiers être de moi, et dont Menenius Agrippa pourrait réclamer une moitié.

« La conséquence de la publicité est une sorte de transparence dans le corps politique qui vous met à même de voir maintes opérations secrètes de la nature, dont quelques unes sont bien faites pour vous alarmer, telles que le travail de l'estomac et des intestins, et la succion de ces innombrables canaux avides, portant à chaque organe la santé et la force, ou la maladie et la mort, dans des flots continuels de sang et d'humeurs. Il n'est donc pas de dérangement qui ne soit immédiatement observé; or, la cause et le siége de la maladie étant visibles, la main et l'instrument guidés par l'œil peuvent y pénétrer et extraire le mal sans danger. Un corps ainsi fait et constitué aurait la chance d'une vie longue et saine ; mais il risquerait de ne pas jouir d'une vie fort gaie. L'âme appartenant à un tel corps contracterait précisément cette habitude de plaintes et de

l'édition anglaise, où j'ai pris cette citation. M. Simon s'est sans doute mieux traduit lui-même.

murmures si remarquable parmi les habitans de la *belle et heureuse* Angleterre. »

La politique est si souvent introduite aujourd'hui dans la médecine, qu'il est bien permis d'introduire une comparaison physiologique dans la politique. . . . .
. . . .
. . . .

LETTRE LVII.

A M. BOUSQUET.

Nul n'aura de l'esprit que nous et nos amis.

Nous nous plaignons à Paris que nos sept à huit journaux, devenus presque exclusivement politiques, étouffent la critique littétéraire, et empêchent les journaux de belles-lettres et de sciences de trouver des abonnés, ou même des lecteurs. Notre *Journal des Savans* reste à peu près ignoré, la *Revue encyclopédique* n'est guère plus connue, malgré l'excellence de son plan, et la garantie des noms recommandables qui ornent la couverture. A Londres, plus de cinquante gazettes quotidiennes ou hebdomadaires ne nuisent aucunement à douze revues de trimestre, et à plus de cinquante revues mensuelles, tirées collectivement à cent vingt mille exemplaires.

On en sera moins surpris quand on saura que la plupart de ces feuilles sont réellement entrenues par tel ou tel libraire qui en fait un véritable catalogue raisonné de son magasin. Souvent ces messieurs ont le bon sens d'en confier la rédaction à des hommes d'un vrai talent. En général, la classe des libraires anglais a bien mérité de la cause des lettres. Ces *banquiers* de la littérature sont eux-mêmes lettrés. Leur conversation vaut souvent leurs bons livres : je serais fâché de médire des nôtres ; mais pour en parler aussi favorablement, il faudrait les juger par les exceptions. Je ne veux pas tout dire aujourd'hui sur ceux de Londres, ni sur les différentes publications périodiques; mon intention, avant de parler des poètes de l'Angleterre, est de faire connaître l'esprit des deux grandes puissances critiques qui les protègent ou les oppriment. La *Revue d'Édimbourg*, et la *Revue de trimestre* (*Quarterly review*) exercent une telle influence dans les trois royaumes, que leur histoire serait presque celle de toute la littérature : je me réserve d'en appeler plus d'une fois à leurs décisions, ou de les combattre quand j'essaierai d'analyser les divers ouvrages marquans de l'époque.

Avant *le Spectateur*, on pourrait dire qu'il n'y avait eu qu'anarchie dans la république des lettres. Addison et Steele s'arrogèrent le droit de censure pour rétablir l'ordre. Cette censure devait s'étendre naturellement sur les mœurs, qui en avaient certes besoin à cette époque. L'immoralité et la débauche étaient prêchées sur le théâtre ; les hautes classes de la nation mêlaient au goût du luxe celui des plaisirs vulgaires ; une femme était une poupée de toilette, ou la première servante de son ménage. *Le Spectateur*, par le culte de la littérature ancienne et le charme de son style classique, ramena le génie aux saines doctrines du goût ; par ses ingénieuses satires, il polit un peu les formes de la société ; par ses apologues souvent poétiques et ses élégantes dissertations d'une philosophie plus aimable que profonde, il plaida la cause de la morale : la vogue extraordinaire de ces feuilles quotidiennes est constatée par les écrivains du temps. Budgel assure qu'on vendait jusqu'à vingt mille *Spectateurs* par jour ; ce qui était immense sous un règne comme celui du phlegmatique Guillaume, où beaucoup de grands seigneurs en étaient encore à l'*a, b, c*. La reine Anne encouragea davantage l'instruction, ou du moins ne s'opposa pas à la direction des esprits vers la gloire paisible des lettres. Les imitations du *Spectateur* dans les pays étrangers contribuèrent aussi à rendre les Anglais d'alors plus jaloux de ces brillans *Essais*.

Un des charmes de ces tableaux de mœurs et de ces critiques piquantes était le cadre dramatique dont Addison et Steele eurent l'heureuse idée. Ces personnages, de caractères et de goûts différens, qui forment le club du *Spectateur* ou correspondent avec lui, donnent de la vie et du mouvement à tout l'ouvrage. On aime ce bon sir Richard de Coverley, comme un vieil ami dont on conserve précieusement les moindres paroles. Je ne résiste pas au plaisir de fixer un moment votre attention sur les deux fondateurs des écrits périodiques. Steele surtout est peu connu parmi nous. Il a été le sujet d'une biographie très piquante, par le docteur Drake. L'ami et l'associé du sage Addison ne vécut point en littérateur retiré du monde. C'était un de ces hommes facilement dupes de leur imagination, préférant toujours leurs caprices à leurs intérêts. Le premier trait de sa jeunesse annonce toute sa vie. Il attendait sa fortune d'un oncle qui, d'une humeur très peu belliqueuse, sans doute, avait déclaré que jamais militaire ne serait son héritier, fût-il un Annibal; mais Steele avait vu avec enthousiasme défiler un régiment; il avait palpité au son du tambour; il crut avoir la vocation irrésistible des héros, et renonça à toute autre perspective pour s'enrôler comme simple soldat dans les gardes à cheval. Parvenu bientôt au grade d'enseigne, il se plongea dans toutes les dissipations de la ville. Mais il avait aussi la vocation de l'homme de lettres et du moraliste, qu'il trouva le temps de remplir. Tout son *Héros chrétien* fut composé, en quelque sorte, entre les désordres de la veille et ceux du lendemain; chaque chapitre était l'expression religieuse de ses regrets du matin, auxquels l'orgie du soir fournissait le texte d'une nouvelle page : c'était à la fois l'homme de bon ton, et le censeur philosophe. Il écrivait ses ingénieux essais sur les travers du jour, coiffé d'une énorme perruque qui coûtait cinquante guinées. Ayant fait construire un élégant château, il fallut concilier ce luxe avec ses préceptes d'économie.... Le château fut appelé chaumière. Ce fut lui qui éclaira le public sur les spéculations de la mer du Sud, pendant que lui-même inventait des projets non moins extravagans. Toujours et partout, Steele fut utile aux autres; ami fidèle, ennemi généreux, ne nuisant qu'à lui-même par sa facilité, il se vit oublié quand il ne joua plus de rôle sur la scène tumultueuse du monde à la mode, et finit ses jours dans un exil involontaire, ayant dépensé et prodigué son talent comme sa fortune.

Plus négligent, moins pur et moins gracieux qu'Addison, il avait plus d'originalité, de variété et de vigueur dans ses portraits. Peut-être Addison l'emportait-il sur lui dans la peinture des passions; et peut-être Steele, faute d'étude, n'excellait-il que dans l'art de saisir les traits extérieurs d'un personnage.

Aux *Spectateurs*, aux *Causeurs*, aux *Guar-*

dians, succédèrent *les Francs penseurs*, *les Politiques*, *les Hommes francs*, *les Mémoires de la société de Grub-Street* et *le Champion*, jusqu'à ce que le sceptre de la censure tombât entre les mains du plus grand des despotes littéraires, le docteur Samuel Johnson. On ne retrouve plus chez ce censeur bourru, chagrin et fantasque, cette délicatesse et cette bonhomie de la critique d'Addison et de Steele ; partial à cause de ses inimitiés, suspect alors même qu'il juge selon son goût, parce qu'il avait de véritables préjugés en littérature, Johnson mérite surtout d'être blâmé pour avoir consacré les personnalités dans la critique, par l'autorité imposante de son exemple. Un romancier de nos jours, Henry Mackenzie, rappela un moment les ingénieux essais d'Addison et de Steele, dans *le Flaneur* et *le Miroir*. Il ne faut pas oublier non plus ce que fit dans le même genre un poète dramatique distingué, Richard Cumberland. A côté de ces publications, qui en général offraient plutôt des tableaux de mœurs qu'une critique spéciale, s'était élevé des journaux, tels que *la Revue mensuelle*, exclusivement occupée des compositions littéraires. *Les magazines* étaient déjà inventés ; mais la critique dans ces divers journaux consistait le plus souvent en de sèches analyses, dont le but était d'exalter ou de ridiculiser un auteur ; il ne s'agissait nullement d'éclairer et de diriger le goût public, par des réflexions d'un ordre élevé. Quelquefois on y rencontrait de lourdes dissertations scientifiques, ou pédantesques, pour mieux dire, et plus faites pour dégoûter de la science, que pour la rendre populaire. Cependant peu à peu les lecteurs devenaient plus difficiles, parce qu'une plus grande somme de connaissances réelles s'était répandue dans tous les rangs de l'ordre social. Alors, en Angleterre comme en France, on commençait, sans être toutefois de la secte des économistes, à ne plus mépriser les théories de l'agriculture et de l'industrie commerciale ou manufacturière : le savant et le littérateur n'étaient plus des hommes à part. Chacun prétendait s'initier aux secrets des arts et des sciences. Le marchand, devenu digne par ses richesses de marcher l'égal des princes et des grands seigneurs, avait, comme eux, des philosophes à sa table. Les maximes de la politique étaient aussi familières au médecin qu'à l'homme d'état; l'avocat ne se bornait plus à compulser des liasses de procès; il savait oublier le jargon barbare du palais, pour juger en style pur les écrits du génie. Tous les esprits étaient en mouvement, tous avaient soif de connaître.

Les grands événemens politiques de 1789 avaient agité les individus comme les masses. Le paysan qu'a réveillé l'explosion d'un volcan, et témoin de ses ravages, devient curieux de connaître la nature et la source de la lave qui a inondé la plaine. En 1802, le volcan ouvert par les idées révolutionnaires fumait encore. On accueillit avec empressement un ouvrage qui, embrassant le vaste champ des sciences, des arts, de la politique et de la littérature, promettait de tout ramener aux principes d'une philosophie nationale. Ce n'est pas là parler en termes trop pompeux de la *Revue d'Édimbourg*, dont l'apparition fit époque, et qui influa puissamment sur le cours des idées nouvelles, quoiqu'elle ne suivît pas toujours une marche constante. Quels étaient ces hommes qui s'emparaient du pontificat des lettres? L'autorité de noms déjà illustres leur donnait-elle le droit de prétendre à cette sorte d'infaillibilité dont jouit la critique ?

Quelques jeunes gens qui venaient de terminer leurs études à Édimbourg, unis par la conformité de leurs goûts, s'associèrent anonymement pour publier chaque trimestre une revue des ouvrages remarquables, ou pour suppléer par des dissertations *ex professo* à ceux dont le but serait manqué. Le révérend Sydney Smith en conçut la première idée : l'avocat Jeffrey en fut le rédacteur en chef. M. Brougham est regardé aussi comme un des fondateurs ; les professeurs Leslie et Playfair coopérèrent activement à la partie scientifique, et de toutes les parties de l'Angleterre, des auxiliaires, non moins utiles, poètes et savans, se firent un honneur de contribuer à la réputation de l'entreprise. Plus de douze mille exemplaires de chaque numéro furent bientôt en circulation.

Whigs en politique, les rédacteurs de la Revue d'Édimbourg ont dû être accusés de tendance séditieuse. Leur partialité évidente, une mauvaise foi mal cachée et des contradictions inévitables dans l'espace de vingt années leur ont attiré de sévères réfutations. La France a eu autant à se plaindre de leurs éloges que de leurs outrages. Notre révolution a quelquefois été assez justement appréciée par eux; et Buonaparte dans l'isolement de Sainte-Hélène, s'étonnait d'avoir été deviné dans quelques uns de ses plus grands desseins, par cette coterie d'hommes de lettres. Le scepticisme moqueur de Voltaire, et le scepticisme plus calme de Hume sont tour à tour la religion de la *Revue*. Elle parle des Écritures avec la même audace que des compositions profanes. Le roi David n'est à son tribunal qu'un Homère lyrique. Les doctrines des livres saints n'y sont pas plus respectées; Jésus-Christ et Moïse se voient confondus pêle-mêle avec Platon, Zénon, Leibnitz, Voltaire, etc., etc. La morale des aristarques écossais est donc une morale de *raison* et non de sentiment. C'est l'expression d'une sagesse mondaine, mais qui, parvenue à ses derniers résultats, laisse parfois percer le malaise du doute, et se jetterait dans un méthodisme religieux, sans un dernier lien du respect humain. Malgré la solidarité des mesures de toute société anonyme, je suis bien loin de vouloir faire peser sur tous le blâme de ces opinions; il serait facile de trouver dans près de cinquante volumes maintes professions de foi dans un sens opposé.

L'unité existe bien moins encore dans le style de cette encyclopédie de critique, riche de la logique de Mackintosh, des invectives de Brougham, de l'emphase prétentieuse de Hazzlit, des élégantes épigrammes et de l'ironie de Jeffrey, etc.

Le besoin de *faire sensation* dut inspirer dès l'origine à ces aristarques des paradoxes de tous genres, des jugemens hasardés, des personnalités malveillantes. Les réclamations firent du bruit; c'était tout ce qu'ils désiraient sans doute, car les rétractations ne parurent pas. De temps en temps quelques pauvres auteurs sont encore cités à cette inquisition capricieuse, qui donne le spectacle de leur supplice à la malice des lecteurs. Il y a un raffinement de barbarie dans le martyre de ces poètes dont la pensée est, au besoin, adroitement dénaturée, afin que chacun applaudisse au trait perfide qui les déchire. En fait de théories, la *Revue* s'étant mise d'abord en opposition avec quelques uns des novateurs est restée quelque temps en arrière du mouvement général depuis 1789; mais peu à peu, sans renoncer à ses inimitiés particulières, elle a eu l'art de guider l'école nouvelle. Elle a compris que le but de la critique n'est pas seulement d'amuser la médiocrité et l'envie en relevant des taches qui ne peuvent échapper à l'œil tant soit peu exercé; mais qu'il fallait aussi faire preuve d'un esprit supérieur, en voyant de haut et de loin, pour prononcer un jugement que la postérité sanctionnât. Le génie est doué de ce regard prophétique qui découvre tous les germes féconds d'une pensée originale, et indique les progrès futurs de l'intelligence humaine, dès qu'il a trouvé son nouveau point de départ. Le critique se place alors à côté de Bacon, il agrandit comme lui le cercle de la science, enrichit le domaine des arts, et multiplie nos jouissances morales.

Il est curieux de voir l'*Edinburgh Review*

déclarer d'abord comme immuables les règles du goût classique, et quelques volumes plus loin louer tel poète récent qui s'écarte des sentiers battus pour *marcher dans sa force et dans sa liberté*.

« — La poésie, est-il dit avec des allusions qui eussent fait crier au sacrilége les ancêtres puritains du rédacteur, la poésie a cela de commun avec la religion, que ses lois furent fixées il y a long-temps par des écrivains inspirés, dont il n'est plus permis de récuser l'autorité ; comme aussi plusieurs prétendent être dévoués à son culte qui n'ont pas de *bonnes œuvres* à l'appui de cette prétention. L'église catholique de la poésie n'a fait également que peu de miracles depuis les premiers siècles de son établissement, et a été depuis plus riche en docteurs qu'en saints. Elle a eu sa corruption, sa réforme, et a donné naissance à une infinité d'hérésies et de sectes dans l'erreur, dont les partisans se haïssent et se persécutent entre eux aussi cordialement que toute autre espèce de bigots. »

A quelques années de là « Pope n'est plus « qu'un élégant versificateur, Addison qu'un

« prosateur à la glace. Le génie du dix-neu-
« vième siècle est venu racheter la poésie an-
« glaise des fadeurs de l'école classique. » Il est
vrai que plus loin, ramenés aux premiers principes, nous apprenons que nous chercherions
vainement de nos jours cette versification riche
et harmonieuse, ces rimes correctes, ces
pensées énergiques et ces habiles transitions
qui caractérisaient les poètes du siècle précédent. Telle est la soif des nouveautés, telle
est l'inconstance du goût, tel est le caprice
de la mode, même en littérature, qu'un auteur est prévenu, quelle que soit la vogue
de ce qu'il osera publier, que quelques mois
suffiront pour que l'oubli l'atteigne. Il travaille donc légèrement pour cette gloire
éphémère : de là vient, ajoute Jeffrey, que nos
poëmes, comme nos tissus et nos maisons,
quoique plus brillans en apparence, ont bien
moins de solidité que les poëmes, les tissus
et les maisons de nos ancêtres. »

Ces contradictions, que je releverai plus
directement dans l'occasion, ne seraient que
risibles, si on osait rire d'une puissance telle
que l'*Edinburgh Review;* mais en dépit de

toute son importance, on est parfois révolté de ses injurieuses personnalités. Voici un échantillon de ses prétentions au ton léger et moqueur :

« — Il est une société de messieurs bien mis et à leur aise, qui s'assemblent chaque jour dans la boutique du libraire Hatchard; — ce sont des personnages propres, polis, bien avec les gens en place, contens de tout ce qui existe ; et, de temps à autre, un de ces messieurs écrit un petit livre ; — les autres louent le petit livre, espérant être loués à leur tour quand leurs petits livres paraîtront : or, tout porte à croire que la brochure que nous avons devant nous est un de ces petits livres écrits par ces personnages si propres, si polis, si sûrs de la louange qui les attend, etc., etc. ; » et après un jugement fort sec et fort dédaigneux, en trois lignes, le rédacteur refait le livre à sa manière.

C'était là l'ivresse insolente du succès. Le ministère depuis quelque temps sentait la nécessité d'élever autel contre autel. Les écrivains de Londres n'étaient pas fâchés d'avoir une tribune à eux : la *Quarterly Review* parut sur le plan de la *Revue* écossaise et sous les auspices du libraire Murray. La rédaction fut confiée à M. Gifford, satirique fort distingué, qui sut en peu de temps organiser une contre-opposition, capable de lutter contre Jeffrey.

La *Quarterly Review* est naturellement l'expression de la littérature monarchique. Non seulement elle combat les principes religieux et politiques de sa rivale, mais encore elle a dû s'armer de préventions contre les écrivains recommandés par ses éloges. De là, même partialité; l'orgueil du succès n'a pas moins exalté ces nouveaux critiques. Mêmes caprices pour un pauvre auteur, même insolence contre le talent et la gloire. Les simples individus, comme les peuples en masse, peuvent être périodiquement calomniés par les deux revues. Quelques uns de ces articles valent des réfutations dont nous trouverons l'occasion sur notre chemin. Il en est qui, publiés à part, seraient classés parmi les bons livres. Je le dis avec la même franchise, je serais fier que mon pays fût éclairé, dirigé même par des ouvrages d'un mérite aussi élevé. Il pourrait l'être, si nos savans et nos poètes voulaient rallier leurs forces, et fonder une seule entreprise du même genre. Je ne désespère que de leur persévérance.

Puisque Napoléon, sa gloire, sa tyrannie et ses malheurs reparaissent continuellement dans les *revues* anglaises, il faut convenir que celle d'Édimbourg l'a jugé presque partout avec assez d'impartialité; mais il est honteux pour la *revue* ministérielle de l'avoir poursuivi avec tant d'acharnement, lorsque le rocher de Sainte-Hélène devint sa prison pour le bonheur de l'Europe sans doute, mais à la honte des ministres britanniques. Depuis sa mort leurs champions rompent encore des lances contre sa grande ombre, comme si son souvenir même les opprimait. Je suis peut-être moins Buonapartiste qu'un autre; mais ces lâches insultes m'indignent autant que des éloges outrés. Il y a quelque chose de sacré dans le génie d'un ennemi.

LETTRE LVIII.

A M. Prosper BONNARIC.

> CATHERINE.
> Alice, tu as été en Angleterre, et tu en parles bien le langage?
> ALICE.
> Un peu, madame.
> CATHERINE.
> Je te prie de m'enseigner.... comment appelez-vous la main en anglais?
> ALICE.
> La main? elle est appelée *the hand*. [1]
> . . . .
> SHAKSPEARE, *Henry V*.

Le doyen Swift était un mauvais plaisant qui s'amusait quelquefois aux dépens de ses compatriotes. Il a cherché à prouver, à la suite de son traité sur les calembourgs, que l'hébreu,

[1] *Sic.*

le grec et le latin dérivaient de l'anglais. Mais c'est sérieusement que les Anglais, dont l'ambition perce jusque dans les questions grammaticales, se sont prédit qu'un jour on ne parlera plus que deux langues en Europe, le russe et l'anglais. Leurs savans polyglottes ont découvert aussi une grande analogie entre leur idiome et le chinois. Je regrette de n'être ni assez grand politique ni assez versé dans la syntaxe des Mandarins pour traiter longuement ces deux questions. Daignez vous contenter de quelques notions que j'ai recueillies dans les gros volumes des antiquaires.

On fait rapporter l'origine des principales nations européennes à trois grandes races : la race latine, la race teutonique et la race esclavone. C'est au langage primitif de ces trois races que remontent les divers dialectes de nos jours. La langue celtique, oubliée par madame de Staël, formerait un quatrième type, s'il était bien constaté qu'il eût servi à des compositions littéraires. Madame de Staël a aussi classé la langue anglaise parmi celles qui, comme l'allemand, le suédois, le danois, le hollandais, etc., dérivent évidemment du teuton ; mais il est vrai de dire qu'elle participe tout autant de la langue *romane* ou latine. Depuis César et Agricola, ce fut le sort de la Grande-Bretagne d'être conquise et occupée continuellement par des nations différentes, qui imposèrent non seulement leurs lois, mais leur idiome aux vaincus. L'anglosaxon prévalait lors de l'union de l'heptarchie. Canut introduisit le danois; mais l'anglosaxon avait tellement pris le dessus depuis Édouard-le-Confesseur que Guillaume-le-Bâtard ne put faire du franco-normand que la langue de la cour et des tribunaux. Aussi, quand Édouard III, par haine pour la France, proscrivit le français, il trouva que l'anglosaxon était encore parlé par les basses classes. A dire vrai, il y eut alors fusion complète des deux dialectes déjà modifiés l'un par l'autre. Aujourd'hui le teuton semblerait l'emporter. Dans l'oraison dominicale, par exemple, il n'y a que trois mots d'origine latine [1]; on peut dire aussi que la construction des phrases est plus conforme à celle des langues teutoniques, et que la prononciation, sinon l'ortho-

[1] *Trespass, temptation, deliver.*

graphe, défigure tout ce qui reste de mots normands..

L'anglais ainsi formé ne cessa d'être un vrai patois qu'un peu avant l'époque de la réformation et des sanglantes discordes civiles qui la suivirent. Il n'acquit son dernier poli que lorsque les auteurs du temps de Charles 1ᵉʳ l'élevèrent à ce degré de perfection dont il était susceptible, grâce à la richesse et à la simplicité remarquable de sa construction. L'anglais est en effet la plus simple des langues européennes, la terminaison de ses substantifs ne variant que dans un double génitif et au pluriel; les verbes ne subissent guère non plus que six à sept changemens dans leurs racines. Enrichie par les termes d'arts et de sciences, accordant à ses auteurs de créer autant de nouveaux mots qu'il leur plaît, ou de les emprunter à tous les dialectes connus, la langue anglaise est encore l'instrument sifflant dont *le Spectateur* reconnaissait l'imperfection. Il n'est pas moins vrai qu'elle a toujours suffi au génie. Le *palais de briques* de Milton n'en est pas moins un magnifique palais. La multiplicité des monosyllabes en est le trait le plus remarquable ; c'est ce qui faisait dire à Voltaire un mot déjà cité, qu'un Anglais gagnait plus de trois heures en un jour de conversation sur un Français. Comme l'algèbre est la plus parfaite des langues, les Anglais aiment à répéter que la leur a une précision algébrique. Il est assez singulier que le reproche des *longueurs* soit celui que méritent surtout ses écrivains. Telle est la puissance des vrais poètes anglais, que je soutiendrais sans restriction, même à un Italien, l'éloge suivant de la langue anglaise. Je crois que c'est Aaron Hill qui a dit : « L'anglais moderne est la langue la plus propre à la poésie : son abondance de monosyllabes (que quelques uns ont eu la témérité de critiquer) la rend énergique, expressive et concise. Ses dérivés du grec et du latin l'ont ornée d'une variété de cadences, et ont entremêlé l'excès de ses consonnes énergiques de la mélodie des sons coulans des voyelles. »

Ici l'objection vient d'elle-même, et notre langue a le même vice : c'est la rareté des voyelles qui nuit à l'harmonie de la poésie anglaise. Mais notre auteur continue : « — la langue anglaise prête à la rime, et elle est ornée par elle ; cependant elle la traite en sujette au lieu de lui obéir comme à un tyran. Elle est grave, solennelle, douce, légère ou majestueuse ; elle a tour à tour la lenteur de la plainte ou de la pitié, et les transports des passions plus énergiques. C'est un *bazar* inépuisable, augmenté de tout ce qu'il y a d'excellent dans les autres langues; mais tout ce qu'elle leur ravit lui est si bien approprié, qu'*on peut la comparer à l'abeille qui retire le miel des sucs des fleurs.* »

Je ne veux plus rien critiquer de cet éloge; au contraire, je me sens tout porté à appliquer à l'anglais ce que madame de Staël disait de tous les dialectes teutoniques. Dans les citations des poètes, que j'essaierai de faire connaître, je serai malheureusement obligé de décolorer de beaux vers en les traduisant. Je dois donc en conscience prévenir mes lecteurs de tout ce qu'ils perdront.

« L'esprit général des dialectes teutoniques c'est l'indépendance[1] : les écrivains cherchent avant tout à transmettre ce qu'ils sentent. Ils

[1] *De l'Allemagne*, tome 1ᵉʳ.

diraient volontiers à la poésie comme Héloïse à son amant :

« S'il y a un mot plus vrai, plus tendre, plus profond encore pour exprimer ce que j'éprouve, c'est celui-là que je veux choisir. »

« Le souvenir des convenances de société poursuit en France le talent jusque dans ses émotions les plus intimes, et la crainte du ridicule est l'épée de Damoclès, qu'aucune fête de l'imagination ne peut faire oublier. »

Mais cessant de faire servir à l'expression de mon idée les sentences d'un autre ouvrage, j'ajouterai que ce que j'aime dans la poésie anglaise, c'est le mélange d'une pompe orientale (naturelle chez un peuple qui lit constamment la Bible littéralement traduite) avec une familiarité bourgeoise, qui n'a rien de choquant dans une littérature où le peuple, proprement dit, a sa représentation comme la société des salons. Cette pompe et cette familiarité s'allient également bien avec une certaine métaphysique de pensées que nous traiterions volontiers de mysticisme romantique, mais qui ne déplaît pas aux âmes un peu rêveuses. J'en appelle aux admirateurs du beau talent de M. de Lamartine. En général, les poètes anglais affectionnent plus une expression pittoresque ou franche, et la variété des contrastes, que les formes académiques du style. Leur muse peut créer des mots, en emprunter à toutes les langues du monde, ce qui lui donne un air d'*étrangeté* qui ne va pas mal à son allure indépendante. Mais il est temps d'étudier le style de chaque écrivain, puisqu'il serait difficile de fixer un type commun.

Fac-simile

de l'écriture des principaux écrivains anglais de l'époque actuelle, recueillis pendant mon séjour en angleterre et en Écosse.

Amédée Pichot D.M.

Wellesley

Sir Walter Scott.

Byron

Lord Byron.

T. Moore

Thomas Moore.

T. Campbell

Thomas Campbell.

Geo Crabbe.
Georges Crabbe.

S. T. Coleridge
Samuel Taylor Coleridge.

Wm Wordsworth
William Wordsworth.

Robert Southey
Robert Southey

B Barton
Bernard Barton.

Wm Gifford
William Gifford.

C Lamb
Charles Lamb.

A. Opie
A. Opie

G Croly

Georges Croly.

L. E. Landon

L. E. Landon.

J Mackintosh

James Mackintosh.

J Lockhart

William Lockhart

Allan Cunningham

Allan Cuningham.

Saml Rogers

Samuel Rogers.

Charles R Maturin

Charles Robert Maturin.

James Hogg

James Hogg

J Baillie

Joanna Baillie.

Wm L. Bowles

William Lisle Bowles.

B. W. Procter

Barry William Procter.

Wm Tennant

William Tennant.

John Wilson.

James Montgomery.

Milman.

LETTRE LIX.

A M. COULMANN.

When I read Thomson I become Thomson; when I read Milton I become Milton; I find myself a sort of intellectual camelion, assuming the colours of the substances on which I rest.
Godwin.

Quand je lis Thomson, je deviens Thomson; quand je lis Milton, je deviens Milton. Je me trouve une espèce de caméléon intellectuel, prenant la couleur des objets sur lesquels je m'arrête.

Voulant m'occuper avec quelque détail des poètes anglais nos contemporains, je ne puis guère jeter qu'un rapide coup d'œil sur ceux des siècles précédens. Une histoire critique de la poésie anglaise nous manque encore en France, il n'en est même point de complète en Angleterre. Ce serait pour nous une étude des plus intéressantes que celle des progrès du plus sublime de tous les arts chez nos rivaux de gloire. Cette étude tient essentiellement à celle de l'histoire, puisque la poésie d'un peuple est le miroir fidèle de ses mœurs et de ses traditions [1]. Ce n'est pas seulement aux caprices de l'imagination et aux sentimens passionnés qu'elle donne un corps; elle est aussi l'expression de ses idées religieuses et de sa morale, modifiée et variée suivant la politique et les coutumes de chaque siècle. Je vais naturellement reproduire ici quelques traits du précis que j'ai essayé de donner sur l'histoire de l'architecture, de la sculpture et de la peinture anglaise; mais peut-être ces redites serviront du moins à faire ressortir l'alliance intime des beaux-arts et des mœurs à travers les vicissitudes de chaque siècle.

Les ménestrels normands avaient introduit les fictions romantiques en Angleterre : bientôt la muse classique des Grecs et des Romains sortit des couvens; mais elle reparaissait au milieu des mœurs chevaleresques et des institutions féodales. A son culte furent mêlés des rites gothiques. Le siècle d'Élisabeth offre en-

[1] *The miror and the fashion of the times.* — SHAKSP.
M. de Bonald a traduit ces mots par sa fameuse phrase.

core cette bizarre alliance de deux littératures et de deux religions opposées. Si Shakspeare eût paru cinquante ans plus tard, son génie eût été peut-être entièrement soumis aux formes et aux règles de l'antiquité. Avec une imagination un peu moins indépendante et capricieuse, il n'eût été qu'un auteur pédantesque.

Les compositions dramatiques furent surtout en faveur sous ce règne et sous celui de Jacques 1er. Cependant les autres branches de l'art n'étaient pas négligées. Drayton, Beaumont et Fairfax ont laissé d'assez beaux noms dans la poésie héroïque; mais Spencer suffirait seul à la gloire de cette époque. Le plan de son poëme allégorique est sans doute bien imparfait; mais, peintre habile, il en fait oublier les défauts par la richesse des détails, la grâce des principaux traits et la magie de son coloris.

L'Angleterre littéraire recueillit dans ce siècle les premiers fruits de l'émancipation de la pensée par la réforme. Shakspeare, Bacon, Spencer, Sydney, et bientôt Hooker, Taylor, Barrow, Milton, Cudworth, Hobbes, furent des esprits vastes, hardis, créateurs et originaux. On comprend tout l'enthousiasme de Warton, quand il approche de cet *âge d'or* auquel se termine malheureusement son histoire. Campbell l'apprécie également en poète. « — Ce fut, dit-il, un siècle de loyauté, d'exploits aventureux et d'émotions généreuses. Le caractère chevaleresque était adouci par le culte des lettres, tandis que le génie de la chevalerie elle-même tardait à disparaître, comme s'il eût été jaloux de rendre ses derniers hommages à un trône illustré par des guerriers, et qu'une femme parait des grâces de son sexe. Un reste d'imagination romanesque se faisait reconnaître dans les mœurs et les superstitions du peuple. L'allégorie *courait les rues*, pourrait-on dire, dans les fêtes et les cérémonies publiques. La philosophie des âmes les plus élevées conservait une tendance à l'enthousiasme poétique. Cet esprit de poésie se retrouvait dans l'*héroïsme-pratique;* quelques uns des héros de ce temps semblent moins des hommes ordinaires que des êtres empruntés à la fiction et parés de tout l'éclat de ses rêves. « — Ils avaient, dit sir Philippe Sydney, de hautes pensées dans un cœur plein de courtoisie. » La vie de Sydney lui-même fut de la poésie en action. »

Ce siècle méritait de figurer dans les tableaux historiques de l'auteur de *Kenilworth*. La réception d'Élisabeth dans le château de Leicester nous retrace toutes les divinités classiques et celles des temps chevaleresques, dont la reine aimait à se former une espèce de cortége bizarre. Mais le romancier historien a dû remarquer aussi [1] qu'un défaut général gâtait la poésie tant admirée du siècle d'Élisabeth : c'était le goût funeste du *faux esprit*, c'est-à-dire la manie de substituer d'étranges associations de sons et d'idées aux comparaisons ingénieuses et même à l'éloquence naturelle des passions. Cette mode, dont tout le personnage de Percy Shafton dans *le Monastère* est une satire animée, naquit à la cour, pays dont les habitants ne croient jamais briller d'un assez vif éclat tant qu'ils n'ont pas adopté un langage et des formes systématiques qui les distinguent du commun des hommes. Le roi pédant Jac-

[1] *Dryden's Life, the Monastery*, etc.

ques 1ᵉʳ ne pouvait qu'encourager l'*Euphuisme*. Les universités en firent leur langue, et les poètes que Johnson appelle les *métaphysiciens* l'adoptèrent jusqu'après la première révolution. Ce nom de *métaphysiciens* donne une assez fausse idée de cette école; car il n'y a rien de moins métaphysique que les jeux de mots et les subtilités de Doune, d'Herrick, de Cowley et même de Waller, de Denham et de Carew, quoique ces trois derniers n'aient pas toujours renoncé à la mélodie du rhythme, à la justesse des images et à l'élégance des termes. Il est singulier que la jeunesse de Milton ait échappé à la contagion fatale de ce style prétentieux et maniéré. Il préféra ne pas être compris de son siècle, et après avoir composé les vers chastes de *Comus*, de *Lycidas*, du *Penseroso* et de l'*Allegro*, il médita pour l'immortalité la sublime création de son grand poëme.

His soul was like a star and dwelt apart.[1]
W. WORDSWORTH, *Sonnet to Milton*.

Les guerres civiles vinrent interrompre également les succès de cour des beaux esprits

---

[1] Son âme était semblable à un astre, et habitait seule.

et les inspirations solitaires de Milton. En donnant une direction plus sérieuse à toutes les âmes, elles développèrent le sombre et puissant génie des Cromwell et des Harrisson, l'enthousiasme plus généreux des Blake, des Hutchinson et des Hampden, l'activité infatigable d'Hollis et de Vane, et la fidélité chevaleresque de Strafford et des Falkland. Des études plus sévères réclamèrent Milton, qui, après s'être agité dans le tumulte des controverses politiques et religieuses, vaincu par les événemens, retrouva du moins sa lyre, amie fidèle de son adversité.

La restauration de Charles II n'est pas plus souvent maudite en Angleterre dans ses résultats politiques qu'à cause de l'influence qu'on lui attribue sur la littérature nationale. Les critiques prétendent que le goût français, importé par la cour de Charles, arrêta toute l'originalité de leur poésie, et corrompit leur morale. C'est une ridicule accusation : les obscènes quolibets des poètes courtisans de Charles, l'indécence de ses satiriques, l'enflure ou les trivialités de ses auteurs dramatiques ne ressemblaient guère à la dignité (artificielle tant qu'on voudra) dont Louis xiv avait entouré son trône. Nous reconnaissons tout au plus sous la reine Anne la véritable imitation de nos classiques.

Ce ne fut pas le goût français qui proscrivit le *Paradis perdu*, mais bien les préjugés de l'émigration contre le secrétaire de Cromwell. Ce ne fut pas toujours Corneille et Racine que Dryden imita, mais La Calprenède et Scudéry. Malheureusement aussi les poètes métaphysiciens étaient restés, dans leur exil, non moins fidèles à leur mauvais goût qu'à la bonne cause. Ils ramenèrent la mode de leur extravagante affectation. « La muse, dit sir W. Scott, se réveilla comme la belle au bois dormant, revêtue du costume ridicule et suranné avec lequel elle s'était endormie vingt ans auparavant. »

Néanmoins, Waller, Suckling, Denham, Davenant et Dryden revinrent peu à peu à de meilleurs principes, et abandonnèrent aux satiriques le style métaphysique. Le chef-d'œuvre du genre fut la parodie épique d'*Hudibras*, singulier mélange de saillies spirituelles et d'affectation ironique.

Dryden, poète presque universel, à qui peut-être il ne manqua pour être le rival de Milton, qu'une vie moins dissipée ou des protecteurs plus généreux, exerça sur un demi-siècle l'influence de ses goûts inconstans. Plus hardi et plus varié que Pope, penseur plus profond et plus énergique, mais inégal et moins délicat, Dryden a laissé des modèles d'odes, d'épîtres, de satires et de poésie didactique. Le reproche qu'on lui adresse aujourd'hui d'avoir fondé l'*école continentale*, ne devrait pas faire oublier qu'il redonna la vie aux romantiques fictions de Chaucer, sans les dénaturer par son style plus moderne. La finesse de Prior et l'esprit de Swift aidèrent Addison et Pope à régulariser la marche de la poésie anglaise. On connaît de quelle suprématie Pope et Addison furent investis par leurs contemporains. Les critiques de nos jours ont détrôné ces deux rois de la littérature anglaise du dix-huitième siècle. Addison n'est plus qu'un esprit étroit, un prosateur élégant mais sans éloquence, un rimeur timide et plat; on accorde encore à Pope de l'esprit, mais peu d'imagination, un grand bonheur de diction, mais sans autre variété que celle des antithèses ; c'est un satirique, un moraliste, un critique, un bon écrivain ; mais l'auteur de *la Boucle de cheveux* et de l'héroïde *Héloïse*, n'est plus un poète ! Que sera donc notre Boileau ? Une remarque assez singulière que je livre à la méditation des romantiques, c'est que les deux législateurs de la littérature classique en Angleterre et en France ont surtout réussi dans leurs *parodies* des pensées et du style poétique des anciens. Quels sont les vers du *Lutrin* et de *la Boucle de cheveux enlevée* qui sont les plus piquans ? Ceux qui appliquent à des coutumes toutes modernes une expression appartenant aux mœurs épiques des héros d'Homère et de Virgile. . . . .

Les imitateurs de Pope ont tué leur maître en fatiguant les oreilles de la monotone répétition de son rhythme. Thomson et Young les premiers essayèrent une versification nouvelle : Thomson plus vrai dans son enthousiasme, et plus naturel dans la pompe de son style, parce qu'on sent qu'il aime avec passion ce qu'il exalte ; Young, hyperbolique et forcé, n'inspirant guère de sympathie, parce qu'il est trop théâtral dans ses plaintes comme dans ses déclamations; Glover, avec la mâle énergie de ses sentimens grecs, les deux Warton, amoureux des siècles chevaleresques, Gray, tour à tour mélancolique et touchant dans l'élégie, sublime dans ses imitations des Scaldes, et vraiment inspiré dans ses odes; Collins, riche comme le climat où il place les personnages de ses églogues; Macpherson, en inventant un Homère celte; Chatterton, en prêtant son génie à un moine du treizième siècle; l'évêque Percy, en rajeunissant les ballades des ménestrels, préparèrent la grande révolution poétique de 1789.

La révolution toute positive de 1668 n'avait pu que *désenchanter* les esprits. Les gouvernemens représentatifs en général matérialisent trop tous les intérêts, pour être d'abord favorables aux abstractions poétiques. L'*utile* et le *rationnel* sont les dieux du nouvel état social. L'imagination n'est plus, selon l'expression de Malebranche, que la folle du logis. Le soldat devient un mercenaire à cinq sous par jour, le chevalier aventureux laisse parcourir les pays lointains au marchand ; la philosophie analyse jusqu'aux sentimens religieux ; on nous crie de toutes parts qu'il faut se défier de l'enthousiasme. D'un autre côté, l'importance relative des classes moyennes les appelle à figurer dans la littérature comme dans l'état. Sous un gouvernement où la cour et les grands donnaient seuls le ton, les vertus et les vices des rois et des courtisans usurpaient jusqu'au domaine de la comédie. Lorsque l'*homme* mérite enfin d'être étudié dans la roture, peu *digne* encore des phrases poétiques réservées naguère à peindre non les grands seigneurs, mais l'idéal de leur supériorité sociale ; l'*homme,* dis-je, des classes moyennes et le grand seigneur considéré comme *homme,* ne sont d'abord introduits que dans la prose du roman. L'Angleterre a dû peut-être aux élémens démocratiques du gouvernement représentatif les premiers chefs-d'œuvre de sa *littérature bourgeoise ;* je veux parler des romans domestiques de *Richardson* et de *Fielding*. Je ne sais pas si de tels ouvrages ne peuvent pas consoler les nations européennes des épopées devenues à peu près impossibles dans les mœurs modernes. Cependant, la poésie proprement dite, glacée par une civilisation de plus en plus artificielle, polit son langage dans les salons, mais y perd son allure franche, indépendante et fière ; à son style passionné succède le style didactique et sentencieux. Le charme de ses compositions consistera en observations justes et fines, et dans une logique spirituelle exprimée en élégantes antithèses. Les ressources d'une semblable poésie sont bientôt épuisées. On se lasse assez facilement de sa perfection monotone, quoique l'autorité des critiques qui l'ont faite et les préjugés du collége qui l'ont associée aux chefs-d'œuvre d'Athènes et de Rome, empêchent long-temps le public d'en convenir. Enfin, quand on est forcé d'avouer que les sens sont blasés, un besoin d'émotions fortes se déclare, et si, dans ce moment, des circonstances graves, des guerres ou n'importe quelles commotions politiques ébranlent vivement les intelligences, la poésie devient plus enthousiaste, plus énergique, plus passionnée. Elle déserte les boudoirs, et, secouant les règles d'une délicatesse dédaigneuse, partage le désordre de la fermentation populaire.

L'Angleterre littéraire en était là aux approches de 1789. Les poètes, comme les démocrates, rêvèrent un nouvel état social. La politique en action absorba en France presque toutes les intelligences que le despotisme d'un seul vint comprimer depuis, ou distraire par le bruit de la gloire. Il fallut en Angleterre toute la force de Pitt pour arrêter les mêmes mouvemens : le peuple anglais s'en tint à la politique spéculative, quant à son système intérieur ; mais les poètes et les métaphysiciens se firent plus aventureux et plus *fanatiques*. Les premiers, surtout, s'affranchissant des lois des modèles, réalisèrent les théories les plus opposées. Le raisonnement et même l'éloquence ne suffirent plus à leurs vers. L'imagination reconquit ses licences du temps d'Elisabeth : il y eut anarchie sans doute; beaucoup de tentatives n'ont pas été justifiées par le succès, mais celles-là même attestent souvent encore l'erreur du génie. Je n'étendrai pas plus loin l'esquisse des traits caractéristiques communs aux nouveaux poètes ; car leurs nuances individuelles sont plus nombreuses que leurs points de contact. Il n'est aucun d'eux qui ne se révolte à l'idée d'une classification.

LETTRE LX.

A M. GOURY, D. M.

Darwin's pompous chime. — Lord BYRON.
L'harmonie pompeuse de Darwin.

MALGRÉ le discrédit dans lequel est tombée aujourd'hui la poésie de Darwin, elle eut une si grande vogue que ce docte poète mérite de figurer parmi les illustres novateurs du Parnasse anglais. Un autre motif nous défend de l'oublier : cet auteur, dont Coleridge compare les poëmes à un palais de neige, brillant mais glacé et éphémère, fut évidemment le modèle de Delille, qui copia même littéralement quelques uns de ses épisodes. Comme Darwin, Delille rima (dans *les trois Règnes*), *le Dictionnaire de physique*, *les mystères de la chimie*, et *l'histoire naturelle des plantes et des animaux*. Les emprunts avoués ou non que Delille fit à Pope, à Goldsmith, à

Cowper et à Darwin sont si nombreux, que si on y ajoute tout ce que les anciens pourraient réclamer de lui, le traducteur des *Géorgiques* n'est plus que le plus heureux des versificateurs. L'étude des poètes descriptifs de l'Angleterre lui inspira plus encore que Virgile, le goût de la campagne. Mais il faut convenir que souvent sa muse décrivit les champs avec les antithèses du style des salons, et qu'elle préférait les jardins symétriques de Le Nôtre à une nature simple et sauvage. Ses dieux champêtres sont les statues mythologiques dont il ranime le marbre immobile. Ses bergers sont presque aussi allégoriques que ceux de Virgile. Pour ma part, je n'ai jamais pu lire plus d'une page de ses vers en plein air, sans voir apparaître autour de Jupiter ou de Junon mon ancien professeur de troisième, armé de son martinet. En copiant Darwin, Delille n'a donc pas été infidèle à ses souvenirs classiques. Il a rendu à Flore les fleurs, à Pomone les fruits, au lieu de peupler les élémens de sylphes, de gnomes et de toutes ces divinités en miniature que Pope avait mises à la mode dans l'élégant badinage de *la Boucle de cheveux*. Cette

« milice des cieux inférieurs » était charmante, il est vrai, pour folâtrer dans le boudoir de Belinde; mais on n'aime guère à la voir souffler les feux des volcans, ou guider le bateau à vapeur sur les fleuves.

Le merveilleux des poëmes de Darwin séduit d'abord, en excitant la surprise par la variété des allusions. Quelques unes de ces allusions sont assez étranges, comme celles où le docteur Franklin est comparé à Cupidon, je ne sais plus quelles plantes à des anges, et la truffe à une impératrice souterraine. Mais Darwin tenta quelquefois des personnifications plus poétiques, et quelques uns de ces passages isolés, aussi harmonieux que pittoresques, sont perdus malheureusement dans la foule de ses allégories et de ses métaphores. Sa passion pour les images lui fait rechercher tout ce qui s'adresse aux sens plutôt qu'à l'âme; et quand il s'approche d'un sujet abstrait, évitant de le montrer dans sa nudité métaphysique, il se hâte de lui donner une forme visible et matérielle. Le talent de Darwin est plutôt celui du peintre ou du sculpteur que le talent du poète; aussi la plupart de ses comparaisons sont-elles prises des antiques bas-reliefs, des camées, etc.; il reproduit avec grâce ou avec énergie les formes inanimées des divinités mythologiques, sans s'arrêter à ce qu'il y avait de dramatique et de passionné dans l'allégorie païenne. Ce cercle limité dans lequel il se restreint, explique la monotonie fatigante de ses tableaux qui se succèdent comme dans une galerie, où les diverses figures de la même école restent isolées dans leur cadre, sans communication entre elles. Sacrifiant tout à l'effet pittoresque, et se privant du langage, simple mais touchant des passions, Darwin comprit qu'une versification harmonieuse et variée devait être l'ornement obligé de ses poëmes. Malgré l'uniformité de certaines inversions qui reviennent souvent, son style est construit d'après le même mécanisme que celui de Pope, dont il a l'élégance, la clarté, la grâce et les tournures piquantes; il le surpasse même par la richesse du coloris et la grandeur des images. La traduction de la seconde partie du *Jardin botanique*, par M. Deleuze, me dispense de longues citations. Delille a reproduit tout l'éclat du style de Darwin dans *les trois Règnes*, non seulement dans le troisième chant consacré à la végétation, mais encore dans le reste du poëme. L'épisode de Cambyse est presque littéralement traduit. Delille a également profité du *Temple de la nature*, ouvrage posthume, où l'on retrouve en vers quelques unes des théories de la zoonomie. Voici par quel tableau gracieux Darwin invite les mères à nourrir leurs enfans.

« Jeunes épouses, qui ne trouvez aucune douceur à endormir votre fils dans vos bras maternels! vous qui restez sourdes à ses tendres plaintes, et qui craindriez de l'approcher de votre sein; vous qui refusez vos tendres caresses et votre lait inutile au doux frémissement de ses lèvres et à ses yeux qui vous implorent!—Eh! qu'importe ce dais de damas qui couronne son berceau, qu'importe l'édredon de son chevet et ce tissu brodé qui le couvre! souvent cette couche dorée entend des plaintes dédaignées! que de larmes tachent ces coussins à crépines de soie! Ah! calmez ses gémissemens par votre voix; ouvrez-lui vos bras maternels; quels accens auront pour lui plus de charmes que les vôtres? quel coussin vaut l'asile que vous lui refuseriez? C'est ainsi que lorsque le crépuscule étend son voile sur les célestes régions, l'ange de l'innocence, appelé à un doux repos, ploie ses ailes avec un sourire divin, et s'endort sur le sein de la beauté. »

L'idée de la toute puissance désarmée par l'amour, a fourni à Darwin une allégorie plus gracieuse encore.

« Tel l'Amour intrépide, osa en jouant ravir un jour le tonnerre au bras levé de Jupiter. Appuyant à la hâte sa triple foudre sur son genou, il rompit le faisceau de ces dards brûlans, brisa chaque trait de ses mains rougies par les flammes, agita ses doigts qui commençaient à en sentir l'atteinte, frappa des pieds, et sourit. Les fragmens des redoutables carreaux brillèrent sur le parvis de l'Olympe, et les dieux reculèrent en tremblant; le roi des cieux, plein d'indulgence pour son fils, inclina sa tête immortelle, et oublia son courroux. »

Le tableau de l'enlèvement d'Europe par Jupiter est digne du paysage dans lequel Claude Lorrain introduit cet épisode mythologique. Mais à côté de ces images riantes et pittoresques, Darwin s'est plu aussi à décrire de véritables monstres. Quelquefois c'est un phénomène de physique ou de physiologie, qu'il peint comme s'il le voyait à l'aide d'un microscope. Tel objet qui n'aurait rien de repoussant à l'œil nu, acquiert à travers ce milieu des formes hideuses, que le poète retrace avec l'exactitude d'un anatomiste.

> Il n'est pas de serpent ni de monstre odieux
> Qui par l'art imité ne puisse plaire aux yeux,

a dit Boileau; mais l'art de Darwin consiste quelquefois à effrayer les yeux par ses imitations. On sait combien le pauvre Gulliver trouvait de taches et d'inégalités sur la peau blanche des belles dames de Brobdingnag.

Darwin, du moins, « en enrôlant l'imagination sous les bannières de la science [1], » a évité avec plus de soin que Delille ces sèches nomenclatures qui font d'une tirade de vers une véritable table des matières :

> Le tung-stene grisâtre, et l'arsenic rongeur, etc.
> Ailleurs c'est le nickel, le douteux molybdène, etc.
> (*Les Trois Règnes.*)

[1] Expression de la Préface du *Jardin botanique.*

On regretterait volontiers le temps où Lucrèce chantait la Nature sans connaître la minéralogie.

Les sciences médicales réclament aussi Darwin comme l'auteur de *la Zoonomie*, ouvrage que je ne dois pas examiner ici, mais que je me permettrai de juger ailleurs avec d'autant plus d'assurance que ce sera avec l'aide des leçons orales d'un éloquent professeur [1], l'élève du grand Barthez, et qui, comme Élisée, a hérité du manteau du prophète.

Darwin s'était fait connaître à ses amis comme poète, par de petits vers de société, avant de publier son grand poëme. « Aussi sage qu'Ulysse, dit en termes assez recherchés son amie miss Seward, il s'était lié au mât de la science, de peur de se laisser séduire par les Muses, ces trompeuses syrènes. »

Le docteur, après s'être perfectionné à Édimbourg dans la médecine, était venu l'exercer à Lichtfield, où le bonheur d'une première cure le mit en réputation. Son ma-

---

[1] M. Lordat, professeur de physiologie à Montpellier, et sans contredit le plus éloquent des professeurs de France.

riage avec miss Howard, fille d'un bourgeois recommandable, lui fut aussi très utile. Sa maison devint le rendez-vous d'une société fort agréable, dont le fameux J. Watts et Thomas Day, auteur de *Sandford et Merton*, faisaient partie. Miss Seward raconte plusieurs anecdotes fort piquantes de ce dernier, philosophe fort original, et connu par ses distractions. Darwin avait aussi ses petites bizarreries ; il avait inventé une voiture de forme nouvelle ; mais en l'essayant il eut le malheur de verser et de se fracturer la rotule du genou droit. En pratique comme en théorie, il était, comme le docteur Sangrado, l'ennemi déclaré du vin et des liqueurs, prêchant à ses malades la tempérance, comme le grand préservatif et le remède de tous les maux ; néanmoins, il oublia un jour ses rigides préceptes dans une partie sur l'eau, qu'il fit avec quelques amis. Le bateau était à peine en vue du rivage, qu'il s'élança soudain dans la rivière, et le devança en habile nageur. En vain ses compagnons lui criaient de retourner, ils ne le retrouvèrent qu'au milieu de la place publique, haranguant une foule émerveillée sur la salutaire influence de l'air pur. On eut peine à lui faire comprendre qu'il avait au moins besoin de changer de costume. Il bégayait habituellement, mais l'on prétend que ce jour-là il parlait avec une volubilité extraordinaire.

Sa tête n'était pas plus à l'épreuve de l'amour que du vin. Il avait perdu sa première femme lorsque mistress Pole de Redburn amena chez lui ses enfans qui avaient avalé du poison. Le docteur engagea la mère à demeurer avec eux jusqu'à leur guérison parfaite. Quelque temps après mistress Pole le fit appeler à Redburn pour elle-même. — Le mari de cette intéressante malade était peut-être un vieux jaloux : il fut assez peu hospitalier pour ne pas offrir un lit au médecin. Darwin passa la nuit sous un arbre planté vis-à-vis de la fenêtre de mistress Pole, observant d'un œil inquiet le mouvement des lumières, et paraphrasant le fameux sonnet de Pétrarque sur le rêve qui lui prédit la mort de Laure. Heureusement sa Laure ne mourut pas, et il ne fut pas réduit, comme le poète de Vaucluse, aux regrets éternels de l'amour platonique. Ce fut le vieux M. Pole qui condamna sa femme au veuvage, — mais Darwin obtint qu'il ne serait pas de longue durée. Mistress Pole accepta sa main à condition qu'il quitterait Lichtfield pour Derby.

Erasme Darwin était né en 1731; il mourut en 1802.

LETTRE LXI.

A M. PIERRUGUES.

> Dans le tourbillon du monde, j'appris de bonne heure, par l'expérience, que je n'étais pas fait pour y vivre, et que je n'y parviendrais jamais à l'état dont mon cœur sentait le besoin. Cessant donc de chercher parmi les hommes le bonheur que je sentais n'y pouvoir trouver, mon ardente imagination sautait déjà par-dessus l'espace de ma vie, etc.
>
> (*Confessions de* J. J. Rousseau.)

W. Cowper n'est pas le seul auteur anglais dont le caractère rappelle souvent celui de Rousseau; vous ferez de vous-même plusieurs rapprochemens entre ces deux *fous* intéressans, qui prouvent combien est cruel l'assujettissement de l'âme « toute divine » aux infirmités de la matière. Par moment, ces hommes si peu faits comme les autres, me feraient croire assez volontiers à l'exil de quelque intelligence supérieure, condamnée aux épreuves de la vie mortelle, pour réparer une offense commise dans le ciel. Notre religion nous apprend que les anges même ne furent pas infaillibles. Une telle idée eût révolté Cowper, qui vécut isolé moins par orgueil que par désespoir. La religion et l'amitié soutinrent seules son courage et inspirèrent seules son génie. Il fut même chrétien trop timide pour être grand métaphysicien. Réclamé avec raison par la nouvelle école, il se doutait à peine qu'il était un novateur en poésie. Cowper écrivait moins pour le public que pour soi-même et un cercle d'amis. C'est le poète du coin du feu et des plaisirs domestiques. Plus ambitieuse, sa muse n'eût pas eu ce mélange de vigueur et de simplicité, d'audace et d'aisance, de noblesse et de rusticité qui contraste avec les grâces classiques mais un peu factices des beaux-esprits de la reine Anne. La vie de Cowper a été écrite par son ami M. Hayley, dont le récit est entremêlé des lettres de Cowper lui-même. Mason avait déjà donné le modèle de cette espèce de biographie pour l'histoire de Gray. On a publié aussi en 1816 des Mémoires de Cowper, qui ont quelques rapports avec les Confessions de Jean-Jacques, avec cette différence que probablement Cowper n'avait écrit les siennes que pour les relire dans un esprit de pénitence, et comme un avertissement contre les piéges du monde et du démon.

William Cowper était né en 1731, à Berkhamstead, dans le comté d'Hertford. Son père, neveu du lord chancelier Cowper, avait été chapelain de George II. A l'âge de six ans le jeune William fut enlevé aux soins d'une tendre mère pour être mis dans une pension, où il fut tellement tyrannisé par un écolier plus âgé que lui, qu'il en conserva toute sa vie une rancune amère contre tout système d'éducation publique. Un mal aux yeux, qui malheureusement fut une maladie de toute sa vie, décida sa famille à le placer pendant quelque temps chez un oculiste *fameux*, car c'est sans doute un prote maladroit qui fait dire à M. Hayley un *oculiste femelle*.[1]

De là Cowper fut envoyé à l'école de Westminster, et après y avoir terminé ses études

---

[1] *Female oculist* pour *famous oculist.*

il entra chez un avocat; mais quoique lié avec le célèbre lord Thurlow, destiné à être une des lumières de la jurisprudence anglaise, il y passa trois ans oisif ou dans la dissipation. Admis à Temple-Bar il y apporta de telles habitudes de profusion qu'à trente-un ans il avait dissipé presque tout son patrimoine. Il était temps de songer à l'avenir : un parent qui avait du crédit obtint sa nomination à la place de *clerc des comités de la chambre des lords*. Mais étant menacé d'une espèce d'examen, sa timidité, qui ne l'avait jamais quitté, convertit en supplice cette crainte qu'on éprouve assez ordinairement à l'approche du jour où l'on parlera en public pour la première fois. Son angoisse fut telle que son cerveau en fut dérangé. Il avait fait plusieurs fois la tentative de se détruire, et ses amis trouvèrent dans sa chambre les préparatifs de son suicide. Il envoya sa démission ; et l'horreur naturelle que lui inspira l'affreux expédient qu'il avait imaginé pour se soustraire à l'épreuve exigée de lui, ne fit qu'accélérer la perte totale de sa raison.

« — Je ne sortais jamais, dit-il, sans croire

que les passans me regardaient avec le rire du mépris et de l'outrage; j'avais peine à me persuader que la voix de ma conscience ne criât pas assez haut pour être entendue de tous. Ceux de qui j'étais connu semblaient me fuir, et s'ils me parlaient, ils semblaient m'adresser des injures. J'achetai une ballade chantée dans la rue, parce que je m'imaginai qu'elle était composée contre moi. Je dînais seul à la taverne où je n'allais que la nuit et où je me cachais dans le coin le plus obscur. Je dormais une heure tous les soirs, ou plutôt j'étais poursuivi pendant une heure par des rêves effrayans, et à mon réveil je sentais mes jambes me refuser leur secours. — Je chancelais comme un homme ivre. Je ne pouvais supporter les regards de mes semblables; mais l'idée que l'œil de Dieu était fixé sur moi, me causait une douleur inexprimable. »

Son frère et ses amis se décidèrent à le conduire à Saint-Albans, dans une maison d'aliénés que dirigeait le docteur Cotton, poète agréable, mais surtout médecin humain. Au bout de neuf mois son délire se calma, et ses remords pieux firent place aux sentimens d'une foi plus consolante. A la suite d'un entretien avec son frère, un rayon d'espérance descendit dans son cœur, et il vit en songe un ange dont le sourire lui causa une sensation délicieuse. Ayant ouvert sa Bible au hasard, il se fit l'application d'un verset qui lui promettait la miséricorde divine, et depuis, le seul nom de Jésus-Christ lui faisait répandre les larmes d'une pieuse émotion.

Quand il fut rétabli complétement, il résolut de renoncer à Londres, et se retira à Huntingdon, accompagné de son frère et d'un domestique qui s'était attaché à lui par un instinct d'affection dans la maison de Saint-Albans; mais son frère étant parti, le découragement s'empara de son âme. La solitude lui pesa. « — J'étais, dit-il, comme un voyageur au milieu d'un désert sauvage, sans ami pour me consoler, sans guide pour m'indiquer ma route. » On ne peut s'empêcher de réfléchir ici que les institutions monastiques étaient faites surtout pour des âmes comme celles de Cowper, et Cowper catholique eût trouvé le calme dans ces asiles ouverts à ceux qui sont forcés de dire : « Le monde n'est pas fait pour moi et je ne suis pas fait pour le monde[1]. » Heureusement le pauvre solitaire se lia peu à peu avec une famille à laquelle il associa ses destinées. C'était la famille Unwin, dont le chef était le pasteur de la paroisse. Mistress Unwin la mère était une dévote mystique, une espèce de madame Guyon. Voici comment Cowper décrit les occupations édifiantes de sa journée. C'est le petit tableau d'une maison régulière dans la Grande-Bretagne.

« — Nous déjeunons entre huit et neuf heures. Jusqu'à onze nous lisons l'Écriture-Sainte ou les sermons de quelque prédicateur *fidèle*. A onze heures nous assistons au service divin, célébré ici deux fois par jour, et de midi à trois heures nous nous séparons pour nous distraire chacun à notre fantaisie. Pour moi, pendant cet intervalle, je lis dans mon appartement, ou je me promène, ou je

---

[1] *Lord Byron*. Cette phrase suffirait pour faire crier un papiste en Angleterre, où Cowper est plus lu encore comme protestant rigide que comme poète. J'en demande pardon *to the most tolerant church-of-englandism.*

cultive mes fleurs. Nous restons rarement plus d'une heure à table; mais si le temps le permet, nous nous rendons au jardin, où généralement je jouis du plaisir d'un entretien religieux avec mistress Unwin et son fils. S'il pleut ou si le vent est trop violent, nous faisons la conversation dans le parloir, ou nous chantons quelques hymnes; et, grâce à la harpe de Mrs Unwin, nous exécutons un concert passable, dans lequel nos cœurs, j'espère, sont du moins d'accord. Après le thé nous faisons une sortie tout de bon, et ne revenons guère qu'après trois ou quatre milles de marche. Quand la nuit vient, nous lisons et causons comme auparavant jusqu'au souper, et ordinairement nous terminons la soirée par des hymnes ou par la lecture d'un sermon. »

Après la mort de M. Unwin le père, en 1767, Cowper accompagna mistress Unwin et sa fille à leur nouvelle résidence à Olney, s'y lia avec le curé M. Newton, et composa quelques hymnes publiées dans un recueil longtemps avant qu'il fût connu comme poète. A Olney, malheureusement sa fatale maladie le reprit, et sa raison resta éclipsée pendant cinq ans. Mistress Unwin lui prodigua les tendres soins d'une mère; et le reste de sa vie, Cowper s'efforça de s'acquitter envers elle de cette dette sacrée.

Après cette triste absence de sa raison, Cowper eut recours au pinceau pour se distraire. Il peignit même quelques sites des alentours; il s'amusait aussi à faire des cages : mais son occupation chérie fut l'éducation de trois lièvres, dont il a laissé une *biographie* très détaillée, et qu'il a immortalisés par leurs épitaphes. Que de héros qui n'ont plus que ce titre-là contre l'oubli! On s'intéresse à la description qu'il trace avec complaisance des gentillesses familières de Puss docile et caressant, de la sauvagerie et des airs solennels de Tiney, caractère moins sociable, et des gambades du courageux Bess, le Vestris des trois. Je me hâte d'avouer qu'une similitude de goût me rend peut-être ces détails plus précieux qu'à tout autre. Je sympathise très volontiers avec don Juan:

He had a kind of inclination, or weakness, for what most people deem mere vermin, live animals. [1]

DON JUAN, ch. x, st. 50.

[1] « Il avait une espèce d'inclination ou de faible pour ce que tant de gens appellent de la vermine (*expression anglaise*), les animaux vivans. »

et si parfois je me surprends à rêver la gloire de poète, je mets volontiers mon perroquet au nombre de ceux à qui j'en ferai part.[1]

Cowper était déjà parvenu à sa cinquantième année lorsqu'il cultiva son goût pour la poésie. Il ne publia qu'en 1781 son premier volume, dont le plus grand succès fut l'admiration qu'il inspira au D. Johnson et à Franklin. Mais la plupart des lecteurs trouvèrent ses vers trop sérieux; il fallut toute la réputation de son second volume pour rappeler l'attention publique sur le premier.

Dans le cours de la même année M. Unwin reçut la visite d'une veuve aimable et jeune encore, lady Austen, avec laquelle Cowper, surmontant sa timidité presque invincible, se lia d'une étroite amitié. L'influence de sa gaîté spirituelle, de ses manières agréables et de son goût élégant prêta sans doute des grâces inconnues à la muse du solitaire. Elle lui suggéra même des sujets : *la Tâche (the Task)* fut composée par un de ses caprices; et la

---

[1] Il est vrai que c'est aussi le perroquet de ma mère, et je renvoie le lecteur qui sourit au chapitre éloquent de Buffon sur le perroquet.

traduction d'Homère fut aussi le fruit de ses conseils.

Un soir qu'elle le voyait retomber insensiblement dans ses sombres rêveries, elle s'avisa de lui raconter les aventures de John Gilpin, conte avec lequel sa nourrice, dit-elle, l'avait quelquefois endormie. Ce récit comique opéra comme un charme sur l'imagination de Cowper. Il en rit de si bon cœur, que cédant pendant la nuit à l'irrésistible démon des vers, il composa une ballade qui *consacra* la plaisanterie. Ce petit poëme semble une parodie anticipée du *Mazeppa* de lord Byron [1]. Au lieu de l'hetman des Cosaques, c'est un bon boutiquier de la Cité qui va passer son dimanche à la campagne en famille. Sa femme et ses enfans remplissent la voiture, et il monte sur un cheval d'emprunt pour escorter l'équipage. Malheureusement ce coursier prend le mors aux dents, et fait voyager son cavalier beaucoup plus vite qu'il ne voudrait. La foule s'écarte, on ouvre les barrières, on applaudit, on croit que le citadin a fait une gageure. Son

---

[1] Le Blackw. Mag. a établi *sérieusement* un parallèle entre les deux ouvrages.

chapeau, sa perruque restent en arrière, etc.
Le style, comme on pense bien, fait seul valoir cette bagatelle.

Cowper fut redevable à lady Austen des plus heureux momens de sa vie retirée. Il attribuait à un bienfait spécial du ciel sa venue à Olney, et l'appelait familièrement sa sœur Anne. Mais qui ne sait que l'amitié a aussi ses jalousies, et surtout l'amitié toujours plus tendre d'une dévote? La vieille mistress Unwin ne put voir sans dépit l'ascendant qu'une femme plus séduisante qu'elle prenait sur l'esprit de Cowper. Elle en appela à sa reconnaissance, et lui donna le choix de renoncer à lady Austen ou à elle. Les sacrifices d'une amitié platonique sont aussi amers que d'autres, et il faut admirer Cowper de s'être décidé pour l'amie dont les soins, il est vrai, lui avaient été si doux dans sa longue souffrance. Il n'eut pas la force de prononcer le mot d'adieu; mais il écrivit à lady Austen une lettre touchante, expression de ses regrets, qui termina leur liaison.

On prétend qu'une inclination de ses jeunes années avait laissé dans le cœur du poète d'ineffaçables souvenirs qui furent sa sauve-garde contre toute autre passion. Quelque temps après avoir renoncé à lady Austen, il entra en correspondance avec une de ses cousines, dont mistress Unwin aurait bien pu être jalouse si elle avait lu la lettre suivante, qui lui eût prouvé pour le moins qu'il manquait quelque chose à Cowper auprès d'elle; mais il serait injuste d'analyser rigoureusement toutes les tendres expressions d'un poète religieux, qui avait traduit *con amore* les œuvres mystiques de madame Guyon.

A LADY HESKETH.

« — Je vous reverrai, j'entendrai votre voix, nous ferons ensemble nos promenades; je vous montrerai mes sites, la chaumière, l'alcôve, l'Ouse et ses bords, tout ce que j'ai décrit. Je devine tout le plaisir de ces jours qui s'approchent, et j'en éprouve déjà une partie. Ne me parlez pas d'une auberge; ne m'en parlez jamais : nous pouvons loger encore plus de visiteurs que nous n'en avons. Ma chère amie, je ne vous laisserai venir que vers la fin de mai ou au commencement de juin, parce que jusque là ma serre ne serait pas prête pour vous recevoir ; et c'est la seule salle agréable qui soit à nous. Quand les plantes en sortent, nous entrons ; je la tapisse de nattes, et c'est là que vous vous assiérez avec un lit de mignonettes à votre côté, derrière une haie de chèvre-feuille, de roses et de jasmin. Je vous promets un bouquet de myrte chaque jour. Avant le temps dont je parle la campagne ne sera pas encore revêtue de toute sa beauté.

« Je veux vous dire ce que vous trouverez en entrant. D'abord dans le vestibule vous verrez à droite une boîte de ma façon ; c'est la boîte où ont logé tous mes lièvres, et que Puss habite à présent ; mais le pauvre diable ! il est si vieux, qu'il mourra avant que vous le voyiez. Auprès de la boîte est un buffet, ouvrage du même ouvrier ; c'était jadis une cage à tourterelles que j'ai transformée ainsi. En face vous aurez une table encore de moi ; mais un impitoyable domestique l'a tant frottée qu'elle en est devenue comme paralytique[1] ; elle n'est

[1] Cette description rappelle la table de Philémon et Baucis :

Qu'en un de ses supports le temps avait rompue.
LA FONTAINE.

plus là que comme ornement. A gauche, à l'extrémité de ce superbe vestibule, est la porte du salon où je vous conduirai pour vous présenter à mistress Unwin, et où nous serons heureux tout le long du jour. Venez, ma chère cousine, jusqu'à l'auberge du Cygne à Newport, et vous m'y trouverez pour vous amener moi-même à Olney, etc. »

Lady Hesketh vint, et plus tard se fixa même dans le voisinage. Ses consolations devinrent bientôt précieuses à Cowper, qui eut la douleur de voir miss Unwin atteinte d'une attaque de paralysie. Depuis ce moment, la vie du poète ne fut plus qu'une lutte pénible contre la maladie terrible dont peut-être il n'avait jamais été complétement délivré.

Les soins qu'il essaya de rendre à son amie souffrante ne pouvaient que contribuer à son accablement. En décembre 1796, mistress Unwin mourut. Cowper, qui l'avait vue une demi-heure avant qu'elle expirât, voulut veiller ses restes pendant la nuit; mais à peine l'eut-il regardée quelques instants qu'il tressaillit, et s'éloigna en poussant un cri de douleur. Depuis lors il ne prononça pas une seule fois son nom, soit qu'il n'osât plus l'entendre sortir de sa propre bouche, soit qu'il l'eût oublié dans l'égarement de son intelligence.

En 1799 Cowper parut avoir recouvré la raison, et composa même le poëme du *Réprouvé*; mais c'était la flamme mourante du génie, qui ne put faire luire aucun rayon de joie dans son cœur. Lady Hesketh, fidèle à sa malheureuse amitié, reçut son dernier soupir au mois d'août 1800.

Cowper doit sans doute une grande partie de l'intérêt qu'il inspire au charme de cette espèce de révélation de ses pensées les plus secrètes, qu'on trouve presque autant dans ses vers que dans ses lettres. Qui n'aime à pénétrer dans l'intérieur d'un homme de génie! qui ne voudrait partager sa solitude, et recevoir familièrement la confidence de ses faiblesses, avec celle de ses plus nobles inspirations! On s'attache à lui encore plus, s'il ne s'est jamais prodigué à la foule, s'il a fui les cercles brillans de la mode, et les académies des beaux esprits. Cowper n'était pas sans ambition sans doute; mais l'isolement auquel il fut forcé lui devint une douce habitude. Il aima la campagne avant de la chanter. Un critique [1], dont les jugemens sont quelquefois piquans à force de bizarreries, ne trouve qu'affectation dans la simplicité de Cowper. « Il ne voit les champs, dit-il, que par la fenêtre ; s'il sort un moment, il rentre bien vite comme s'il avait peur de la pluie. *Il ne touche la main de la nature qu'avec une paire de gants musqués* (ce n'est pas Hazlitt qui met cette ligne en italique), et il montre *sa Vashti* à tout le monde, avec toutes les précautions de l'étiquette, comme un joli monsieur qui donne la main à une dame pour danser un menuet. » Ce n'est pas avec ce style des *Précieuses ridicules* que les bons esprits, et entre autres Campbell, ont jugé le poète d'Olney.

« Ah! je passerais volontiers des jours et des nuits à contempler un beau site, » s'écrie Cowper dans une de ses lettres. Avec quel charme il décrit son amour pour l'abeille et pour le moindre insecte qui anime de sa présence le plus humble paysage ! Il est vrai que ses tableaux champêtres ont moins de variété et d'étendue que ceux de Thomson, qui étudiait plutôt la nature dans son ensemble que

[1] W. Hazlitt.

dans ses détails. Thomson, génie plus fécond et plus vaste avec moins de goût, ne savait pas s'arrêter, mais allait plus loin. « Cowper, dit Campbell, regardait la philosophie humaine avec une sorte de mépris théologique. A ses yeux, les grandes et les petites choses de ce monde étaient réduites au même niveau quand il se rappelait la toute puissance et les desseins secrets de l'Être qui les a créées. » Cette religieuse indifférence n'émousse cependant pas sa sensibilité pour les beautés simples de la nature; mais les lieux qu'il aime, associés à ses rêveries et à ses heures de calme, ces lieux remplis surtout de la présence du Dieu qui l'a consolé, lui semblent dans leur nudité bien au-dessus de tous les ornemens poétiques. Il y a moins d'idéal dans ses paysages que dans ceux du chantre des *Saisons;* mais il y a le charme de la réalité.

Thomson a voulu peindre toute la terre ; Cowper seulement les plaines cultivées, qu'il avait vues. Sans doute que, s'il eût habité un pays de montagnes, de précipices et de torrens, son génie eût suffi à la description de ces grâces plus sauvages.

De même, vivant dans le calme de la solitude et loin de la scène tumultueuse du monde, il préfère dans ses vers aux sujets plus riches de la fiction et des passions héroïques, ceux de la vie réelle et l'aveu de ses propres sentimens en religion et en morale. On reconnaît sa sincérité jusque dans la franche énergie, les négligences et les familiarités de son style. On ne saurait, en le lisant, séparer l'homme du poète. Son enthousiasme et ses exagérations n'ont rien de factice. On reconnaît que cet ermite a vécu assez dans le monde pour y acquérir un certain poli, mais qu'il s'en est retiré assez tôt pour en rapporter plus de vertu et de simplicité que le monde ne nous en laisse.

Cowper était déjà d'un certain âge quand il pensa à être poète ; mais son talent avait toute la fraîcheur, la sensibilité de la jeunesse, plus de gaîté même qu'on aurait dû en attendre de ses habitudes ascétiques. Ce mélange de tristesse ou de dévotion et de plaisanterie, de pensées profondes et de saillies quelquefois burlesques et souvent spirituelles, cette expression des contrastes capricieux de son humeur à laquelle se marie si bien l'inégalité de sa versification, donnent à la poésie de Cowper le caractère d'un entretien familier, relevé par des métaphores et des tournures de phrases empruntées aux vieux auteurs. Cowper s'était même fait un système de s'abandonner à l'impulsion du moment; il aimait à moraliser sur un sujet bizarre et à brusquer les transitions. Je serais assez porté à croire qu'on lui rendait service en lui offrant un texte difficile. L'origine du poëme de *la Tache* est bien connue. Lady Austen admirait beaucoup les *vers blancs* de Milton, et engageait souvent son ami à les préférer à la rime. Elle lui demanda tout un poëme dans ce mètre. Cowper promit de le faire, à condition qu'elle fournirait le sujet : « Oh ! répondit lady Austen, — vous n'en sauriez manquer ; — tous sont bons pour vous ; — prenez ce sopha, par exemple ; » et sur ce mot, Cowper composa plusieurs milliers de vers, dans lesquels il est moins question du sopha que de tout autre chose. Ce poëme a plus de beautés qu'il n'en faudrait pour racheter un plan plus défectueux et beaucoup d'autres imperfections de détail;

il suffit pour faire connaître la manière de Cowper. Sentimens tendres ou pieux; éloquence souvent sublime; allusions intéressantes à ses occupations journalières et à tout ce qu'il aime, petits tableaux d'intérieur, ravissans paysages, Cowper a tout mêlé dans ce cadre; le premier livre seul porte le titre *du Sopha*, dont l'histoire même ne revient guère après les cent premiers vers. Une transition en amène une autre, et le poète change de ton et de style à chaque nouveau sujet, avec une incroyable facilité. Quand on se rappelle que l'admiration de lady Austen pour Milton a donné naissance à *la Tache*, on ne saurait se fâcher que Cowper ait non seulement imité en grand maître la manière du modèle qu'on lui proposait, mais qu'il ait encore osé le parodier assez plaisamment.[1]

---

[1] Par exemple, dans l'énumération des diverses sortes de sommeil, qui ne valent pas le sommeil goûté dans un sopha, on retrouve les mêmes tours que dans le fameux passage du *Paradis perdu:*

Sweet is the breath of mon, etc., etc.

J'aime l'aube du jour et sa douce lumière,
Du réveil des oiseaux le concert matinal, etc.

C'est un des passages assez bien rendus par Delille.

Je voudrais pouvoir citer successivement la description de l'arrivée du courrier, celle des préparatifs du thé, ou de la neige, avec l'admirable allusion satirique au palais de glace de l'impératrice de Russie, les promenades de l'hiver, et une foule d'études et de tableaux qui appartiennent à l'école flamande en poésie. Delille s'est enrichi autant des emprunts faits à Cowper que de ceux que Darvin pourrait réclamer.

> Le printemps nous disperse et l'hiver nous rallie.
> ....
> Oui, l'instinct social est enfant de l'hiver ;
> En cercle un même attrait rassemble autour de l'âtre
> La vieillesse conteuse et l'enfance folâtre.
> Là courent à la ronde et les propos joyeux
> Et la vieille romance et les aimables jeux ;
> Là, se dédommageant de ses longues absences,
> Chacun vient retrouver ses chères connaissances.
>   DELILLE, *les Trois Règnes*.

L'idée première de tout ce morceau est dans la soirée d'hiver (IIIe livre de *la Tache*); et avouons-le, si Delille égale quelquefois son rival, il lui est inférieur plus souvent. Sa richesse, ou plutôt ses rimes oiseuses ne sauraient lutter contre la précision originale et hardie de Cowper, précision qui n'exclut pas toujours l'élégance, et qui n'est pas ennemie des images nobles ou gracieuses, comme dans le passage suivant :

« J'aime aussi, du fond de ma retraite, à jeter un coup d'œil sur le monde agité. J'aime à voir les mouvemens de la vaste Babel, et à ne pas sentir le contact de la foule; j'aime à écouter le tumulte qui sort de ses portes et dont le bruit mourant n'est plus dans le lointain qu'un murmure pour mon oreille. Quand je contemple ainsi avec calme le monde et ses vanités, je crois être sur une hauteur inaccessible aux mortels et qui m'en isole entièrement. Je les vois s'agiter et s'agiter encore, et je reste spectateur impassible. La voix de la guerre a perdu ses terreurs avant de parvenir jusqu'à moi; elle m'afflige et ne m'alarme pas. Je gémis sur l'orgueil et l'avarice, qui font de l'homme un loup furieux contre l'homme. — Mais si, guidé par un instinct plus noble, un voyageur est allé de climat en climat, comme l'abeille de fleur en fleur; si, augmentant le trésor de la science des remarques qu'il a faites sur les mœurs, les usages et les lois des différens peuples, il revient nous faire part du fruit de ses recherches, — je réclame avidement ma part; je recommence le voyage avec le narrateur ; je foule le tillac du navire, je monte sur le mât, je regarde avec ses yeux et découvre des contrées nouvelles ; je souffre dans ses périls, et j'éprouve la joie de sa délivrance ; l'imagination, semblable à l'aiguille de la pendule, fait rapidement le tour du cercle, sans s'éloigner du point de départ, etc. »

Dans ses vers adressés au chêne creux d'Yardley, Cowper s'élève aux méditations de la plus haute philosophie, et dans l'ode sur la perte du *Royal George* il a pris un essor pindarique. Il n'y a pas moins de verve dans ses satires ; c'est le ton mesuré de la bonne compagnie, et en même temps la franche indignation de la vertu. Il s'est accusé lui-même d'avoir écrit quelquefois « sous l'inspiration de la bile ; » — mais ce qu'il peut y avoir en lui de trop âpre et de trop mordant est bien excusable, puisqu'il n'eut jamais une seule personnalité à se reprocher. Voltaire n'était plus quand Cowper le peignit ainsi :

Nor he who, for the bane of thousands born
Built God a church and laugh'd his word to scorn. [1]

[1] « Cet homme, né pour le malheur de tant d'autres,

Et d'ailleurs un poète pieux aurait pu aller bien plus loin contre l'ennemi du christianisme. Cowper était au fond assez intolérant; il dut écrire sous la dictée de la dévote et superstitieuse mistress Unwin, dont les scrupules étaient assez étroits. Il laisse percer dans ses sujets religieux un véritable penchant pour la controverse.

Les poésies détachées de Cowper sont remarquables par la facilité, l'invention et la vigueur. Ce n'est pas que des expressions vulgaires ne lui échappent quelquefois, et même quelques concetti d'assez mauvais goût; mais les vers qu'il composa le jour où il reçut le portrait de sa mère sont irréprochables. C'est le langage le plus vrai et le plus touchant de la piété filiale, et des souvenirs de l'enfance.

« —Ah! si ces lèvres pouvaient parler! La vie a été bien amère pour ton fils depuis que je t'entendis pour la dernière fois! Ces lèvres

érigea un temple à Dieu, et chercha en riant à ridiculiser sa sainte parole. » On sait que Voltaire avait fait bâtir une église à Ferney, avec cette inscription : *Deo immortali ! Voltaire.*

sont bien les tiennes. — C'est bien là ton doux sourire qui souvent consola mon enfance; la voix seule te manque.... Il semble que tu vas me dire encore : ne pleure pas, mon fils, ne pleure pas ! . . . .

« O ma mère ! quand on m'apprit que tu n'étais plus, dis, furent-elles ignorées de toi, les larmes que je versai ? Ton ombre planait-elle sur ce fils désolé qui fit ce jour-là le premier pas dans la carrière de ses douleurs ? Peut-être me donnas-tu un baiser que je ne sentis pas ; peut-être une larme, si les âmes des bienheureux en répandent ! Ah ! ce sourire maternel me répond : — oui !... J'entendis la cloche annoncer tes funérailles, je vis ton cercueil, qui m'enlevait tout ce qui restait de toi ; détournant la tête, je poussai un long soupir, et mes pleurs furent mon dernier adieu ! Mais était-ce bien le dernier ? etc. » — Je m'arrête : il est plus facile de s'attendrir avec le poète que d'exprimer une seconde fois tout ce que lui inspire sa douce sensibilité.

Je ne dirai plus qu'un mot de Cowper. Ce sera au sujet de sa traduction de l'Iliade. Elle est plus littérale mais non plus fidèle que celle de Pope. Excepté quelques passages rendus avec vigueur, Homère ne se reconnaîtrait plus lui-même et serait tenté même de croire à une parodie. Sa magnificence et sa poétique naïveté sont également perdues. C'est un peintre hollandais qui veut donner une idée d'Apelles, et malheureusement pour lui le modèle est encore là :

> Trois mille ans ont passé sur la cendre d'Homère,
> Et depuis trois mille ans Homère respecté
> Est jeune encor de gloire et d'immortalité.
>   M. J. Chénier.

De tous les poètes anglais, celui qui, inspiré par le choix du sujet et par ses souvenirs classiques, s'est montré le plus Grec dans ses vers, c'est Glover, l'auteur du *Léonidas*. Mason, auteur du *Jardin anglais*, s'était aussi pénétré assez heureusement des modèles antiques ; mais ces deux noms nous rappelleraient au règne de George II, et à une classe de littérateurs avec lesquels Cowper a bien peu d'analogie. Son biographe Hayley, qui lui a survécu, tenait peut-être plus à l'école de Mason qu'à celle du poète d'Olney; mais Hayley aujourd'hui est plus connu par son amitié respectueuse pour Cowper que par ses propres productions. Quelques uns de ses sonnets expriment cependant avec noblesse des pensées grandes, ingénieuses ou tendres.

LETTRE LXII.

A M. V. GUEBIN.

Come, sportive Muse, with plume satiric.
Viens, Muse rieuse, avec ta plume satirique.
(*Poëmes de Canning.*)
Yes, I did say that Crusca's true sublime
Lacked taste, sense, and every thing but rhyme.
Oui, j'ai dit que le vrai sublime de della Crusca manquait de goût, de sens, de tout enfin, excepté de la rime.
GIFFORD, *la Meviade.*

EN 1785, lorsque les imitateurs de l'école de Pope continuaient de fatiguer les oreilles par la monotonie de cent lieux communs poétiques retournés de cent manières, une coterie usurpa tout à coup une vogue éphémère, en substituant aux antithèses et à la concision élégante des *modèles* classiques l'afféterie et les concetti de la littérature italienne dégénérée, pour célébrer l'amour platonique, l'amitié sentimentale, un prétendu enthousiasme pour la nature, etc. La coterie *della Crusca* était une association de beaux esprits et de femmes équivoques, métamorphosés en pastoureaux et pastourelles de salon,

> ......Formés sur le brillant modèle
> De ces bergers galans qu'a chantés Fontenelle.

Comme Don Quichotte et Sancho adoptant les noms de Quichotis et Pancino, M. Merry signait *della Crusca,* mistress Robinson *Laura Maria,* mistress Piozzi *Anna Matilda,* Adney *Yenda,* un autre *Carlos,* etc., puis se distribuant les rôles, l'un fut un Horace et prouva son titre par des épîtres à ses amis et des odes à la lune; l'autre un Anacréon et fit des stances à Délie; mistress Robinson fut surnommée la *Sapho anglaise.* Cette académie libre s'était fondée elle-même à Florence, où le hasard avait réuni M. Merry, mistress Piozzi et mistress Robinson.

M. Merry appartenait à une famille de magistrats; il s'était d'abord destiné au barreau, puis avait acheté une lieutenance, et, devenu maître d'une fortune indépendante, était venu se fixer en Italie, après avoir parcouru les diverses capitales de l'Europe. Retenu, dit-on, par l'amour à Florence, il s'y était livré à l'étude de la langue italienne, et avait été reçu membre de la fameuse académie *della Crusca,* dont il prit le nom par un singulier pédantisme poétique.

Mistress Piozzi avait épousé en premières noces un riche brasseur, M. Thrale, dont le fameux Samuel Johnson fréquentait beaucoup la maison. A la mort de son mari elle se retira à Bath et entretint une correspondance avec son ami littéraire; mais ils se brouillèrent lorsqu'il n'approuva pas son mariage avec Piozzi, maître de musique qui emmena mistress Piozzi à Florence. Elle y connut l'aventurière mistress Robinson, qui, d'abord courtisane aimable et puis actrice encore plus séduisante, avait captivé tour à tour un prince royal et l'homme du peuple, le fameux Fox, conquête non moins illustre.

Cette coterie composa un recueil de ses vers, dont mistress Piozzi fit la préface; et bientôt ces pièces fugitives furent confiées en détail à des journaux littéraires de Londres, où ces Anacréon et ces Sapho en trouvèrent des prôneurs complaisans. L'aventure du métromane fut renouvelée; *Anna Matilda*, muse invisible, inspira par ses vers seuls à un auteur une tendre passion qui s'épuisa long-temps en sonnets réciproques.

Il faut convenir qu'au milieu des affectations de mistress Piozzi et Robinson, on rencontre quelques strophes harmonieuses, quelques ingénieuses pensées, quelques sentimens délicats et exprimés non sans grâces; mais lors de la plus grande ivresse de tous ces petits succès, s'éleva soudain une voix satirique, celle de M. Gifford, qui voua au ridicule tous les vers sans exception du nouveau Parnasse. *La Baviade* suivie de *la Meviade* vint désenchanter tous ceux qui admiraient les odes, les sonnets, les épîtres, etc. de Merry et de ses Muses.

La Baviade est une spirituelle paraphrase de la première satire de Perse :

O curas hominum ! o quantum est in rebus inane ! etc.,

mais elle a toute l'âpreté de Juvénal, avec un peu plus de décence et moins de déclamation dans l'expression. Les notes marginales sont un commentaire plus méchant encore que le texte, et révèlent une foule de petits détails personnels, ou contiennent des citations qui prouvent toute l'énormité des *coupables*, que le poète châtie de son inexorable vers.

Ce n'est pas seulement la coterie Florentine qui est flétrie des épithètes moqueuses de Gifford, mais le satirique passe en revue dans cette nouvelle *Dunciade* les auteurs dramatiques dégénérés, tels qu'O'Keefe, Morton, Reynolds, et caractérise leur niaiserie triviale. *La Meviade* n'est que le supplément de *la Baviade*, et ce fut le *coup de grâce* de tous ces poètes qui s'étaient écriés que M. Gifford était l'esclave chargé de poursuivre de ses outrages leur char triomphal. Aujourd'hui cette double satire excite peu d'intérêt; pour survivre à la circonstance qui le fit naître, il faut que ce genre de poëme peigne des ridicules de mœurs plutôt que ceux de l'esprit. Lord Byron s'était inspiré de la moquerie de *la Baviade* et de *la Meviade* quand il composa ses *Poètes anglais* et *les Critiques écossais*. Malheureusement les jugemens de Byron n'ont pas tous été confirmés comme ceux de M. Gifford. *La Dunciade* de Pope fut le modèle commun.[1]

---

[1] Lord Byron, comme satirique, semble avoir encore

Les Anglais ont souvent réussi dans le genre satirique ; mais, plutôt énergiques qu'ingénieux, leurs satiriques sont plus riches en invectives qu'en allusions piquantes. On peut leur reprocher tous les défauts que les critiques anglais ont eux-mêmes reconnus à Juvénal. Moins obscurs que le poète latin, parce qu'ils nomment encore plus volontiers que lui les choses par leur nom, ils descendent à une familiarité grossière, ou se jettent dans l'enflure quand ils s'élèvent. Sous prétexte de dépouiller le vice de son masque et de son manteau trompeur, ils exposent aux yeux sa nudité, avec une licence souvent indécente. Cette branche de la littérature anglaise est enfin une des expressions les plus fidèles du caractère national, et mérite d'être étudiée dans l'épopée burlesque d'*Hudibras*, les satires politiques de Dryden, les imitations élégantes de Donne et d'Horace par Pope, celle de Juvénal par Johnson, etc.

M. Gifford a traduit Juvénal en vers anglais avec une heureuse franchise d'expression qui

plus d'obligations à la verve caustique du poète Churchill, auteur de *la Rosciade*, etc.

n'exclut pas la poésie. Il a publié d'excellentes éditions de Massinger, de Ben Jonson et de Shirley ; mais il est surtout connu comme le rédacteur en chef de la *Revue de trimestre*, et il a renoncé à la poésie pour donner des lois aux poètes. La poésie l'avait tiré d'un état obscur. Né de parens pauvres, et laissé orphelin en bas âge, il avait été apprenti chez un cordonnier. Quelques illustres protecteurs favorisèrent son goût pour l'étude en le faisant admettre à l'université d'Oxford.

Pour prouver qu'il avait toutes sortes de droit de réclamer au nom du goût contre le pathos et le bathos des disciples de della Crusca, M. Gifford introduisit dans les notes de sa *Meviade* deux élégies pleines de grâce et de sentiment. Celle qui commence par ces mots :

I wish I was where Anna lies.
Que ne suis-je où Anna repose !

est d'une simplicité touchante qui rappelle les regrets des deux jeunes princes sur Cymbeline [1] dans la pièce de ce nom.

Il est un autre satirique, un peu oublié au-

---

[1] Shakspeare.

jourd'hui, mais dont les bouffonneries et quelquefois le cynisme ont fait du bruit. Je veux parler du Dr Wolcot, surnommé Peter Pindar, qui a mis la satire en ode ; mais c'est plutôt un *parodiste* à ranger dans la classe des peintres de caricatures; P. Pindar est le Cobbett et le Gilray de la poésie moderne en Angleterre. Médecin, et pendant quelque temps ecclésiastique, le Dr Wolcot a quelques rapports plus réels avec Rabelais par son goût pour le burlesque. Il y a chez lui une vraie passion de parodie : il raille les rois, mais n'épargne pas les peuples; il fait pleuvoir ses sarcasmes rimés sur les poètes, les savans et les peintres, mais il les prodigue également aux critiques de profession. Si Peter Pindar n'était pas plus bouffon que méchant, on pourrait lui composer une épitaphe comme celle de l'Arétin :

  Qui giace l'Aretin, poeta tosco
  Che disse mal d' ognun fuorchè di Cristo
  Scusandosi col dir : No lo conosco.

« Ci-gît l'Arétin, poète toscan, qui a dit du mal de tout le monde, excepté du Christ, ce dont il s'excusait en disant : Je ne le connais pas. »

L'esprit se fatigue de ces continuelles palinodies, de cette impartialité moqueuse. On se demande au profit de quelle vertu combat ce satirique bouffon. On appliquerait volontiers à Peter Pindar la morale de la fable des *Rieurs* de La Fontaine; mais ouvrez au hasard ce recueil de vers burlesques; lisez un des sommaires, et commencez un poëme, vous êtes entraîné par une véritable verve, et une facilité qui vous font excuser le défaut d'élégance et le ton un peu grossier de certains traits d'*humour*. La pauvre mistress Piozzi est une des victimes du *pindarique* docteur. Le caquetage en prose de cette amie de Jonson est mis par lui en rimes et opposé au verbiage quelquefois non moins puéril de Boswell, qui fut comme le *cornac* de l'illustre pédant. La science de sir Joseph Banks ne lui inspire pas plus de respect. Ce grave président de l'Académie royale est supposé soutenir que les *puces* sont de la famille des *homards*. Mais Pline et Buffon eussent été voués au ridicule par ce rieur déterminé. Peter Pindar se montre surtout inexorable envers les peintres et Benjamin West. Il rime le catalogue raisonné des expositions avec une ironie désespérante ou une vérité non moins cruelle. Enfin osant pénétrer dans les foyers domestiques de George III, il s'empare de ses royales paroles, et les traduit en son langage burlesque; il travestit sa majesté, et ne lui fait jouer qu'un rôle secondaire dans une *épopée* dont le héros est un insecte immonde, pour lequel la délicatesse française, si heureuse en poétiques dénominations, n'a pas même daigné inventer une de ces périphrases caractéristiques, au moyen desquelles l'animal qui se nourrit de glands, et autres animaux que Dieu nomme dans la Genèse, ne sont pas tout-à-fait exclus de nos poëmes.

Un pou, puisqu'il faut l'appeler par son nom, est l'Énée ou le Turnus de la *Lousiade* (*Pousiade*). Le poète n'a pas poussé le radicalisme jusqu'à surprendre son héros sous la perruque royale; mais (*horresco referens!*) il compromet toutes les têtes du palais, et fait raser les cheveux de l'armée des cuisiniers et des marmitons. Malheureusement le fait est historique : un pou avait été découvert par George III dans son assiette !

« — Je chante le pou qui, sorti d'une tête

inconnue, mais né et élevé près d'un trône (ainsi le voulut le destin), tomba sur l'assiette du monarque, les pattes étendues, loin des caresses de son épouse et des gambades de ses tendres enfans, dont il guidait les premiers pas à travers les vastes domaines de la tête, et qu'il instruisait à trouver leur pâture, à se cacher, à courir, à se cramponner, à tourner la queue, lorsqu'ils étaient attaqués par le peigne ennemi ou les ongles vengeurs, etc. »

Peter Pindar prête à l'insecte tous les sentimens qu'éprouve à son tour le monarque ; il prodigue les comparaisons et les allusions. L'horreur qu'éprouve le roi est égale à celle que lui inspirèrent naguère l'atteinte que Fox voulait porter à la prérogative royale, ou l'analyse critique faite par Burke des dépenses de la liste civile, etc. Le cœur de sa majesté, bondissant d'indignation dans son sein, est assimilé à un *dumpling*, espèce de pouding qui s'agite au milieu des flots bouillans du pot où il est en cuisson, s'élance contre le couvercle et retombe sous l'écume tourbillonnante. Ces allusions, ces comparaisons ne sont pas toutes d'un ton exquis ; mais elles font rire, souvent comme un mauvais calembourg, par cela même qu'elles n'ont pas le sens commun. Les digressions sont quelquefois originales ; l'action ne languit pas, et quelques détails révèlent le poète. Enfin, par un souverain décret, le cuisinier en chef et ses aides laissent tondre leurs têtes dociles. En résumé, je mets la *Lousiade* bien au-dessous de la *Batrachomyomachie*, de la *Secchia rapita*, du *Lutrin*, et de toutes les épopées fondées sur des sujets puérils ou bourgeois ; mais la *Lousiade*, comme la *Visite de George III à la brasserie* de M. Whitehead, autre poëme du même genre, et plus comique selon moi, sont des manifestations curieuses de la liberté de la presse en Angleterre. Où est le temps où Élisabeth faisait trancher la main à un malheureux *radical* de mauvaise humeur, qui avait osé écrire une brochure contre elle ? Il est vrai que la *société constitutionnelle* et l'hypocrite inquisition de la *suppression du vice* n'existaient pas lors de la vogue de Peter Pindar.

On prétend que l'Homère radical et le Juvénal de la *Baviade* eurent ensemble une altercation qui compromit gravement les épaules de l'un et de l'autre; car ils faillirent avoir recours au bâton : mais la querelle s'arrêta aux premières menaces.

Sans réfuter très directement les bouffonneries démocratiques de Peter Pindar, les Torys eurent, dès les premières années de la révolution française, leurs parodistes aristocratiques. Le journal appelé *l'Anti-Jacobin* les insérait. Canning était un des poètes de cette contre-opposition. Son dialogue entre un *ami de l'humanité* et le *rémouleur*, qui a fourni à sir W. Scott l'épigraphe de Nigel, est une facétie anti-démagogique assez plaisante. Son *Nouveau Code de morale*, satire de la philanthropie et de quelques autres vertus *révolutionnaires*, ne manque pas de chaleur et de poésie. Il est vrai que Canning y exhale déjà cette haine pour la France, dont il a voulu se faire une *vertu*, à défaut d'autres vertus politiques. Il y caractérise plusieurs *célébrités* de 1797, époque où ce petit ouvrage parut. Canning a aussi rimé en faveur des Grecs : s'il devient ministre, nous verrons ce qu'il fera pour la Grèce et pour l'Irlande.

MM. Frere[1] et Smith, collaborateurs de Canning, ont depuis écrit une parodie toute littéraire, *les Adresses rejetées*, dont j'aurai occasion de parler. Thomas Moore a aussi ses satires bouffonnes, et nous trouverons en Écosse un joli poëme comique de Tennant (*Anster fair*), qui a plus d'un rapport avec la *Secchia rapita*, etc.

[1] A qui on attribue aussi *les Moines et les Géans*, essai de poëme chevaleresque et burlesque.

LETTRE LXIII.

A M. FAGES, D. M.

Of all the trades in London, a beggar's is the best.
(*Old English song.*)
De tous les métiers de Londres, le meilleur est celui
du mendiant.
(*Vieille chanson anglaise.*)
Ils ne sont point formés sur le brillant modèle
De ces pasteurs galans qu'a chantés Fontenelle !
Ce n'est point Timarète et le tendre Tircis
De roses couronnés sous des myrtes assis,
Entrelaçant leurs noms sur l'écorce des chênes,
Vantant avec esprit leurs plaintes et leurs peines.
. . . .
VOLTAIRE, *sur l'Égalité des conditions.*

Il est une anecdote dont on a déjà fait plus d'une édition pour flatter la vanité du peuple anglais. Quand un souverain du continent, l'empereur Alexandre, par exemple, fait son entrée à Londres au milieu d'une population qui accourt ici comme ailleurs sur le passage des grands de la terre, on suppose toujours que le prince étranger a demandé : « — Où est la canaille? où sont les pauvres? » — On lui répond : « — Sire, il n'y en a pas. » John Bull qui lit toujours dans la gazette la description des fêtes où il a figuré, et qui y recueille les *on dit* qu'il n'a pas entendus, se pavane à cette réponse, et s'imagine qu'il est le seul peuple de l'Europe qui ne soit pas vêtu de haillons. Malheureusement il est prouvé mathématiquement que plus de trois cent mille familles anglaises reçoivent chaque année l'aumône, et que la taxe des pauvres se monte à plus de sept millions sterling (cent soixante-quinze millions de francs). Dieu seul là haut sait combien de gémissemens secrets s'élèvent encore vers lui de cette île si orgueilleuse de ses richesses. Aussi dans leurs jours de bonne foi, ses écrivains sont-ils obligés de reconnaître [1] que le bonheur réel et permanent d'une nation ne peut s'estimer par l'étendue de ses domaines, le nombre de sa population et la somme de ses revenus.

[1] Voyez l'article sur les pauvres dans le vol. 15ᵉ du *Quart. R.*

Cette prospérité extérieure, comme la terre *antédiluvienne* du beau rêve philosophique de Burnet, peut bien être une superficie fertile et brillante, mais rien qu'une superficie couvrant les eaux de l'abîme, et qui ne paraît jamais plus florissante que la veille du jour où le déluge inévitable va peut-être enfin l'engloutir.

La plaie qui mine de plus en plus l'Angleterre est sans doute incurable ; mais les palliatifs d'une saine politique peuvent prolonger indéfiniment son existence en dépit des prophétiques calculs des économistes. L'impôt forcé que le luxe paie à l'indigence prouve bien la puissance des prolétaires; mais jusqu'à ce que cet impôt soit insuffisant, il tient dans une habitude de dépendance cette majorité menaçante, et lui ôte toute énergie en l'avilissant ; car c'est aussi l'oisiveté qui réclame sa part de la taxe. Il faut rendre cette justice au gouvernement et aux philanthropes anglais ; ils ont senti la démoralisation toujours croissante de la masse du peuple, et l'on s'est occupé d'un vaste plan d'éducation publique pour l'arrêter dans la génération nouvelle. Je vous entretiendrai quelque jour des divers systèmes adoptés; j'ai voulu seulement aujourd'hui constater que le peuple anglais a aussi ses haillons et surtout ses vices. Vous en serez effrayé peut-être quand je vous citerai le livre de M. Colquhoun sur la police de la métropole; je ne veux pour le présent vous en faire entrevoir le tableau que dans le reflet de la poésie. C'est du poète des classes inférieures que je me propose de vous entretenir.

M. George Crabbe est un respectable ministre de l'Évangile, dont la vie paisible ne nous offrira aucune anecdote. Son talent ne l'a point jeté sur la scène bruyante du monde; il est resté fidèle à ses ouailles autant qu'à sa Muse, et il a même, événement assez bizarre peut-être, imposé silence à celle-ci pendant vingt-cinq ans. Ses premiers poëmes dataient de 1783; M. Crabbe était presque oublié en 1808. Heureusement tous ses vers ne l'étaient pas, et sa résurrection littéraire fut accueillie avec acclamation. On se rappela que le sourire de Johnson et de Burke avait encouragé son début, et sa préface apprenait que ses nouvelles productions avaient charmé les derniers instans de Fox.

Quoique M. Crabbe soit évidemment de l'école de Cowper, il a aussi son style à lui et son système. M. Crabbe, un des plus grands poètes de nos jours, semble n'avoir écrit que contre la poésie. Il a pris à la lettre ce qu'on a toujours dit de la Muse, qu'elle ne vivait que de mensonges, et il s'est fait un point de conscience de la réfuter. Ce n'est pas, il est vrai, dans le pays fantastique des enchantemens, ni même sous les lambris des palais qu'il a osé lui déclarer la guerre. Il s'est placé sur un *terrain prosaïque*, où les illusions de la Magicienne ont été plus faciles à dissiper. C'était là aussi que ses envahissemens lui paraissaient plus funestes. Peu lui importe qu'elle flatte le puissant et le riche; mais il lui défend de dorer et de parfumer la demeure du pauvre, de peur d'en éloigner la pitié et l'instruction. Quand je suis M. Crabbe dans le *Hameau* ou dans son petit *Port de mer* (*the Borough*), sous le toit du villageois ou le long des croix du cimetière, je me figure un vieux prêtre des siècle d'ignorance et de chevalerie que des serfs superstitieux auraient appelé pour bannir par ses exorcismes la fée ou le lutin du canton. M. Crabbe me rappelle aussi le prêtre catholique par sa profonde connaissance du cœur humain. Aucun des secrets de l'amour-propre ne lui échappe; il saisit les fils les plus déliés de ce tissu compliqué d'instincts, de vanités et de passions, dont se compose la nature de l'homme. Il semble qu'il a recueilli, par la confession auriculaire, les aveux de mille caractères différens.

M. Crabbe, dans ses descriptions et ses portraits, ne s'adresse donc pas seulement aux sens extérieurs, comme les peintres flamands; il soigne comme eux l'exactitude toute mécanique et minutieuse du costume, ses groupes et la disposition des ombres et de la lumière; mais il donne une physionomie si vraie et si expressive à ses personnages, qu'on ne les oublie pas pour admirer les accessoires. Il faut reconnaître cependant avec les critiques que sa poésie, à force de détails, affecte quelquefois un air de précision technique. Capable d'embrasser un vaste sujet, il préfère trop souvent de se restreindre dans un cadre étroit, et dans son étude de l'homme il s'attache plus volontiers à l'individu qu'à l'espèce. Il est plutôt littéral que naturel, comme dit Hazzlit, à qui il a inspiré un de ses jugemens les plus bizarres. « —Crabbe, ajoute-t-il, fait l'inven-« taire du cœur humain comme celui du mo-« bilier d'un malade. Il y a quelque chose de « matériel dans ses sentimens. Il vous donne « la pétrification d'un soupir, et vous sculpte « même les larmes. Presque tous ses person-« nages sont fatigués de vivre, et vous les ver-« riez mourir tous sans regrets. Ils vous rappel-« lent des préparations anatomiques; ils sont « à des êtres vivans ce qu'est un chat empaillé « à celui qui file dans les cendres, etc. [1] » En voulant amuser par ses ridicules métaphores, Hazzlit est parti d'une fausse supposition que M. Crabbe aurait voulu faire des *pastorales*. M. Crabbe n'y a jamais songé, même quand il a peint l'homme des champs. Si don Quichotte n'eût connu que les bergers de Crabbe, il n'aurait jamais ajouté à ses folies celle de

---

[1] C'est ce même M. Hazzlit qui dit de M. Canning que cet homme d'état aime à faire les tours de force d'un danseur de corde politique, et qu'il les exécute sur *les nerfs de l'humanité*. « Pends-toi, V. D...., tu n'as pas deviné celle-là ! »

vouloir porter la houlette. Mais il est certain que son goût pour peindre les personnages vulgaires de la vie réelle avec leur costume, leurs sentimens ignobles et leur langage familier, l'entraîne à des négligences trop prosaïques. En voulant être énergique il n'est que trivial, et ses images trop nues inspirent une sorte de répugnance. Son habitude de retracer les difformités morales avec la fidélité d'un anatomiste prête à quelques unes de ses compositions un air d'amertume et d'invective. On sent qu'il aime assez les traits d'une raillerie caustique ; et sans vouloir mettre en doute sa philanthropie, on serait tenté de croire qu'il y a dans sa pitié plus de mépris que d'amour; car les objets de son intérêt sont en même temps ceux de sa satire. C'est lui que sir Walter Scott désigne dans un de ses romans comme le Juvénal anglais. Je le surnommerais volontiers le La Rochefoucauld des classes inférieures. La pauvre nature humaine n'est que ridicule, selon lui, quand elle prétend à l'héroïsme et à l'exaltation des vertus. Aussi personne n'est moins sentimental que M. Crabbe : la beauté sans fard de la campagne ne l'inspire même que rarement. Arrosée des sueurs du paysan, elle est presque désenchantée pour lui, comme le hameau. Mais après tout, poète malgré lui, M. Crabbe nous attache non seulement par son talent magique d'observation, sa profondeur et la sagacité de ses remarques, mais encore par une infinité de traits de nature, par des scènes d'un pathétique déchirant, par des tableaux gracieux, et même par les élans sublimes d'une poésie toute lyrique. Il serait difficile de faire la guerre à l'imagination avec plus d'imagination. Je continuerai l'analyse de son beau talent avec celle de ses principaux ouvrages : mes citations paraîtront parfois des exceptions à son système; mais ces exceptions sont nombreuses et ont popularisé ses vers.

Le Village[1] commença la réputation de M. Crabbe. Le but du poète est de prouver que les villageois de la vie réelle n'ont aucune ressemblance avec ceux de la poésie; que l'indigence n'a rien que de fort déplaisant, et que le vice n'habite pas seulement les palais du

[1] *The Village.*

riche. La description des sables stériles de la côte, lieu de la scène, prépare le lecteur au nouvel aspect sous lequel vont lui être présentés les objets jusqu'alors embellis par les fausses couleurs de la Muse.

« A partir de ce terrain couvert de broussailles desséchées, et dont la tourbe chauffe les chaumières voisines, voyez une étendue de sable brûlant, où la maigre moisson balance ses épis flétris. Des herbes parasites qui bravent tous les arts de la culture règnent au loin, et se nourrissent aux dépens du seigle. Là, des chardons armés de pointes acérées menacent l'enfant à demi nu, ou des coquelicots à la tête penchée se rient de l'espérance du laboureur. Ici, la buglosse colore de ses fleurs bleues le sol stérile. La mauve visqueuse élève ses fleurs au-dessus des gerbes, et l'ivraie étouffe de ses embrassemens la tige malade. Ces côtes rocailleuses abondent de teintes nuancées, et une triste splendeur en fait le vain ornement, etc. »

C'est sur ce sol ingrat que Crabbe cherche les charmes simples de la vie pastorale; mais il n'y trouve que la rapine, l'outrage et la peur. Une race hardie, sombre, artificieuse et sauvage, a oublié les travaux de l'agriculture pour un commerce coupable. Ces hommes corrompus par l'appât d'un gain illicite, attendent sur le rivage, et à l'approche des tempêtes, fixent des yeux avides sur le bâtiment qui, battu des flots, est destiné à être leur proie ou celle de l'Océan. L'existence des contrebandiers et de leurs complices est décrite avec une effrayante vérité. — L'intérieur de la maison de travail[1] offre un tableau non moins frappant. L'apothicaire, le curé, un vieil ami des enfans, le seigneur et le juge de paix sont caractérisés avec un art infini. Je ne citerai que le sarcasme dirigé contre ce dernier; c'est un de ces traits de satire qui ne font pas toujours honneur au goût de M. Crabbe :

« La jeune fille paraît, en gardant le silence, devant son trône. Sa taille annonce qu'elle fut fragile, mais elle est modeste dans ses larmes. Pendant qu'elle reste debout, honteuse et l'œil baissé, passe une favorite de son juge, qui jette un regard de mépris sur la nymphe abusée, et remercie son étoile de lui avoir donné

[1] Work-house.

pour *entreteneur* un homme en place, etc. »

On trouve la même idée exprimée dans un épisode du xvi⁶ chant de *Don Juan ;* il est curieux de rapprocher de la sévère satire du révérend poète, le mélange de moquerie légère et de sensibilité avec lequel le poète grand seigneur décoche en passant un trait malin à ses égaux, et plaint la pauvre fille de ne s'être pas adressée aux tartufes titrés, à qui la Société pour la suppression du vice a confié un diplôme de morale. [1]

Le Registre du village est le complément du premier poëme de M. Crabbe. Après quelques réflexions sur les mœurs des habitans, et le mobilier de leur demeure, en forme d'introduction, le poète divise son sujet en trois livres intitulés : *les Baptêmes*, *les Mariages* et *les Enterremens*. C'est l'histoire de tous les individus qu'il a baptisés, mariés et inhumés dans le cours de l'année précédente. Ce cadre fort simple renferme une nouvelle galerie de portraits qui sont tous finis dans leur genre. Si on voulait chicaner le révérend ministre,

---

[1] *Preserving partridges and pretty wenches, etc.*
Don Juan, ch. XII, st. 61 et suiv.

on pourrait l'accuser d'avoir tracé la chronique scandaleuse de sa paroisse. Le premier enfant qu'on lui présente est un fruit illégitime de la fille du meunier. C'est à l'amour d'un joyeux matelot qu'elle a tout accordé ; mais le père n'a jamais voulu ratifier leur union ; il a chassé sa fille de chez lui, et il passe son temps avec des prostituées. L'amant de Lucy s'est embarqué, avec l'espoir de revenir riche pour deux; mais il meurt dans le voyage, et la pauvre fille reste exposée à tous les malheurs de sa situation, y compris les caquets de l'endroit, que M. Crabbe n'oublie pas. La fin de son histoire est touchante. M. Crabbe introduit ensuite un couple frugal, puis un mercier ridicule, une fille de joie, etc. Mais je passe au livre plus intéressant des mariages. Ici M. Crabbe s'amuse aux dépens d'un vieux garçon qui a épousé sa servante, et il n'est pas moins facétieux au sujet de maint autre ménage. Il ne retrouve sa charité que pour plaindre Phébé Dawson, la plus innocente, la plus belle de toutes les villageoises, et entourée (avant le fatal *oui*) de tous le hommages hypocrites de son prétendu, qui n'a été que le plus brutal des maris.

Il faudrait traduire tout le livre des *funérailles*. Ce n'est pas la satire sombre de Young, à qui quelqu'un fit la malice d'envoyer une tête de mort contenant une bougie, pour lui servir de lanterne. La gaîté satirique de M. Crabbe ne l'abandonne pas quand il passe en revue les noms qui remplissent son obituaire. Il esquisse une variété de portraits piquans, parmi lesquels on remarque le vieil aubergiste, toujours entre deux vins; la veuve, et la dame du château qui est morte en ville, mais dont les funérailles se font au village. Cette cérémonie pompeuse n'éblouit pas le sévère ministre; il dénonce l'insensibilité des *pleureuses*, et appelle le cortége du deuil une mauvaise troupe de tragédiens, qui ne savent pas jouer la douleur de manière à la communiquer aux spectateurs. Il paraît que la défunte dépensait tous ses revenus à la ville, et avait même déserté depuis long-temps son château. En voici la description, qu'il est curieux de comparer avec celle du château d'Hassan dans le Giaour.

« —Le château était abandonné, les planchers étaient minés par les vers, et la tapisserie se détachait des murailles. La grille rouillée de la cuisine restait sans feu, et la joyeuse lumière n'arrivait plus par la fenêtre à châssis, fermée depuis long-temps. Ici cet insecte rampant, qui l'été se métamorphose en mouche, avait tissu son linceul pour y passer le temps de sa mort d'hiver, et là, sur le lit de parade, la chauve-souris au cri aigu folâtrait avec sa compagne. Aucun étranger ne venait plus visiter les appartemens solitaires ; les pauvres se détournaient, en murmurant, des soupiraux des caves, et les mendians grondeurs maudissaient l'éternel verrou de la porte. L'intendant, retiré dans une petite chambre, y recevait les fermiers qui venaient payer et se plaindre. »

Tous ces fragmens détachés donnent une idée fort imparfaite du tableau dont ils font partie. Je n'ose donc pas donner d'extraits de l'histoire de *la vieille fille*, sur la vertu de laquelle M. Crabbe laisse échapper un petit trait de médisance. Le paysan Ashford obtient un éloge plus franc. Les malheurs de Robin

Dengley sont racontés avec une sensibilité toute poétique. Viennent ensuite les petites rivalités de la sage-femme et du docteur Glibb. Le ministre ferme la liste de ses morts après le récit des funérailles de Roger Cuff le matelot; mais alors même la cloche funèbre retentit encore.—C'est de celui qui l'a fait sonner pour tant d'autres; c'est du sacristain qu'elle annonce la mort. Le vieux Dibble a servi cinq recteurs avant M. Crabbe, qui saisit cette occasion de lier leur histoire à la sienne. Les traits sous lesquels il les peint sont plus piquans que charitables. Mais j'oublie que M. Crabbe ne chante que des héros imaginaires.

La *Bibliothéque* et le *Journal*, publiés en même temps que *le Village*, ne prouvent pas moins le talent du poète; ces deux ouvrages sont même exempts des défauts du premier; mais à cause du sujet, ils offrent moins de passages saillans. Deux petites pièces de M. Crabbe méritent d'être signalées : *sir Eustace Grey* et *la Bohémienne*.

Dans *sir Eustace Grey*, l'auteur a peint un homme que ses fautes et ses malheurs ont jeté dans la démence la plus terrible, mais adoucie peu à peu par une sorte de dévotion enthousiaste, qui n'est qu'une autre forme de son délire. Sir Eustace fait lui-même, avec une énergie admirable de langage et de sentimens, le récit de sa folie. Il se croit entraîné par la course rapide de deux mauvais génies avec lesquels il s'arrête sur une immense plaine, dont le silence et l'immobilité forment un contraste effrayant avec l'agitation de son âme. L'idée qu'il cherche à en donner offre une des images les plus originales de l'éternité.

Ce poëme et celui de *la Bohémienne* sont écrits en octaves, et rappellent souvent les mouvemens rapides de la strophe lyrique. Dans *la Bohémienne*, ou *la Salle de justice*, l'expression du remords et les révélations de la malheureuse mère excitent des émotions de pitié aussi fortes qu'aucune tragédie. Ces émotions sont même, par momens, trop déchirantes.

Mais si M. Crabbe abuse quelquefois d'une situation pathétique, il sait aussi inspirer un intérêt plus tendre quand il décrit le paisible déclin d'une vieillesse vertueuse, la joie calme d'une pieuse résignation, et les sentimens d'un amour innocent.

Le Bourg nous en fournirait au besoin de nombreux exemples. Ce poëme est la suite du *Village*, ou le développement du même système sur une plus grande échelle. C'est une espèce d'histoire morale d'un port de mer du second ordre ; la description pittoresque du lieu de la scène, et le tableau des mœurs de la vie *amphibie* des diverses classes d'habitans. L'auteur se tient encore ici dans le cercle limité des réalités, quoique ses vues s'agrandissent avec un horizon plus vaste. Il est des inspirations sublimes auxquelles M. Crabbe voudrait en vain se soustraire en présence de l'immensité des flots. Les couleurs de son tableau d'une tempête sont si vraies, qu'il semblerait que, pour en être témoin, il s'est fait attacher au mât d'un navire comme Joseph Vernet. L'atmosphère d'un semblable paysage lui a aussi porté bonheur dans ses peintures des passions. Ce n'est pas que le plus grand nombre de ses vers ne soit consacré encore à des détails minutieux, et à des analyses subtiles d'un caractère souvent peu intéressant. Sa gaîté n'est pas toujours de bon ton ; il est tour à tour diffus et obscur par sa précision affectée : mais combien de traits de fine ironie, d'images riantes et douces, de sentimens gracieux ou énergiques rachètent tous ces défauts dans un poëme de longue haleine! *Le Bourg* est divisé en lettres. Nous faisons successivement connaissance avec le vicaire et le curé de l'*endroit*, avec les sectaires, avec les électeurs principaux et les éligibles un jour d'élection, avec les avocats sur le compte desquels M. Crabbe n'a pas consulté M. Cottu, avec les médecins, les apothicaires, et dans le même chapitre avec les charlatans. Dans une autre galerie figurent les gens de métier, les comédiens ambulans et les artistes amateurs, les aubergistes, les gouverneurs de l'hôpital et les curateurs des pauvres. Mais c'est surtout de cette dernière classe que M. Crabbe est l'historien, ou plutôt le biographe, dans les maisons de charité, dans les prisons et les écoles. Je renonce à vous introduire dans son club des joueurs de cartes et même dans celui des fumeurs ; mais vous me saurez gré de l'esquisse d'une de ces narrations où le poète est à la fois simple, pathétique et sublime. Elle termine la lettre intitulée *l'Église*, riche de la plus haute philosophie, sur la vanité des monumens funèbres.

✱« — . . . .

. . . . Cependant l'amour se plaît à prodiguer ici ses derniers soins, et à orner de ses souvenirs une cendre insensible. De larges tables de marbre déposées sur les tombeaux y bravent les intempéries de l'air pendant un demi-siècle; mais plus d'une larme, plus d'un soupir sincère ont honoré ceux dont le monument plus fragile a disparu sous la terre, ou a fait place à d'autres qui seront oubliés à leur tour. Chaque jour de nouveaux morts sont jetés sur des dépouilles mortelles, et les générations se rejoignent ici poussière contre poussière.

« Oui ! il est de sincères regrets. J'ai connu une pauvre fille, belle, douce, souffrante et calme; ses devoirs réclamaient toute son attention pendant le jour, et elle s'appliquait à être utile et résignée. Vêtue proprement, elle ne semblait pas demander une vaine pitié par sa douleur, ni une excuse par sa négligence; mais quand sa famille fatiguée se livrait au sommeil, elle se rendait aux lieux où elle avait coutume de rêver et de répandre des pleurs. Alors sa mémoire fidèle nourrissait sa tristesse des images du passé; car elle pensait alors à un jeune homme chéri et objet d'une constance inaltérable. Elle errait dans tous les lieux qu'ils avaient parcourus naguère ensemble, et celui où elle avait reçu ses adieux était surtout sacré pour elle. C'était là que, la quittant, croyait-il, pour la dernière fois, il lui avait dit en s'embarquant : « A mon retour nous serons enfin unis. »

« Le vaisseau faisait voile pour le Groënland. Il était parti heureux; elle-même avait préparé son bagage. « — Précautionne-toi contre ces élémens glacés, » lui avait-elle dit; et cependant elle croyait qu'il n'avait rien à craindre : jusque là il avait bravé tant d'autres périls ! Elle ignorait que le germe de la fièvre était déjà mêlé avec son sang. Ses compagnons observaient en souriant la rougeur de son visage; il souriait lui-même; mais il parlait rarement; car il commençait à pressentir le danger, et à éprouver des symptômes pénibles qu'il ne pouvait encore définir. L'espérance se réveilla en lui quand il repartit pour la terre natale; mais cette espérance l'abandonna bien vite, et ne se montra plus que timidement.

« Il appela son ami, et lui confia ce message en soupirant : « — Thomas, je dois mourir! si je pouvais du moins revoir ma Sally, reposer ma tête brûlante sur son sein fidèle, et expirer en la regardant! Mais cette grâce du ciel m'est refusée: prends ce souvenir, et dis-lui que je l'ai porté jusqu'à la mort pour l'amour d'elle! Oui, je dois mourir!... Souffle, brise propice, accorde-moi de la revoir avant que ma vie ne s'épuise! Oh! je ne demande qu'un dernier regard!... »

« Il obtint l'accomplissement de ce vœu, et plus encore. Je ne décrirai pas l'entrevue des amans : Sally s'aperçut d'abord de sa faiblesse; avec une tendre inquiétude elle le regarda de plus près, et ses craintes redoublèrent. Il essaya de sourire, et y réussissant à demi : « — Oui, dit-il, je dois mourir! » et tout son espoir s'évanouit.

« Elle le soigna long-temps encore, échangeant avec lui de tendres pensées, des espérances et des projets sublimes. Il vint finir sa vie auprès d'elle, et chaque jour Sally diminuait quelque chose de leur commune terreur. Elle priait avec lui, elle lui lisait la Bible, ranimait son cœur affaibli, et soutenait sa tête souffrante; elle s'approchait de son lit, le sourire sur les lèvres pour le consoler, et ne soupirait qu'à part; seule, elle laissait couler ses larmes, puis soudain revenait faire luire à ses yeux une lumière nouvelle, et lui rendait moins tristes les approches du tombeau.

« Un jour il parut plus soulagé : tous deux oublièrent leur inquiétude, leur crainte et leur funeste destinée. Ils parlèrent gaîment, ils semblaient penser, mais sans oser le dire, que la mort était encore éloignée. Un éclat soudain fit briller son regard; sa voix acquit une vigueur nouvelle. Sally venait de lui lire une prière, et l'avait guidé jusqu'à son fauteuil. Il paraissait animé; il parla de tous ceux qu'il connaissait, de ses camarades et de ses bons amis. Il n'est pas un de ceux qu'il nomma ce jour-là dont elle n'ait recueilli le nom, et elle les aime tous. Quand elle les rencontre sur son passage, ils sont à ses yeux des êtres privilégiés : la mort les lui a rendus chers. Il nomma son amie; mais alors elle lui prit la main, et lui dit tout bas tendrement : « — Il faut te reposer. — Oui, » répondit-il ; mais déjà elle trouvait sa main plus froide et sa voix tremblante. Puis il la regarda d'un air d'effroi ; elle reçut du moins ce regard mourant de l'amour.... Il n'était plus !

« Elle fit placer sur sa tombe une simple pierre, offrande de sa tendresse. Pour en acquitter le prix avec son travail, elle se priva de sommeil, également fidèle à son devoir et à celui qui n'était plus. Elle se fût affligée si ses amis lui avaient offert des secours ; c'était à elle seule que ce soin appartenait.

« Elle vient encore sur ce tombeau et s'y assied, croisant les bras dans les accès d'une longue et pénible rêverie ; mais si un témoin passe, elle s'écarte et semble indifférente, dans la crainte d'être surprise. Puis elle revient, et se plaît dans ses visions et dans le sentiment d'un regret qui abrége ses jours, etc. »

On ne vante pas ces passages touchans ; on pleure.

Depuis *le Bourg*, M. Crabbe a publié des

contes qu'il aurait pu y intercaler comme épisodes. C'est vous dire qu'ils sont écrits dans le même esprit, quoique les héros de quelques uns soient choisis dans les classes intermédiaires. Ils servent assez bien de transition à son dernier ouvrage, *les Contes du château,* où l'auteur arrive dans les salons de la bonne compagnie, et s'y montre observateur plus élégant, mais non moins profond. Presque tous les contes de M. Crabbe sont très simples, mais l'idée en est souvent originale. J'aime beaucoup *the Parting Hour (la Séparation).* C'est l'histoire d'un jeune homme et d'une jeune fille qui s'aimaient depuis l'enfance, mais trop pauvres pour oser se marier. Allen Booth, l'amant, part pour l'Amérique, dans le dessein d'y tenter la fortune; mais il est pris par les Espagnols et conduit au Mexique, où avec le temps, sans oublier sa Judith, il se marie, puis court encore le monde, et enfin après quarante ans d'absence, cassé par les ans, devenu seul, il cède à un irrésistible désir de revoir sa patrie et les lieux témoins des amours de sa jeunesse. Il arrive! quel rêve il a fait! il arrive, et se

trouve étranger, oublié ou inconnu. Une
pauvre veuve entend parler de lui avec émotion. C'est Judith qui a toujours chéri la mémoire de son premier engagement, et pendant dix années a attendu son retour, puis,
trompée par le bruit de sa mort, s'est vue
forcée à un mariage qui n'a pas été heureux.
Elle est veuve; ses enfans gagnent leur vie
dans divers lieux, et sont morts pour elle.
Les deux amans se réunissent; ni les chagrins ni l'âge n'ont influé sur leur affection.
Dès le premier moment ils s'inspirent une
confiance mutuelle; ils trouvent l'un dans
l'autre quelqu'un qui écoute avec plaisir le
long récit de leurs malheurs, quelqu'un qui
prend intérêt à leurs larmes. La scène des
adieux, la description du retour, l'histoire
que fait Allen de ses aventures et surtout des
liens qu'il a contractés avec une Espagnole
qu'il avait aimée comme Judith elle-même,
parce qu'elle l'avait rendu père, et qu'elle
aussi compatissait aux regrets que lui causait
la perte de Judith; tout enfin donne à ce conte
l'intérêt d'un drame. La conclusion surtout

laisse dans l'âme le sentiment d'une douce mélancolie. Je citerai cependant de préférence la conclusion d'*Edward Shore*, qui s'écarte moins du ton habituel de M. Crabbe.

Edward Shore est un jeune enthousiaste dont les talens faisaient concevoir les plus belles espérances; mais l'indécision de ses opinions et de sa conduite est fatale à ses plus beaux plans d'étude, de fortune et de bonheur. Il devient amoureux d'une aimable personne que le charme de ses entretiens captive; mais ne pouvant se résoudre à l'épouser, parce qu'il ne se croit pas assez riche pour le mariage, il se retire chez un ami, espèce de philosophe, qui vient de s'unir à une jeune femme dont les principes lui inspirent autant de confiance que ceux d'Edward. Il les engage lui-même à se passer de lui dans leurs entretiens comme dans leurs promenades, et il est obéi. Ils s'égarent souvent ensemble, « et ils « contemplent le soleil couchant. Ils voient « le voile de la nuit envelopper peu à peu « tout le paysage, et, assis sous un riant ber- « ceau, ils répètent un tendre refrain jusqu'à

« ce que la lune qui se lève répande sur leurs
« traits une douce beauté et un charme dan-
« gereux. »[1]

Bientôt la nouvelle mariée fait entre son époux et son ami une comparaison tout à l'avantage de ce dernier, qui « ne porte point perruque, n'a pas la barbe grise, et ne néglige jamais ses vêtemens; » mais, selon M. Crabbe, ce qui fait tort surtout au mari, c'est d'être surpris endormi. Voici comment le poète rend cette idée, que je n'avais pas encore vu exprimer ni en vers ni en prose.

« — Nous avons entendu vanter la beauté pendant le sommeil. Oui, le sommeil ajoute à la beauté de l'enfance; à cet âge les traits sont adoucis par le repos de l'âme; mais *toute autre beauté* qui se sent entraîner au sommeil doit s'éloigner de l'œil des témoins trop curieux. La jolie nymphe qui veut surprendre son amant peut fermer la bouche; mais qu'elle se garde bien de cacher ses yeux : le sommeil

---

[1] Lord Byron a exprimé la même idée dans le premier chant de Don Juan :

There is a dangerous, etc. — St. 114.

dérobe toujours quelques grâces au plus beau visage, et rend plus communs les traits qui le sont déjà. Ainsi le pensait la jeune épouse, lorsqu'elle regardait en soupirant son époux endormi, et Edward qui souriait à son côté. »

Comme Françoise de Rimini et Paul, ils succombent enfin à une tentation. La philosophie du mari ne se dément pas; il renonce avec un froid mépris à l'amitié d'Edward, et le livre à sa propre conscience. Il est cruellement vengé. Tous les rêves romanesques d'Edward sont évanouis. Il veut échapper à ses remords dans la société des cœurs frivoles et même des débauchés. Il perd tout son enthousiasme de vertu, sa santé, sa fortune, sans recouvrer sa tranquillité. Jeté en prison, il est délivré par un bienfaiteur inconnu; mais il apprend que c'est l'ami dont il a déjà récompensé la confiance par une perfidie : c'est une humiliation qui achève d'accabler son âme orgueilleuse. Sa raison même n'y résiste pas : à une démence furieuse succède en lui un idiotisme dont la *gaîté* excite une triste compassion.

« — A mesure que sa frénésie s'apaise, son

âme tombe par degrés dans une insouciance puérile. Edward se livre à des caprices folâtres et à des joies sans motif. Il trace des figures fantastiques sur la muraille, en donne de bizarres explications, et s'applaudit lui-même par un rire hébété.

« On reconnut enfin que l'infortuné n'était plus à craindre. Son esprit était devenu calme, mais sa raison à jamais effacée : à l'orage terrible succédait le triste repos d'un jour brumeux.

« La liberté lui fut rendue, — si la liberté existe pour celui qui a perdu la raison, la vérité, l'espérance. — Sa famille, fatiguée de soins, ou pensant qu'il était incapable de nuire, mais désormais incurable, le laissa errer où il voulait, et chercher une occupation à sa folie. Il se mêle avec les enfans de la ville, court les rues en jouant avec eux; et, au besoin, il leur prête l'aide de ses bras.

« Cependant, l'aimable fille qu'Edward avait aimée autrefois, est maintenant émue d'une pitié tendre et religieuse. Elle lui reproche doucement ses caprices enfantins, et alors, pendant un instant, Edward reste auprès d'elle, pensif. Dès qu'il entend sa voix tremblante, ses yeux s'animent et interrogent ses regards; il écoute ses soupirs. Ces accens harmonieux font pénétrer dans son âme indécise un charme persuasif. Tel que l'enfant ravi, qui vient de saisir un premier rayon de pensée dans le coup d'œil de sa mère, il est immobile d'enchantement au son de cette voix qu'il reconnaît à demi, et il tressaille, comme si son intelligence allait se réveiller en voyant tomber une larme.

« Quelquefois il sort de la ville, dans une humeur plus sombre, comme pour aller cacher son infortune. On le suit.—Mais il revient bientôt, et cherche avec impatience ses jeunes compagnons, leur crie, leur chante et leur parle.... Ses gestes sont aussi étranges que ses discours. — Il est le chef des enfans; enfant lui-même, il fait tourner leur toupie, ou, docile à leur désir, se baisse pour les laisser sauter par-dessus son dos. Faible et sans malice, il est appelé *Shore le simple.* »

J'interromps ici ma lettre sur M. Crabbe;

car l'analyse de ses *Contes du château* m'entraînerait trop loin. Le poète dans ce dernier ouvrage n'a plus autant négligé ce qu'il appelait les ornemens *factices* de la poésie; mais ce qui est luxe chez tel autre de ses contemporains, chez Thomas Moore, par exemple, n'est dans les vers de M. Crabbe qu'une simple grâce de plus. L'amour, cette passion que M. Crabbe avait un peu dédaignée quand il se fit poète pour la première fois, lui prête plus souvent son charme romanesque. On dirait que, plus jeune, le ministre se défiait de ses séductions profanes. Aujourd'hui que l'âge le couvre de son bouclier contre la médisance de ses paroissiens, l'Amour est pour lui un enfant sans conséquence, et, dans la chanson de *Lucy*, le révérend pasteur rappelle Anacréon couronnant de fleurs ses cheveux blancs.

Malgré les remarques d'Hazzlit, le Pasquin des critiques anglais, malgré le système avoué par M. Crabbe lui-même dans ses premières préfaces, on doit reconnaître que peu de poètes ont déployé une imagination plus brillante : il faut se résoudre à trouver un poète anglais inégal ; mais il était à craindre que M. Crabbe ne fît comme *Jack* du conte du *Tonneau*, qui, en voulant arracher les broderies de l'habit paternel, mit toute l'étoffe en pièces.

LETTRE LXIV.

A M. J. B. Aug. SOULIÉ.

> . . . . *I cannot paint
> What then I was. The sounding cataract
> Haunted me like a passion; the tall rock,
> The mountain, and the deep and gloomy wood,
> Their colours and their forms, were then to me
> An appetite, a feeling and a love,
> That had no need of a remoter charm, etc.*
>   WORDSWORTH, *Tintern Abbey.*
>
> Je ne puis décrire ce que j'étais alors; la cataracte retentissante me poursuivait comme une passion; le rocher élevé, la montagne, la forêt sombre et profonde, leurs couleurs et leurs formes étaient pour moi un désir, un sentiment et un amour qui n'avaient nul besoin d'un charme plus éloigné.[1]

AUJOURD'HUI que la poésie n'est plus, comme du temps des bardes et des druides, une langue d'initiés, qu'elle se mêle activement à tous les intérêts de la société et même

---

[1] Vers difficiles à traduire et inexactement cités par M. Medwin dans les Conversations de Byron.

à la politique, un poète tel que M. Wordsworth est un être à part, qui doit avoir des adeptes plutôt que des lecteurs. Il a eu du moins la gloire d'être, comme Richardson, vanté dans la chaire évangélique.[1]

[1] Voici un extrait du sermon où le prédicateur Irving, au moment où j'écris cette lettre, vient de caractériser la *mission* poétique de Wordsworth.

« Il est dans ces royaumes un homme qui s'est livré à une vie sainte et solitaire, au milieu des tableaux gracieux et sublimes de la nature, et s'occupant des profonds secrets de la pensée humaine. Plût au ciel qu'il fût donné aux *autres* de suivre cet exemple ! Il a été récompensé par de nouvelles révélations de la nature et du Dieu de la nature dans le calme de sa retraite, et il les a chantées en vers harmonieux. Eh bien, remarquez l'esprit de ce siècle dégradé ! Comment cet homme a-t-il été accueilli ? par l'indifférence ou le dédain ; on a versé sur lui l'humiliation et l'injure. Les chefs de cette génération critique (telle génération, tels chefs) ont jeté les hauts cris contre lui. Le monde littéraire et sentimental s'est fait leur écho ; tout reptile qui a le privilége d'imprimer une opinion a répandu au loin ces outrages, en portant à la réputation de ce poète inspiré un coup dont elle ne se relève que lentement ; — et pourquoi ? parce qu'il s'est retiré dans la nature et son propre cœur, parce qu'il a osé chanter les vérités sim-

Je ne sais trop si cette espèce de consécration du talent par la religion suffirait pour dédommager un poète ordinaire de l'indifférence de la majorité des lecteurs et des moqueries périodiques des *revues;* mais M. Wordsworth, comme toutes les âmes naturellement contemplatives, écrit plus pour lui que pour le public, et se console d'avance de l'injustice de ses contemporains. Un génie comme le sien a d'ailleurs la conscience de sa force, et quand il obéit à sa vocation, il trouve dans son propre cœur, sinon les seuls encouragemens qu'il ambitionne, ceux du moins qui le rassurent contre l'arme poignante de la raillerie. Il est malheureux qu'un poète rival se soit mêlé à la coterie des critiques pour tourner en ridicule la philosophie de Wordsworth. Certes, lord Byron envisage la nature et la société sous un point de vue trop différent, pour ne pas être souvent en contradiction

ples et sublimes qui lui ont été révélées, parce qu'il a osé être libre dans sa manière d'exprimer des sentimens naturels et de peindre les beautés naturelles, en mêlant à ses vers de pieuses et solennelles contemplations du Très-Haut. » — (IRVING, *les Oracles de Dieu.*)

avec le poète *des Lacs;* mais il n'était guère généreux à lui de feindre tant de mépris contre celui dont il n'a pas dédaigné d'emprunter quelques unes de ses idées originales. Les *Esquisses du soir* (*Evening Sketches*) ont produit le troisième chant de *Childe Harold.*

Sur mille personnes qui lisent lord Byron, il n'en est que dix qui lisent Wordsworth; mais de ces dix il en est six qui mettent celui-ci au premier rang. Aussi demandez à Londres quel est ce Wordsworth que cinq ou six strophes de *Don Juan* vous dénoncent comme un fou. — C'est, vous dira-t-on, un employé du timbre, qui publia il y a trente ans des ballades pour les petits enfans, et qui est accouché depuis d'un lourd poëme in-4°, dont un colporteur est le personnage principal. Il n'écrit pas des *vers à Chloris,* mais il fait quarante sonnets sur la même rivière; adresse continuellement de grands ou de petits vers à la linote, au rouge-gorge, à l'alouette, au coucou, à la marguerite, à l'aubépine; il décrit éternellement les sites de la petite Suisse anglaise, et s'extasie sur l'instinct des petites filles et des idiots.

Or, c'est ce même homme dont Walter Scott, Southey, Coleridge parlent comme du plus beau génie de la poésie moderne. C'est Wordsworth qui est le moins populaire de tous les poètes anglais, et en même temps celui qui excite le plus d'enthousiasme parmi ceux qui sont convenus de sa supériorité.

Wordsworth est le chef de l'école du Lac, composée de Southey, Coleridge, Wilson, etc., et ainsi nommée, parce que tous ces poètes habitent ou ont habité les lacs du Westmoreland et du Cumberland. Quoique unis entre eux beaucoup plus par les liens de la parenté et de l'amitié que par les doctrines avouées d'une même poétique, Wordsworth, Southey, Coleridge et Wilson peuvent être regardés comme les membres d'une véritable secte.

Dans ma lettre sur les *revues*, j'ai cité le manifeste par lequel celle d'Édimbourg avait d'abord voulu établir une espèce de catholicisme littéraire, en s'arrogeant la suprématie et l'infaillibilité. Les principes des poètes des Lacs furent la première *hérésie* que la *revue* proscrivit; plus tard, en adoptant insensiblement leurs idées, elle a conservé ses préventions contre les personnes. Southey étant devenu un des collaborateurs de *la Revue du trimestre*, a eu le droit d'y défendre quelquefois ses amis. Mais c'est surtout dans *le Magazine de Blackwood* qu'ils ont trouvé de véritables panégyristes. Ce journal les avait d'abord traités en ennemis. Wilson et Coleridge ont fini par s'emparer du journal.

Je ne leur promets d'emprunter leurs réclamations que quand elles seront d'accord avec l'idée que je me suis faite d'eux par leurs ouvrages.

En politique; — (car la poésie dans les gouvernemens représentatifs veut aussi donner son vote,) en politique, les *Lakists* sont Torys. Mais le républicanisme fut un péché de leur jeunesse, et ils ont conservé plus d'idées libérales que ne leur en accordent les écrivains whigs. 89 les avait exaltés, 93 les désabusa; et, dans leur désespoir, Southey, Coleridge et Lovel furent sur le point d'aller fonder une colonie libre sur les bords du Susqueannah, dans les États-Unis. Depuis, Coleridge s'est fait journaliste-ministériel, et Southey a été nommé poète lauréat.

En poésie, les lakistes réservent toute leur admiration pour les auteurs du siècle d'Élisabeth. Depuis Milton et Jeremy Taylor jusqu'à Cowper, la littérature anglaise ne leur offre qu'un grand vide. Le recueil des anciennes ballades de l'évêque Percy est venu, selon eux, réconcilier l'Angleterre avec la vraie poésie. A ces admirations presque exclusives, ils mêlent une véritable passion pour la métaphysique.

Ils prétendent aussi sentir la nature avec une énergie et une chaleur dont tous les cœurs sont capables, excepté, donnent-ils à entendre, les cœurs de la plupart des poètes, qui, gâtés par de faux systèmes, n'y ont trouvé que des beautés de convention. Pour eux, ils n'admirent la nature que parce qu'ils l'aiment. Dans ses solitudes muettes, sur le sein de ses lacs, dans le demi-jour de ses forêts, il leur semble que leur âme se fond avec l'âme universelle; ils sentent une influence invisible et ineffable qui les exalte, les ravit et les purifie. C'est un mysticisme qui a quelque rapport avec le panthéisme de Pythagore. Aussi appelle-t-on les poètes des lacs les quakers et les méthodistes de la poésie anglaise. Tous les aspects de la nature sont pour eux les expressions variées d'une puissance intellectuelle, et ils attribuent non seulement une vie physique, mais encore une vie morale aux plus petits objets de la création comme aux plus grands. L'océan a une âme et des passions, la lune des caprices; les vagues, les astres, les nuages obéissent à un sentiment intérieur; et ce n'est plus là dans leurs vers une métaphore ou un lieu commun emprunté à des apparences matérielles. Coleridge cependant, depuis qu'il est plus exclusivement philosophe, semble ne plus admettre cette intelligence mystérieuse. Il réfute même dans son autobiographie cette autre supposition poétique de Wordsworth et de Wilson qui feignent que la divinité aime à communiquer avec l'âme neuve encore de la première enfance. C'est Wilson qui s'écrie en voyant un enfant endormi :

« — Tu souris comme si tes pensées prenaient l'essor vers le paradis et adoraient le Dieu du ciel ! Qui peut dire quelles sublimes visions ravissent le sommeil de l'enfance ! »

Mais ils sont tous d'accord pour élever les vertus domestiques et les affections douces au-dessus d'un brillant et dangereux héroïsme. La mère, la fille, l'épouse et la sœur reçoivent d'eux un hommage pur comme le charme qu'elles répandent sur la vie. Ils voudraient que leur poésie morale fût invoquée au milieu des agitations du monde, comme la voix bienveillante d'une sœur ou d'un ami, qui nous rappelle aux plaisirs innocens de l'enfance et du foyer domestique.

De tous les lakistes c'est Wordsworth qui répond le mieux à l'idée que l'imagination aime à se faire du poète inspiré. Il a ramené la poésie à son origine ; elle est pour lui une religion : il a long-temps médité dans la solitude et obtenu des révélations nouvelles sur la destinée de l'homme. Son âme toute contemplative a été de tout temps agitée du besoin d'une perfection idéale. Inventeur d'une sorte de platonisme chrétien fondé sur l'harmonie morale de l'univers, il nous montre l'empreinte du doigt de Dieu sur l'objet le plus humble de la création, et cherche à ramener l'homme au sentiment de sa dignité en l'associant à la pensée du Très-Haut. S'il ne nous transporte pas toujours avec lui dans la sphère élevée de ses abstractions, il n'y a rien d'offensant dans sa supériorité. Il s'abaisse avec nous devant la majesté de Dieu et la magnificence ou les mystères de ses œuvres. Les émotions de l'homme ne sont pas anéanties par les hautes spéculations du philosophe. Mais c'est dans son grand poëme de *l'Excursion* qu'il faut suivre le développement de ses sublimes théories. Il règne dans ce poëme une philosophie si calme, une simplicité si solennelle, qu'il faut apporter à cette lecture une disposition particulière; elle demande le recueillement et le sentiment religieux qu'il est nécessaire d'éprouver pour apprécier tout ce qu'a de sublime le silence d'une forêt, ou plutôt la solitude un peu monotone d'une immense cathédrale gothique éclairée du demi-jour mystérieux de ses vitraux.

Le poëme de *l'Excursion*, quoique formant un tout par lui-même, n'est qu'une partie détachée d'un vaste ouvrage sur *l'homme, la nature et la société*, qui occupe toute la vie de l'auteur, et auquel sont subordonnées les petites pièces qu'il a publiées à diverses époques.

Le poète nous introduit, au début, auprès d'un Écossais déjà dans l'âge, qu'il a connu depuis ses plus jeunes années, et d'une naissance commune. Ce vieillard a cependant reçu les élémens d'une instruction solide et surtout les principes d'une austère piété, grâce à son beau-père qui était ministre et maître d'école de son village. Né au milieu des montagnes d'Athol, ayant gardé les troupeaux sur leurs sommets, il s'était fait de bonne heure un caractère méditatif, tendre et poétique.

«—Ils sont en grand nombre les poètes créés par la nature. Riches des plus nobles dons, de l'enthousiasme et de la faculté divine, il leur manque le langage des vers.[1] »

Quelques livres religieux avaient exercé aussi leur influence sur sa jeune imagination. A l'âge de dix-huit ans, cette voix secrète qui excite l'habitant de la Savoie et celui de l'Helvétie à déserter leurs montagnes, parla au jeune Écossais. Son activité inquiète l'appelait à une vie errante. « On plaint ou l'on dé-

---

[1] La même idée est reproduite dans les *Prophéties du Dante*, par lord Byron.

daigne aujourd'hui ces marchands vagabonds qui vont de porte en porte, le dos courbé sous leur balle ; ces voyageurs ont aussi leurs jouissances, et leur métier fatigant obtenait des égards dans des temps plus simples, alors qu'ils étaient le lien de communication entre les villes et les villages les plus isolés. » Les colporteurs réjouissaient le désert avec les nouvelles du genre humain, comme le dit Thomson de la caravane qui paraissait chaque année dans les tristes neiges de la Sibérie.

Le colporteur de Wordsworth avait, loin de ses montagnes natales, étudié l'homme, ses mœurs, ses passions, ses plaisirs, ses sentimens, et surtout ceux qui, étant comme les élémens essentiels du cœur, se sont conservés sous les formes plus simples de la vie champêtre, et y parlent encore un langage ingénu. Il a enfin renoncé à son état aux approches de la vieillesse ; et les connaissances de l'*homme social* unies à l'enthousiasme des beautés naturelles qu'ont entretenu en lui ses longs voyages solitaires, en ont fait un moraliste fort de sa propre expérience, éloquent et simple comme la nature et la vérité.

Il conduit le poète à la demeure d'un solitaire qu'il veut réconcilier avec la Providence. Ce second interlocuteur est un sceptique lisant Candide[1] plus souvent que la Bible. Il avait été heureux avec une épouse chérie et deux enfans. Resté seul dans le monde après leur mort, il ne s'occupait plus qu'à nourrir son désespoir, lorsqu'il fut rappelé dans la scène active de la vie par les promesses de la révolution française, dont il embrassa les principes avec la confiance et l'enthousiasme d'un « amant. » Déçu dans ses espérances de liberté, il a désespéré de l'homme en général. Sa foi religieuse a été ébranlée ; il a même « renoncé à la pensée de ceux qu'il avait jadis déposés en pleurant dans la tombe. » C'est de là cependant que s'élèvent quelquefois les fantômes de ses remords.

« — Ils ne pouvaient, dit-il, sentir que fai-

[1] Une boutade anti-philosophique contre le système de Candide échappe assez à propos au poète ; mais parmi les épithètes données à Candide, il faut relever celle d'*ennuyeux*. Candide n'a malheureusement jamais ennuyé personne. J. J. Rousseau seulement s'est vanté de ne l'avoir jamais lu.

blement ceux qui autrefois armèrent les Furies vengeresses de fouets et de serpens. De séduisans regards étaient fixés sur moi, — les regards de celle que j'avais aimée; ma compagne, la mère de mes enfans, me contemplait avec pitié et d'un air de tendre reproche qui m'était insupportable. »

Le colporteur combat les sombres idées du solitaire, et appelle plus tard à son aide l'expérience d'un prêtre de village, quatrième interlocuteur de ce drame philosophique.

Les sublimes entretiens de ces quatre personnages font une impression d'autant plus vive, qu'ils ont lieu au milieu des sites les plus pittoresques, auxquels de fréquentes allusions descriptives ramènent l'attention. Suivant le système que j'ai indiqué tout à l'heure, le lac, le torrent et la montagne ont leur langage, rien n'est insensible dans la nature. Tout ce qui est visible, tout ce qui est doué de mouvement ou d'une voix n'offre plus seulement des symboles obscurs, ou des emblèmes fantastiques, mais de véritables révélations.

« — J'ai vu, dit le poète, un enfant curieux, appliquant à son oreille les circonvolutions d'un coquillage à bords lisses. Silencieux, il écoutait avec toute l'attention de son âme, et bientôt la joie brilla sur ses traits ; car il entendait des murmures intérieurs,—des accords sonores, par lesquels, pensait-il, l'habitant de la conque annonçait son alliance mystérieuse avec sa mer natale. L'univers lui-même est semblable à ce coquillage pour l'oreille de la foi, et lui transmet d'authentiques révélations sur les choses invisibles. »

Quelquefois c'est un écho qui fournit l'image de l'harmonie des deux mondes, et ailleurs c'est la vue d'une ombre et du corps correspondant dont elle reproduit les formes.

« — Parvenus à un pont qui couronne de son arche le ruisseau rapide là où l'onde plus calme forme un bassin profond, nous aperçûmes, par un heureux hasard, une double image ; sur une des rives verdoyantes était un bélier blanc comme la neige, et dans le cristal limpide un autre lui-même. Sur le vert gazon se tenait le bélier superbe ; l'air fier, le poil luisant et la tête surmontée de ses cornes comme d'un diadème ; non moins belle était à ses pieds son image fidèle. L'un et l'autre avaient leurs montagnes et leur ciel; l'un et l'autre paraissaient le centre de leur horizon; antipodes s'ignorant réciproquement, et néanmoins confondus à nos yeux dans le calme parfait de leurs sphères distinctes ! »

Le quatrième livre est surtout remarquable par une morale élevée, la profondeur des aperçus et la poésie des applications. C'est ici qu'est développé cet autre principe des *lakistes*, que l'orgueil de notre jugement doit être humilié pour restituer à l'imagination et aux affections l'empire que le *philosophisme* moderne aurait voulu leur ravir.

L'histoire du spiritualisme qui était caché sous l'idolâtrie des Grecs, amène une description des plus poétiques des restes du paganisme; mais une objection du solitaire conduit le sage à la justification de son orthodoxie chrétienne. C'est dans le cinquième livre que le pasteur du hameau paraît. C'est à la porte du cimetière que ce prêtre vénérable achève de justifier la Providence contre le Désespoir. Déjà plusieurs fois en entendant le vieil ami du poète, on s'est rappelé le fameux discours que le vieillard de l'Ile-de-France adresse à Paul, pour le consoler de la perte de Virginie. — C'est peut-être aussi le cas de faire observer que, lorsque Bernardin de Saint-Pierre consulta ses amis sur son chef-d'œuvre, la postérité faillit en être privée, par l'ennui qu'il causa à ses premiers auditeurs. Wordsworth n'est pas encore, comme Bernardin, vengé complétement de ses juges dédaigneux.

Le pasteur de Wordsworth est prié de citer à l'appui de la morale qu'il vient de défendre, quelques épisodes de la vie champêtre. Il choisit pour son texte les modestes vertus et les fautes de ceux qu'il a déposés lui-même sous le gazon qui les couvre.

« Rien de plus grand, dit Southey[1], que cette manière d'amener les récits. En effet, avec le ciel pour dais et le gazon du cimetière à ses pieds, — placé entre la vie et la tombe, — il semble continuer avec la cendre de ses ouailles les rapports spirituels qui l'unissaient à elles. »

« — Vous pouvez, lui a dit le sage, prononcer de solennelles épitaphes sur quelques uns de ces hommes simples; sans aller plus

[1] *Quarterly Rev.*

loin, vous pouvez relever à nos yeux ce souffle de vie que nous partageons avec les hommes de bien, et nous les faire respecter jusque dans leur insensible poussière. »

Ce serait nuire à l'effet de ces portraits que de les isoler de leur cadre en les citant. Je me contenterai même d'indiquer l'anecdote ingénieuse de ces deux hommes d'opinions différentes, réunis par le hasard dans un même lieu, et pour qui la contradiction était devenue un besoin. Cet épisode ressemble assez à ceux de Cowper, ou même aux contes de Crabbe. L'un des deux amis est un Whig, qui ayant dissipé un riche héritage dans les luttes électorales, s'est retiré, sous un nom emprunté, dans le village des montagnes où un laird écossais, partisan des Stuarts, a cherché un asile après la bataille de Culloden. Sans cesser de soutenir leur parti l'un contre l'autre, à force de se rencontrer, de se voir et de se contredire, ils étaient devenus amis inséparables, au point de vouloir partager après leur mort le même tombeau.

Parmi les épisodes où le pathétique domine, celui d'Ellen, la chaumière en ruine et les aveux du solitaire sont les plus touchans.

Cette exposition de principes et ces épisodes forment un ouvrage qui est plus didactique que dramatique. Il serait donc bien difficile que quelques lieux communs n'y fussent pas faiblement déguisés sous la pompe des vers. Il est permis d'y regretter quelquefois l'énergie passionnée de Byron, la vivacité et le mouvement de Walter Scott ; mais il serait injuste de ne pas indiquer ce grand poëme comme l'expression le plus souvent éloquente d'une philosophie digne d'un Platon chrétien. Je trouverai sur les lieux mêmes l'occasion d'en parler de nouveau. Je vous ramène aux premiers ouvrages de Wordsworth.

Si la pompe et la magnificence des expressions autant que la grandeur des vues sont les traits caractéristiques de *l'Excursion*, les ballades lyriques sont écrites quelquefois avec une simplicité qui ressemble à une affectation de prosaïsme. Aussi les critiques de M. Wordsworth y ont trouvé tout ce qu'il fallait pour l'accuser de « niaiserie sentimentale. » Ses admirateurs toutefois n'en ont pas moins soutenu que, malgré quelques légères taches, cette série de petits poëmes était le développement de son but principal : l'analyse des vrais sentimens de l'homme, de l'homme considéré indépendamment des formes conventionnelles de la société, depuis les premiers instans de l'enfant jusqu'à la vie toute de souvenirs et d'espérances du vieillard. Style inégal, c'est-à-dire, mélange du style pompeux et du style vulgaire, longs commentaires sur de très petits événemens, prolixité et redites oiseuses, images trop grandes, expressions trop emphatiques pour le sujet, tels sont les défauts des poésies détachées de Wordsworth; mais les compensations sont nombreuses : la grâce et la fraîcheur d'une poésie qui se rapproche de celle des peuples primitifs, la profondeur et l'originalité des réflexions et des sentimens, la vérité des images empruntées à la nature, une sensibilité vive et une imagination qui ennoblit souvent le sujet le plus prosaïque, voilà ce qui fait oublier tous les défauts que la critique s'est plu à relever dans le poète des Lacs.

Le grand charme des poëmes de Wordsworth c'est qu'ils régénèrent en quelque sorte le cœur, en lui rendant toute la fraîcheur de ses premières sensations, et l'indépendance de cet âge, où chaque idée nouvelle était une conquête qui le faisait bondir de joie, alors que le monde ne nous avait pas imposé encore la loi de ses lieux communs, en morale comme en poésie.

Par l'espèce de classification de ses divers poëmes, Wordsworth nous indique lui-même que ses œuvres sont l'analyse poétique des sentimens que les objets extérieurs et un échange de pensées ou d'affections éveillent dans le cœur comme dans l'intelligence de l'enfant, du jeune homme, de l'homme et du vieillard. Nous revenons avec lui sur nos sensations les plus triviales, mais il donne aussi un sens et une voix à ces sublimes aspirations quelquefois obscures, qu'éveille dans l'âme la moins poétique le grand spectacle de la création.

Wordsworth nous apprend lui-même qu'il affecta en composant ses ballades de choisir des événemens et des situations dans la vie commune, et de les raconter ou de les décrire naïvement, sans renoncer à les revêtir d'un certain coloris toutes les fois que le sujet se présentait à son esprit sous une forme inaccoutumée ; mais il se proposait surtout de prêter un intérêt jusque là inconnu à ces événemens et à ces situations, en y découvrant les lois primordiales de notre nature, et par cette inépuisable ressource de l'imagination que les rhéteurs appellent l'association des idées.[1]

La vie commune et champêtre fut préférée par plusieurs motifs : 1°. dans la vie commune, les passions essentielles du cœur avortent plus rarement, sont moins contraintes et parlent un langage plus libre et plus franc; 2°. les sensations élémentaires, à cause de leur grande simplicité, peuvent être plus clairement aperçues; 3°. les mœurs de la vie des champs naissent de ces sensations élémentaires, se modifient et changent plus difficilement; 4°. enfin les passions y sont associées avec les formes permanentes de la nature. Le langage de la vie champêtre (purifié de ce qu'il aurait de trop grossier) fut aussi adopté par le poète, parce que les hommes qui le parlent communiquent à chaque instant avec les objets d'où

[1] Voyez les Essais d'Alison sur le Goût.

sont dérivées les figures les plus poétiques de tout langage, et parce que leur rang dans la société, aussi bien que le cercle étroit et peu varié de leurs rapports entre hommes, les tenant plus éloignés de l'influence des vanités sociales, ils expriment leurs sentimens et leurs idées avec plus de naturel et moins de préparations. « En conséquence un pareil langage est plus philosophique, dit M. Wordsworth, que celui qui lui est fréquemment substitué par les poètes, quand ils pensent s'honorer eux et leur art en s'isolant des sympathies de leurs semblables, et en contractant des habitudes arbitraires et capricieuses de style, expression des goûts frivoles qu'ils consacrent eux-mêmes par leurs vers.[1] »

L'espace me manque pour vous expliquer en détail la *métaphysique* de la nouvelle langue que Wordsworth prétendait soumettre aux lois du rhythme. Je ne veux pas entrer dans une discussion philologique qui ne serait peut-être pas toujours favorable aux poètes des lacs; car, comme tous les hommes de génie

---

[1] Ce système avait séduit Walter Scott, qui en parle dans la Préface de l'*Antiquaire*.

qui s'imposent un système, c'est souvent en violant son système que Wordsworth nous fait éprouver une plus vive admiration. J'ai déjà fait, je crois, la même remarque au sujet de M. Crabbe. Je me contenterai d'admirer dans les poésies de M. Wordsworth son talent de saisir et de rendre les divers mouvemens de l'âme quand elle est agitée, comme il le dit, par les grandes et simples affections de notre nature. Ainsi il a analysé l'amour maternel dans plusieurs de ses nuances les plus délicates, la dernière lutte de l'instinct contre la mort, et tout ce qu'il y a de moral dans l'amitié fraternelle : ce qui distingue encore ses poëmes, c'est qu'un sentiment développé y donne de l'importance à l'action et à la situation, tandis qu'il remarque avec assez de raison que chez les autres poètes c'est l'action et la situation qui donnent de l'importance au sentiment. Je vais essayer de traduire les plaintes de la femme indienne, parce que cette pièce est courte, et que je n'aurai guère besoin de l'abréger.

Lorsque dans l'émigration d'une peuplade des sauvages de l'Amérique du Nord, un d'entre eux, tombant malade, ne peut plus continuer sa route avec ses compagnons, il est laissé derrière, couvert de peaux de chevreuil, avec de l'eau, des alimens et du bois pour allumer du feu. On l'informe de la direction que la peuplade doit suivre, et s'il ne parvient pas à l'atteindre, il périt abandonné dans le désert, à moins qu'il n'ait le bonheur de rencontrer quelque autre tribu d'Indiens. Les femmes sont plus souvent encore exposées à ce délaissement. C'est d'une de ces infortunées que le poète exprime la plainte touchante. Après un sommeil agité par les songes des mourans, elle gémit sur la triste solitude de sa dernière heure. Elle invoque d'abord un prompt trépas; mais le souvenir de son fils la force de reconnaître que la vie lui serait encore chère. Elle éprouve le besoin d'un dernier adieu; et la vue seule des tentes de ses frères du désert serait douce à sa tendresse. Je commence à la troisième strophe.........

« Hélas! vous auriez pu me traîner pendant un autre jour, un seul jour encore ! j'ai cédé trop facilement au désespoir. Pourquoi avez-vous écouté si tôt ma prière ? Quand vous fûtes partis, je sentis mes forces renaître. Ah! combien je m'en veux, ô mes amis, de ne vous avoir pas suivis plus long-temps; car j'avais recouvré mes forces et j'étais sans douleur, ô mes amis, dès que vous fûtes éloignés !

« Mon enfant! ils t'ont donné à une autre, ils t'ont donné à une femme qui n'est pas ta mère! Quand ils prirent mon enfant sur mon sein, quel regard il jeta sur moi! il se passait quelque chose dans tout son corps; j'y reconnus une émotion étrange, comme s'il eût fait un effort pour être homme, afin de pousser le traîneau pour moi. Et puis, comme il me tendit les mains! Hélas! c'étaient celles d'un enfant sans secours et sans force!

« Toi qui faisais ma joie et mon orgueil, encore deux jours, et je serai morte! Ne pleure donc pas, ne t'afflige pas sur ta mère; je sens que je serais morte avec toi! O vent qui voles sur ma tête dans la direction qu'ont suivie mes amis, je n'éprouverais plus la douleur de mourir si je pouvais te charger d'un message! O mes amis, vous êtes partis trop vite; car j'avais bien des choses à vous dire !

« Je vous suivrai à travers les champs de neige : vous ne voyagez que lentement. Je braverai la fatigue et mes souffrances ; je verrai vos tentes encore une fois.... Hélas ! mon feu s'est éteint ! l'eau qui était sur ces cendres n'est plus que de la glace ! le loup s'est approché de moi cette nuit, et il a dérobé mes derniers alimens ! Pour jamais me voilà seule ! pourquoi craindrais-je de mourir ? »

Je m'aperçois que le charme de cette complainte naïve s'évapore dans la prose ; et je n'ose plus vous traduire celle d'une pauvre française émigrée, qui, séparée de son enfant, cherche à tromper sa douleur maternelle en caressant le fils d'une étrangère.[1]

La petite pièce suivante vaut pour moi une longue idylle. *La pauvre Susanne* est une jeune fille des champs qui est venue chercher en ville une *condition*, c'est-à-dire la servitude.

[1] Je dois indiquer du moins la Mendiante (*The vagrant woman*), histoire pathétique d'une famille réduite à la misère. Quel charme attendrissant prêtent les regrets de la pauvre femme aux souvenirs des lieux où fut son berceau et témoins de ses premiers plaisirs ! Le dernier adieu de son père à son domaine déchire surtout le cœur. Et comme est bien peinte dans une autre pièce (*Resolution and Independence*) la transition naturelle, mais souvent inexplicable, de l'enthousiasme à une rêverie mélancolique !

LA RÊVERIE DE LA PAUVRE SUSANNE.

« Au coin de Wood Street, quand le point du jour paraît, on pend la cage d'une grive qui chante gaîment, et voici trois années qu'elle chante. La pauvre Susanne passait près de là, et elle entendit au milieu du silence du matin le chant de l'oiseau.

« Ce fut pour elle une mélodie magique. Qu'a-t-elle ? elle voit une montagne qui s'élève, une vision d'arbres ; des masses brillantes de vapeur glissent à travers Lothbury, et une rivière coule dans la vallée de Cheapside.[1]

« Elle voit des verts pâturages qu'elle a si souvent foulés aux pieds quand elle sortait avec son pot au lait sur la tête. Elle voit une petite chaumière isolée, la seule demeure qu'elle aime sur la terre.

« Elle regarde, et son cœur est comme ravi ; mais ils s'évanouissent ces nuages, cette rivière, le coteau et l'ombrage ; l'onde ne coule plus, la montagne s'abaisse, et les couleurs de ce tableau s'effacent à ses yeux. »

[1] Quartiers de Londres.

A ces espèces d'épanchemens de la mélancolie et des affections tendres, Wordsworth fait succéder souvent de grandes images inspirées par les événemens du siècle; et ce sont tour à tour de prophétiques accens ou de sublimes commentaires sur le passé.

SUR L'EXTINCTION DE LA RÉPUBLIQUE VÉNITIENNE.

« Jadis elle tenait le splendide Orient en vasselage; elle était la sauvegarde de l'Occident. Le mérite de Venise n'était point au-dessus de sa naissance, Venise la fille aînée de la liberté. Elle fut une cité vierge, glorieuse et libre, qu'aucune fraude ne pouvait séduire, qu'aucune force ne pouvait violer, et quand elle prit un époux, elle dut choisir l'éternel Océan. Elle a vu enfin toutes ses splendeurs éclipsées, tous ses titres évanouis, et sa force changée en faiblesse. Qu'elle reçoive du moins un tribut de regrets au jour de ses dernières disgrâces. Nous sommes hommes, et nous devons gémir lorsque nous voyons disparaître même l'ombre de ce qui fut grand naguère. »

J'ai pris cette pièce au hasard parmi les *sonnets à la Liberté* et les *sonnets à Buonaparte*.

Mais si vous voulez *aimer* Wordsworth sans cesser de l'admirer, c'est la pastorale de Michel qu'il faut lire; c'est l'histoire de cette pauvre *Ruth* qui rappelle la Maria de Sterne ; c'est la ballade de *Hart leap well*, les rêveries sur *les rives de la Wye*, le *retour d'un frère*, le début de l'histoire d'un homme qui gagne sa vie à chercher des sangsues. Vous souriez à ces titres peu épiques ; je ne vous parlerai donc pas du *Charretier*, ni de *Peter Bell* le potier, qui n'est le héros du poëme que sur le titre ; car c'est un âne qui y joue le principal rôle, l'âne qu'Homère n'avait pas dédaigné, il est vrai, et que Buffon et Delille ont chanté. Wordsworth, le premier, en a fait un *philosophe sensible*. Mais je me laisserais peut-être aller moi-même à la moquerie, moyen de critique plus facile qu'on ne croit. Je renonce à multiplier les extraits ; car c'est presque mutiler le poète, quand il vous déclare lui-même que toutes ses pièces se tiennent entre elles. Je comparerais aussi volontiers les citateurs à l'Arlequin de la pantomime, lorsque, voulant vendre sa maison, il apporte quelques briques qu'il en a détachées pour en donner une idée.

Quant à ses *ridicules*, Wordsworth convient lui-même « que ses *associations* ont été quelquefois plutôt particulières que générales. » Il devait en conséquence prêter aux objets une fausse importance, et, séduit par « *une impulsion maladive*, traiter quelquefois des sujets indignes de la poésie. »

Pour moi, je l'avoue, j'ai quelquefois trouvé un monde entier de sensations nouvelles dans ces sujets *indignes*, comme dans le *Fraisier* de Bernardin de Saint-Pierre. Il est dans les plus petits phénomènes de la création de mystérieuses harmonies fécondes en grands résultats. La sublime révélation de *Dieu*, ou, si vous aimez mieux, de la *Nature* personnifiée, se manifeste poétiquement dans mille sujets oubliés jusqu'ici des poètes, et que Wordsworth a analysés d'une manière originale et grande. Lorsque le Seigneur apparaît à Élie dans le IIIe Livre des Rois, ce n'est pas le vent d'orage, ni le tremblement de terre, ni l'éclat de la flamme qui remplit le prophète du sentiment de sa présence, mais un léger souffle d'air.

« — Et Dieu dit : Sors et tiens-toi sur la

montagne devant le Seigneur. Et voici, le Seigneur passa, un vent impétueux fendit les montagnes, et brisa les rochers devant le Seigneur.

« Mais le Seigneur n'était point dans le vent. Et après le vent un tremblement de terre; mais le Seigneur n'était point dans le tremblement de terre.

« Et après le tremblement de terre vint un grand feu; mais le Seigneur n'était pas dans ce feu. Et après le feu un léger souffle d'air (*sibilus auræ tenuis*); et quand Élie l'entendit, il s'enveloppa le visage de son manteau. » — (*Les Rois*, Liv. III.)

Adieu, mon cher ami; me voilà convaincu d'être un lakiste avant d'avoir été sur les lacs; mais je prouverai que je ne suis pas exclusif.[1]

---

[1] J'aurai l'occasion de reparler des lakistes dans mon excursion aux lacs de Cumberland; et d'avance qu'il me soit permis de rendre hommage à leur hospitalité toute patriarcale.

S. T. Coleridge.

LETTRE LXV.

A M. Alph. DE LA MARTINE.

On yonder hill I stretch my limbs at noon
Whilst thro' my half closed eye-lids I behold
The sun-beams dance like diamonds on the main
And tranquil muse upon tranquillity;
Full many a thought uncall'd and undetain'd
And many idle flitting phantasies,
Traverse my indolent and passive brain
As wild and various as the random gales
That swell and flutter on this subject lute.
   Coleridge, *la Harpe Eolienne.*

Quand vient midi j'étends mes membres sur la pente de ce coteau ; j'entr'ouvre à demi ma paupière pour voir s'agiter sur les ondes les rayons du soleil, tels que des diamans, et je rêve tranquillement au repos. Maintes pensées soudaines et rapides, maints caprices sans but et fugitifs traversent mon cerveau paresseux ; pensées et caprices aussi inconstans et variés que les brises volages qui se jouent entre les cordes de ce luth docile.

M. Wordsvorth a bien quelques rapports avec l'original Jacques, de Shakspeare (dans *as you like it*) ; mais, en fait de rêveries, son ami S. Taylor Coleridge laisse bien loin derrière lui ce philosophe contemplatif, qui n'a sur Coleridge que l'avantage de n'avoir jamais été journaliste ministériel.[1]

> *From morn to night I am myself a dreamer*
> *And slight things bring on me the idle mood.*

« Du matin au soir, je suis moi-même un rêveur, et pour les causes les plus légères je me livre à mon humeur indolente, » fait-il dire à un des personnages de sa tragédie métaphysique. Il est juste d'ajouter que Coleridge serait peut-être le plus grand des poètes modernes, s'il n'en avait été le plus indolent. Il reste le plus extraordinaire des songe-creux. La volupté de rêver a été si douce pour lui, qu'il en est venu à ne plus faire ses vers qu'en dormant. Il a publié lui-même une œuvre de son sommeil[2], précédée d'une petite préface dans laquelle il avoue avec ingénuité qu'au

---

[1] Les plus beaux vers de Coleridge sont peut-être ceux qui datent du temps de son indépendance politique :

> *Not yet enslaved, not wholly vile*
> *O Albion!* etc., etc.

Ode sur l'année 1796.

[2] *Kubla-Khan.*

moment où il transcrivait son poëme, on est venu le chercher *pour affaire*, et qu'il n'a pu à son retour rattraper le fil de son récit, ce qui nous condamne à n'en connaître que la moitié. Il ne donne guère de meilleures excuses pour chaque fragment dont se compose son recueil poétique. Aussi y a-t-il eu peut-être une intention de sa part dans le titre qu'il lui a donné : *Sibyline Leaves* (*les Feuilles Sibylines*).

Tout ce qu'a produit Coleridge est incomplet, par la faute de son indolence. Malheureusement pendant son séjour dans les universités allemandes, son imagination enthousiaste s'est laissé aller à la contagion d'un mysticisme philosophique et religieux, qui enveloppe le plus souvent ses écrits d'un nuage que les éclairs de son génie ne percent pas toujours. Cette obscurité est surtout impatientante dans sa prose. Il est, dit-il, le seul homme qui ait pu comprendre Kant et Fichté; mais il est fort désagréable qu'un tel avantage lui coûte d'être quelquefois lui-même incompréhensible. Madame de Staël du moins, en nous expliquant un Kant de sa façon, s'est mise à notre portée : Coleridge semble n'avoir fait qu'ajouter l'ombre impénétrable de ses théories à celles du philosophe Germain.

La réputation de Coleridge a été longtemps fondée sur les espérances de sa jeunesse, ou sur les éloges exagérés donnés par ses admirateurs à certains poëmes qui, disaient-ils, devaient étonner le monde, et dont la mise au jour n'a été qu'un avortement. Aujourd'hui on ne le loue plus de ce qu'il fera, mais de ce qu'il aurait pu faire. Il lui reste pourtant en portefeuille un ouvrage dont on attend beaucoup, ses *Leçons sur Shakspeare*. Ceux qui les ont entendues ne citent plus qu'avec dédain M. de Schlegel. Il paraît qu'un des grands moyens de séduction que possède Coleridge, c'est le don de l'improvisation. Ses entretiens de tous les jours sont déjà de la véritable éloquence. Il lui faudrait un sténographe à son côté pour recueillir ses brillantes inspirations. Henry est du petit nombre des élus qui l'ont entendu prêcher (car Coleridge a couru le monde en missionnaire), professer la poésie, prophétiser en politique, et enfin causer familièrement. Coleridge a eu dans le temps une espèce de disciple qui par malheur n'était pas un Boswell. Au lieu de l'admiration active de ce biographe de Johnson, le prosélyte John Chester n'avait que des oreilles pour écouter le maître, et ne savait que s'extasier. Je vais emprunter une citation à un autre de ses admirateurs. Veuillez bien ne pas m'attribuer la comparaison entre le chant de madame Catalani et l'éloquence de Coleridge : je n'ai vu qu'une fois madame Catalani, et quoique un prince (oui, un prince!) la fît prier par un ambassadeur de chanter, je l'entendis répéter, hélas! sérieusement, et en simple prose, ce vers de l'Opéra-Comique :

Non, non, je ne veux pas chanter.¹

Je ne m'en consolerais pas, si je n'avais depuis entendu l'ariette toute entière de la bouche divine de Mainvielle Fodor. Mais je reviens à ma citation :

«—*J'ai entendu Coleridge parler*, et quand
« cela est arrivé à quelqu'un, il semble que c'est

---

¹ C'était à un fameux bal chez notre ambassadeur, où se trouvait réunie tout ce que l'Angleterre a de plus illustre. Ce bal était donné à leurs altesses royales le prince et la princesse de Danemarck : ce n'est pas ici le lieu de le décrire.

« une chose convenue ici qu'à dater de ce jour
« il peut être aussi enthousiaste qu'il lui plaira
« dans son admiration pour le génie de Cole-
« ridge sans être taxé d'extravagance. En effet,
« la première soirée passée avec cet homme,
« s'il est en humeur de causer (et quand n'est-il
« pas de cette humeur-là?), fait époque dans sa
« vie. Je n'avais aucune idée de ce qu'on ap-
« pelle le don naturel de l'éloquence avant
« d'avoir été présent à ce spectacle extraordi-
« naire ; car c'est littéralement un spectacle [1].
« Vous n'allez pas là causer ni entendre causer
« les autres ; où Coleridge se trouve, il n'y a
« plus de conversation ; vous allez l'écouter,
« *lui*, et pas d'autres. Vous n'en demandez pas
« davantage.

« Il n'y a aucune comparaison à faire entre
« sa prose écrite et sa prose parlée. Si ce qu'il
« dit dans le cours d'une soirée pouvait être
« imprimé, ce serait bien au-dessus de toute la
« prose qu'il a publiée, soit par la profondeur
« des pensées, soit par ses images et ses allu-

[1] Si mon auteur avait entendu improviser MM. Pariset et Villemain, il eût dit pour tout éloge : Il y a dans Coleridge MM. Villemain et Pariset réunis.

« sions heureuses, soit en étendue ou en variété
« de connaissances, soit enfin en richesse, en
« pureté et en élégance de diction. Son entretien
« est aussi extraordinaire que le jeu aux échecs
« de l'automate qu'on faisait voir il y a quel-
« ques années à Paris. Vous restez assis, té-
« moin silencieux et immobile d'admiration et
« de surprise. Il n'y a aucun moyen de l'em-
« barrasser ou de le mettre en défaut. Sem-
« blable à l'automate, on dirait que, *monté*
« *par un ressort*, il faut qu'il aille jusqu'à la
« fin. Mais quand cette fin arrivera-t-elle? c'est
« ce que personne ne devine; de sorte que les
« spectateurs sont souvent obligés de se lever
« et de sortir au milieu du jeu, ne pouvant
« prévoir quand il sera terminé. Comme l'au-
« tomate encore, il gagne toujours. Je n'ai
« jamais ouï dire qu'il ait laissé prendre le
« moindre avantage sur lui. Dans le fait, s'il
« n'était pas évident qu'il *a le sentiment* de tout
« ce qu'il dit au moment où il parle, il pour-
« rait être regardé comme une machine par-
« lante, qui parle et parle encore, parce
« qu'elle ne saurait faire autrement.

« Mais peut-être l'éloquence de Coleridge

« pourrait être plus justement comparée au
« chant de la Catalani. Cette éloquence est
« aussi riche, aussi brillante, aussi éblouis-
« sante, aussi inépuisable ; elle ne peut pas da-
« vantage être suivie par l'orchestre chargé de
« l'accompagner et de remplir les intervalles,
« ou par les spectateurs qui l'écoutent ; peut-
« être est-elle remplie d'inexactitude, et même
« de solécismes, que sait-on ? mais qui décou-
« vrira ces faux tons et ces solécismes dans le
« chant de Catalani ou dans l'éloquence de
« Coleridge ? Peut-être ce charme magique
« consiste dans l'air vif de sincérité qui accom-
« pagne *le sentiment* de ce qu'ils vont faire en-
« tendre l'un ou l'autre, et cela tient beaucoup
« au sourire céleste, mais un peu vague, qui
« effleure leurs lèvres. Enfin il faut avouer que
« nous sommes assez disposés à être bientôt
« *satisfaits,* sinon *rassasiés* de les entendre. Ils
« nous surprennent et nous ravissent pendant
« un temps ; mais ils sont trop au-dessus de
« notre portée : ils touchent peut-être de trop
« près notre amour-propre pour produire une
« sympathie durable. La simplicité exquise et
« l'air de bonté et de sincérité que leur phy-

« sionomie exprime, ont seuls pu les faire sup-
« porter si long-temps. »[1]

Un des caractères de la poésie de Coleridge, c'est que sa facilité s'allie assez bien à une grande richesse d'expression, à une harmonie et une élégance continuelles. Ses fautes contre la mesure des vers sont même calculées ; c'est une musique qui pèche contre les règles, et parfaitement appropriée néanmoins au sentiment qu'elle relève par le charme de ses accords. Il y a quelque chose de fantastisque dans son rhythme, quand ses sujets sont empruntés à la fantasmagorie de ses rêves. Dans ses fragmens philosophiques, il n'a pas ce ton solennel et quelquefois un peu monotone de Wordsworth; c'est l'énergie de Milton et des beaux passages de Shakspeare. Mais ce sont surtout les soupirs et les rêveries de l'amour que ses vers nous répètent avec une mélancolie et une naïveté ravissantes. Peu de poètes ont mieux compris

[1] « Sol. Lett. » On trouvera peut-être la comparaison de l'*automate* et celle de *Catalani* d'assez mauvais goût ; mais j'ai voulu donner une idée d'une espèce de critique prétentieuse, mise à la mode en Angleterre par Hazzlit. Les lettres de Soligny ne sont pas toutes de ce style.

la délicatesse de cette passion; Coleridge en a trouvé l'idéal le plus poétique, et a prêté même aux émotions des sens le langage de l'imagination; c'est lui qui a dit de la voix de sa maîtresse:

> *Her voice (that even in her mirthful mood*
> *Has made me wish to steal away and weep.* [1])

« Sa voix, qui même dans ses momens de gaîté fit souvent naître en moi le désir de m'échapper pour aller répandre des larmes. »

Le poëme suivant est plein de traits non moins gracieux : c'est la *métaphysique* du premier amour.

Geneviève. [2]

« Toutes les pensées, toutes les passions, tous les plaisirs qui agitent ce corps mortel ne sont que les esclaves de l'amour, et alimentent sa flamme sacrée.

« Souvent dans mes rêveries je suis heureux encore de cette heure charmante où j'étais assis sur la pente de la montagne, non loin de la tour en ruines.

« La lune se glissant peu à peu à l'horizon avait mêlé ses molles clartés avec les derniers

---

[1] The Keep sake.
[2] Le titre anglais est *Love* ou l'Amour.

rayons du soir; et là était mon espérance, ma vie, ma chère Geneviève.

« Appuyée contre la statue du chevalier couvert de son armure, Geneviève, immobile et attentive, écoutait ma ballade, pendant que le jour s'écoulait lentement.

« Elle a peu de chagrins à elle propres, mon espérance, ma félicité, ma Geneviève! Elle m'aime plus tendrement alors que je lui redis les chants qui l'attendrissent et l'affligent.

« Je préludai par un air doux et plaintif; je chantai une ballade ancienne et touchante, une ballade du vieux temps en harmonie avec ces ruines antiques et sauvages.

« Elle écoutait émue et en rougissant, avec une grâce modeste et baissant les yeux; car elle savait bien que je ne pouvais que fixer les miens sur son visage.

« Je lui parlai du chevalier qui portait pour emblème une épée flamboyante sur son écu, et qui pendant dix longues années aima la jeune châtelaine.

« Je lui dis comment il languit! — Et le ton timide et suppliant avec lequel je chantai l'amour d'un autre exprimait le mien.

« Elle écoutait émue, rougissant, les yeux

baissés, avec une grâce modeste, et elle me pardonna de la regarder trop tendrement.

« Mais quand je lui appris quels cruels dédains égarèrent la raison de ce brave et aimable chevalier, comment il parcourut les bois des montagnes, et ne goûta plus de repos ni la nuit ni le jour;

« Quand je lui dis que, tantôt sortant du fond d'une caverne sauvage, tantôt dans la sombre forêt, et quelquefois apparaissant tout à coup dans une verdoyante vallée dorée par le soleil,

« Un ange brillant de beauté venait le regarder en face, et qu'il reconnut, ce pauvre chevalier! que c'était un démon;

« Quand elle entendit raconter que, privé de sa raison, il s'élança au milieu d'une troupe de meurtriers, et sauva la châtelaine d'un outrage pire que la mort;

« Quand je lui dis comment elle pleura et embrassa ses genoux, comment elle lui prodigua en vain ses soins, et fit tous ses efforts pour adoucir le délire que lui avaient causé ses mépris;

« Comment elle le veilla dans une caverne, et comment sa folie se dissipa, lorsqu'aux approches de l'automne il était étendu expirant;

« Quand je répétai les paroles de sa bouche mourante....Mais quand j'en fus à ce passage, le plus tendre de toute la ballade, l'altération de ma voix, le silence de ma harpe agitèrent son âme de pitié.

« Tout ce qui peut troubler l'âme et les sens avait agi sur mon innocente Geneviève; la musique et le récit touchant, les riches parfums de la soirée,

« Les espérances et les craintes, sensations indéfinissables qui allument les désirs et les tendres soupirs depuis long-temps contenus, mais depuis long-temps chers à nos cœurs.

« Elle pleura de pitié et de plaisir; elle rougit d'amour et de pudeur virginale, et tel que le murmure d'un songe, mon nom s'échappa de ses lèvres.

« Son sein se soulève.... Elle se retire à l'écart, elle se retire parce qu'elle devine mon regard.... Puis soudain, les yeux toujours baissés, elle vole à moi et pleure.

« Elle m'enlace à demi de ses bras, elle me presse doucement, penchant sa tête sur son épaule, elle la relève peu à peu et me regarde.

« Ce fut un peu par amour, un peu par

crainte, et aussi par une ruse pudique, afin que je pusse sentir plutôt que voir les battemens de son cœur.

« Je calmai ses craintes ; elle se rassura et m'avoua son amour avec une fierté virginale. Ce fut ainsi que j'obtins ma Geneviève, ma tendre et belle fiancée. »

Il y a dans ce poëme quelque chose de la grâce qu'on a tant vantée dans le *ce jour-là nous ne lûmes pas davantage* du récit de *Francesca de Rimini*.[1]

Geneviève faisait partie du recueil des ballades lyriques de Wordsworth, et Coleridge n'a séparé que plus tard ses œuvres de celles de son ami. Il s'était surtout chargé, pour leur plan commun, de choisir des héros et des sujets imaginaires, sans renoncer toutefois à leur prêter un intérêt et un air de vraisemblance suffisant pour obtenir des lecteurs ce qu'il appelle la foi poétique, c'est-à-dire la *suspension volontaire de l'esprit critique de l'incrédule raison*. Aussi la ballade la plus remarquable de Coleridge est celle du *Vieux Marin* en sept chants, conception des plus bizarres, mais que je n'ose appeler, comme les amis

---

[1] *Qual giorno no leggiamo mai.* — Dante, *Inferno*.

de l'auteur, *une conception étonnante et originale.* C'est, disent-ils, un poëme qu'il faut sentir, aimer, méditer, mais qui est impossible à décrire, à analyser ou à critiquer. Je doute que l'on convienne en France que ce soit en effet la plus singulière des créations du génie ; mais pour les *lakistes*, ce n'est pas une chose de ce monde matériel ; la mélodie de ces vers leur semble le murmure mélancolique et mystérieux d'un songe, et les images ont la beauté, la grandeur et l'incohérence d'une vision, où des ombres imposantes se mêlent à des formes gracieuses plus distinctes. Tout a été excusé, les ornemens superflus, la redondance du langage, le vague et la confusion du récit. Essayons d'en donner une idée.

— Une noce se célèbre ; on entend la musique joyeuse ; les lumières brillent au loin, et guident trois convives qui se rendent à la fête. L'un d'eux est arrêté par un vieillard qui le saisit par la main pour le contraindre à l'écouter ; il s'échappe ; mais l'inconnu, qui est le marin, possède *un charme plus irrésistible*, celui de son regard, qui exerce une étrange fascination. Le marin raconte sans autre préambule qu'il était embarqué sur un vaisseau faisant voile pour la mer du Sud, et qu'un vent favorable avait accompagné jusqu'à la ligne, lorsqu'un orage survint et le poussa bientôt au milieu des glaces. Un oiseau de mer, l'albatross, est accueilli avec joie et hospitalité par l'équipage. C'est un oiseau de bon augure, qui lui porte bonheur et qui suit le navire à travers les brumes du Nord.

« — Dieu te préserve, vieux matelot, des fantômes qui te poursuivent ainsi!... Que veut dire ce regard effaré? — Avec mon arbalète, répondit-il, je tuai l'albatross. »

« Le beau temps a cessé. Les compagnons du vieux marin l'accablent de reproches; mais au retour d'un vent plus propice ils le justifient, et se rendent ainsi les complices du crime. Un calme arrête soudain le vaisseau : l'albatross commence à être vengé. Tous les maux qui se multiplient contre les coupables, et la soif qui les dévore au milieu de la vaste plaine des vagues sont la suite de la cruauté du vieux marin. Un cri de joie s'échappe de leurs gosiers desséchés à l'aspect d'un navire qui s'approche; mais l'horreur les saisit quand ils observent que ce navire vogue sans vent ni courant. Ce n'est que *le squelette d'un navire* (ce phénomène de la superstition des marins a été depuis introduit par sir W. Scott dans le poëme de *Rokeby*). Deux fantômes en composent l'équipage, la Mort et une espèce de cauchemar, que le narrateur appelle *Life-in-death* (la Vie-dans-la-mort). Ces deux fantômes jouent aux dés, et se disputent le vieux matelot. La Vie-dans-la-mort le gagne; ses camarades meurent, et se noient en le maudissant du regard. Au milieu des remords et des sombres pensées auxquelles il reste en proie, un sentiment de charité qui survit dans son âme le sauve. Il peut prier, et dès lors il renaît à l'espérance. La sainte Vierge lui envoie un sommeil réparateur et une pluie bienfaisante. Il entend des sons étranges et des commotions extraordinaires dans les élémens.

« Le navire se meut, les corps morts qui ont flotté sur les vagues poussent un gémissement; ils s'agitent, se lèvent, mais sans parler, sans remuer les yeux; il eût été effrayant, même dans un songe, de voir se lever ces morts. Le pilote se place au gouvernail, le vaisseau vogue; cependant aucune brise ne souffle; les matelots tirent les cordages, chacun d'eux est à son poste; comme naguère ils agitent leurs membres semblables à des machines insensibles. — Nous étions un équipage horrible à voir. Le corps du fils de mon frère était à mon côté; lui et moi nous tirions la même corde, mais il ne m'adressait pas une parole. . . . . Ce n'était pas leurs âmes en peine ni des démons qui animaient ces corps, mais des anges venus à l'invocation de mon saint patron, etc. »

Cependant l'Esprit du Pôle réclame sa vengeance et l'obtient. L'agonie du vieux matelot recommence; après une nouvelle expiation, il revoit sa terre natale; les anges abandonnent les cadavres et apparaissent sous leurs formes de lumière. Un saint ermite reçoit le matelot sur le rivage, une transe cruelle le force de faire la pénible confession de son histoire, et depuis il est condamné à courir le monde et à répéter son récit, pour apprendre aux hommes, par son exemple, à respecter les créatures de Dieu.

Je supprime nécessairement dans ce précis plusieurs détails d'une grande beauté, ou, si vous voulez, d'une belle extravagance. On n'a jamais prodigué tant de poésie et d'imagination pour un conte de revenant. L'artifice du style est aussi fort extraordinaire. Le langage du vieux matelot est tantôt rapide et impétueux comme la tempête qui pousse le navire, puis il a une solennelle lenteur pour peindre le calme [1]. Les interruptions de l'auditeur, le contraste des sons joyeux de la noce qui se mêlent tour à tour à la voix du remords et à celle de la peur, tout est calculé pour exciter une terreur et une tristesse superstitieuses. Récité par Coleridge lui-même, ce poëme, dit-on, excite des émotions singulières dans les cœurs les plus décidés à rester incrédules.

La *Christabel* est une composition du même genre, trop vantée par lord Byron ; mais, demeurée incomplète, elle serait plus difficile à analyser.

Il y a certainement quelque analogie en-

[1] C'est un grand art dans certaines fictions que d'imiter par les paroles la fixité solennelle que l'imagination se représente dans l'empire des ténèbres et de la mort.

(*Madame* DE STAEL.)

tre le talent de Coleridge et celui de l'Allemand Burger, auteur de *Lenore*. Je croirais presque que le poète anglais est le plus *allemand* des deux, même dans ses tableaux de la vie ordinaire, où, quand il retrace les émotions les plus naturelles, on reconnaît une imagination qui, aimant à prendre l'essor loin du monde visible, y apporte les teintes plus riches, mais plus mystérieuses du pays des illusions. Coleridge a appliqué aussi la fantasmagorie à la politique. Sa prétendue églogue, intitulée *le Feu, la Famine et le Carnage*, fut une énergique malédiction contre Pitt au temps de sa puissance. C'est dans la Vendée, sur une plaine ravagée par la guerre, que les trois fléaux personnifiés se rencontrent et célèbrent leur reconnaissance pour le ministre qui leur a fourni tant de victimes. La scène des trois Furies dans *Manfred* ferait le pendant de celle-ci. Le Feu, la Famine et le Carnage ne se contentent pas d'une vaine apothéose pour leur héros. La Famine et le Feu se disputent à l'envi la gloire de le récompenser; c'est le Feu qui obtient de lui donner l'éternité dans ses terribles embrassemens. C'est sans doute depuis que Coleridge a modifié ses opinions qu'il a mis pour épigraphe à cette églogue ce verset de l'Ecclésiaste :

« Il a erré dans ses discours, mais non dans son cœur; et quel est celui qui n'a pas péché avec sa langue? »

Cette scène dramatique me servira de transition pour vous parler des tragédies de Coleridge. Je vous dirai peu de chose de la *Chute de Robespierre,* n'ayant pas encore pu me la procurer. Coleridge a traduit ou plutôt imité les *Wallenstein* de Schiller, puisque cette trilogie allemande s'est embellie dans ses vers anglais; un simple traducteur ne fait au contraire qu'appauvrir son auteur. Je n'ai retenu que quelques belles pages de *Zapoloya,* tragédie imitée pour le cadre du *Conte d'hiver* de Shakspeare, avec cette différence que Coleridge, n'osant pas mettre entre deux actes un intervalle de vingt ans comme son modèle, a fait une seconde pièce isolée de la première, sous le titre de *Prélude.* Cette concession accordée à Aristote est assez singulière de la part de notre idéologue. Mais il faut savoir qu'il a été encore plus loin contre les licences de la scène dans une critique assez amère du *Bertram* de Maturin et des drames de Kotzebue. Coleridge lui-même, dans ses tragédies, est bien parfois mystique, mais nullement aussi extravagant que pourrait l'annoncer le poëme du *Vieux Marin*. La seule de ses œuvres théâtrales qui ait eu un certain succès (vingt représentations) est *le Remords*. Sa conception du personnage d'Ordonio est profonde. Malheureusement tout semble sacrifié à ce caractère principal. Le poète ne s'est pas contenté de le dessiner dans une tirade; chaque scène révèle un nouveau trait de cette espèce de *monstre en morale*, mélange d'orgueil, d'égoïsme, d'honneur et de penchans généreux. Lord Byron a si souvent analysé depuis de semblables héros, qu'ils ont perdu presque tous leurs titres à l'originalité. La poésie des détails fait certainement le grand mérite du *Remords;* la pièce offre cependant plus d'événemens et d'intérêt qu'on n'en trouve ordinairement dans ces drames métaphysiques.

La scène se passe près de Grenade, sous le règne de Philippe II, à la fin des guerres civiles contre les Maures qui sont soumis à toutes les rigueurs de la persécution. L'inquisiteur Monviedro ne joue cependant qu'un rôle secondaire. Le marquis de Valdez a deux fils, Alvar et Ordonio; le premier, fiancé à une orpheline nommée Teresa, pupille de son père, était parti pour ses voyages, après avoir reçu les sermens de son amante avec son portrait connu de lui seul, et qu'il devait porter caché dans son sein comme le gage secret, mais solennel, de leur futur hymen. Ordonio, amoureux lui-même de Teresa, s'est rendu l'invisible témoin de ces adieux, et, instruit du retour de son frère, il envoie trois Maures pour l'assassiner. Un des trois assassins est Isidore, dévoué à Ordonio qui lui a sauvé la vie, mais qui eût été incapable de se charger du meurtre d'Alvar, s'il ne l'avait cru, d'après les mensonges d'Ordonio, l'ennemi de son bienfaiteur. Alvar s'est défendu avec bravoure; il en est venu à une explication avec Isidore, qui, reconnaissant en lui le frère d'Ordonio, se contente de la promesse qu'il lui fait de s'exiler pendant un an, et en reçoit le portrait de Teresa. Alvar s'en dessaisit d'autant plus facilement qu'il ne doute pas, quand Isidore le réclame, que Teresa ne soit d'accord avec Ordonio pour le trahir. Ordonio cependant croyant son frère tué s'offre pour époux à Teresa, qui refuse long-temps de croire à la mort d'Alvar. Ordonio rend un nouveau service à Isidore, dont il exige en retour qu'il se prête à persuader à Teresa qu'Alvar n'est plus. Il s'agit de jouer le rôle de magicien. Isidore s'y refuse; mais il indique à Ordonio un étranger mystérieux arrivé depuis quelques jours, et qui a *toute la mine d'un sorcier*. C'est Alvar lui-même que son frère va visiter, et à qui, par ses instructions, il révèle l'innocence de Teresa. Il lui remet le portrait précieux que ce prétendu magicien doit faire paraître, après une invocation mystérieuse adressée à l'ombre du défunt; mais c'est un tableau représentant son assassinat qu'Alvar montre soudain aux yeux surpris de son frère et de sa fiancée. Cette scène de magie est interrompue par l'exclamation de rage d'Ordonio, lorsque les familiers de l'inquisition surviennent, saisissent Alvar et le jettent dans un cachot comme magicien. Ordonio, qui se croit trahi par Isidore, a juré de l'immoler, ainsi que l'inconnu. Il n'exécute que la moitié de sa vengeance, et Alvar, qui s'est déjà fait reconnaître par Teresa, confond le traître en se découvrant à lui, et le livre au supplice du remords. « — Le « remords change de nature suivant le cœur « dans lequel il prend naissance. Dans un cœur « tendre il verse le baume du vrai repentir; « dans un cœur orgueilleux et farouche, c'est « un arbuste venimeux qui ne répand que les « sucs mortels du poison. »[1] (*Acte* 1er, *sc.* 1re.)

Au milieu de ses angoisses Ordonio est surpris par une troupe de Maures. Alhadra les guide : cette Alhadra dessinée avec énergie est la femme d'Isidore, qui vient poignarder elle-même celui qui l'a privée de son époux, etc. Après cette esquisse décolorée, il serait injuste de relever tous les défauts et les invraisemblances d'une tragédie dont il est facile à la critique de faire justice. Je préférerais en extraire quelques scènes d'un vrai mérite. Les limites que je dois m'imposer dans cette lettre, assez longue déjà, ne me permettent qu'une citation. Alhadra retrace ses angoisses cruelles au mo-

[1] *Remorse is as the heart in which it grows*, etc.

ment où elle a découvert le meurtre d'Isidore.

« — J'écoutais, j'étais impatiente d'entendre les pas de mon époux !

Naomi. Tu l'appelas ?

Alhadra. Je me glissai dans la caverne ; elle était sombre et silencieuse. (*Elle ajoute d'un air effaré :*) Que disais-tu, Naomi? Non, non, je n'osai pas appeler Isidore, de peur de ne pas recevoir de réponse. Pendant quelques instans, je crois, je perdis toute idée, tout souvenir de l'objet qui m'amenait. Après ce court intervalle, ô ciel ! j'entendis un gémissement, et puis un autre qui me conduisit dans une partie reculée du souterrain. Il y avait là une clarté, une horrible clarté.... Une torche brûlait par terre, éclairant de sa sombre flamme les bords d'une large fente du roc.... Je parlai, et pendant que je parlai un gémissement faible en sortit : c'était son dernier ! le gémissement de la mort.

Naomi. Soutiens son cœur, ô Alla !

Alhadra. Je restai plongée dans une transe inexprimable, dans une agonie dont je ne saurais écarter le souvenir, écoutant avec l'affreuse espérance d'entendre encore un gémissement; mais j'avais entendu le dernier, le dernier gémissement de mon époux! etc. »

Il me reste à vous parler de l'autobiographie de Coleridge; mais il me semble qu'elle mérite une lettre à part. C'est des bords des lacs que je me propose de vous l'envoyer; aussi je ne me résume point ici sur l'ami de Wordsworth.

LETTRE LXVI.

A LA SEÑORA BLAIN Y CERVANTES.

> ......*I am he who sung*
> *The maid of Arc, and I am he who framed*
> *Of Thalaba the wild and wondrous song.*
> *Come, listen to my lay, and you shall hear*
> *How Madoc, etc.*
>   R. Southey, *Prologue de Madoc.*
>
> Je suis celui qui chanta Jeanne d'Arc; c'est moi qui composai le poëme bizarre et merveilleux de Thalaba. Écoutez ces nouveaux vers, et vous saurez comment Madoc, etc., etc.

Le simple catalogue des diverses œuvres du poète lauréat prouve une laborieuse facilité. M. Robert Southey est sans contredit le plus universel des poètes modernes; et si tout le monde ne convient pas qu'il en soit le plus inventif, c'est peut-être qu'on le soupçonne d'avoir plus souvent recours à sa mémoire d'érudit qu'à son imagination de poète. Le

Robert Southey

luxe de ses notes est la preuve d'une bonne foi maladroite, ou d'une vanité de bibliomane; (car Southey possède une des bibliothéques les plus précieuses de l'Angleterre). Chroniqueur, historien, biographe, éditeur, traducteur, romancier, antiquaire, poète enfin, M. Southey cumule comme Walter Scott tous les titres littéraires possibles; et si les *Puritains d'Écosse* et *Ivanhoé* n'avaient pas prouvé que dans les mœurs des sociétés modernes l'épopée peut très bien réussir en prose, l'auteur de *Roderic* serait le premier poète épique de la Grande-Bretagne. Il peut réclamer du moins la gloire d'avoir deviné, par la *chronique du Cid*, tout ce qu'il y avait d'homérique dans la naïveté des poètes chevaleresques. Comme *lakiste*, même parmi les pompes du roman en vers, Southey n'a pas sacrifié les sentimens naturels aux sentimens factices d'un héroïsme de convention; mais il a malheureusement plus compté pour être original sur l'étrangeté et la nouveauté de ses sujets que sur les ressources de son inspiration. Si au lieu de se faire cosmopolite, sa Muse avait voulu concentrer ses forces sur des sujets nationaux, son

originalité eût été plus franche. Pour être tour
à tour française, arabe, indienne, espagnole,
elle a bien revêtu le costume du pays qu'elle
adoptait; mais elle n'a pu, sous ces attributs
d'emprunt, conserver une allure toujours
aisée. On lui trouve par momens je ne sais
quel air de gêne qu'elle cherche à sauver
par l'emphase. Elle vous fait l'effet de l'acteur
tout occupé de se draper et de soigner son
attitude, tandis que la Muse du barde écossais,
vive, alerte, familière, sous les plis de son
plaid, ne sacrifie aucune des inspirations de
son instinct, et se montre à nous avec toute
sa grâce et sa fierté natives. Elle est *elle-même*
et n'a nul besoin de feintise. De même pour
le style, celui de Scott n'est jamais étudié;
ses lieux communs passent comme la monnaie courante du discours, et contribuent
à l'illusion. Southey, qui semble traduire une
langue étrangère, a besoin d'être soutenu par
la pensée, et ce qui n'est pas remarqué dans
Scott, le *remplissage* obligé de toutes sortes
de compositions, choque chez lui comme paroles triviales. L'emploi quelquefois heureux
qu'il fait des mots vieillis et des tours antiques

de sa langue ressemble quelquefois aussi à un *pastiche*. Ce qui justifie cette *théorie* du talent de Southey, c'est le charme tout particulier de ses poésies détachées, de ces élucubrations et de ces contes, où il se livre à ses idées personnelles, soit en rêveur lakiste, comme dans son *Adresse aux dieux Pénates*, et son *Paysage du Poussin*, soit qu'il prenne un ton de philosophie moitié sérieuse, moitié ironique, comme dans son charmant conte de *San Gualberto*. Ses ballades sur les superstitions populaires et locales sont aussi d'un grand effet, comme le *lord William* ou *l'histoire de la vieille femme de Berkeley*, que les diables enlèvent de son cercueil au milieu de l'église. Southey, narrateur en prose, est plus constamment naturel, facile, et exempt de toute affectation et de toute rhétorique. Je louerai même dans l'occasion ses excellens articles dans la *Revue de trimestre*, et ce sera généreux à moi Français, qui soupçonne très fort M. Southey d'être au moins le complice de certains paragraphes du *Quarterly Review*, où la France est calomniée tantôt avec ironie, tantôt avec une jalouse rage. J'aurais certes beau jeu contre lui, en m'armant de quelques unes des *revues* de ses zoïles d'Édimbourg; mais je ne ferai même pas usage des satires souvent injustes de lord Byron, et je me contenterai de répéter le fait que Southey n'est réellement poète médiocre que depuis qu'il s'est fait écrivain ministériel : j'en appelle de Southey *poète lauréat* et écrivain pensionné, à Southey chantre de notre Jeanne d'Arc. Nous lui devons presque de la reconnaissance pour cette épopée toute française. Le grand Shakspeare avait été grossièrement injuste envers l'héroïne de Domremi : la Muse de Southey lui a fait réparation complète.

Le poëme de *Joan of Arc* fut composé par Southey à l'âge de dix-neuf ans, et publié en 1795 sous l'influence des opinions républicaines, que l'auteur professait encore à cette époque. Southey ministériel a eu la bonne foi de ne pas retrancher des éditions subséquentes ses allusions libérales, et entre autres cette apostrophe à Paris, qu'il aurait pu remplacer (selon l'usage) par quelque phrase monarchique.

....« Théâtre de funestes catastrophes ! ville
« souillée pendant des siècles du sang inno-
« cent, et destinée à être un jour témoin du

« meurtre de BRISSOT et de l'héroïque épouse
« de ROLAND ! Patriotes martyrs, âmes
« pures, votre mort fit verser des larmes à
« tous les hommes vertueux; mais elle vous
« survit encore cette plante impérissable se-
« mée par vous et arrosée de votre sang; ses
« racines s'étendent au loin, et elle deviendra
« cet arbre de la liberté sous l'ombre duquel
« les fils des hommes dresseront leurs tentes
« en paix. »[1]

[1] Lord Byron quelquefois se fait un jeu d'exprimer une idée qu'il semble *voler* à un de ses rivaux; mais, selon l'expression de Voltaire, il *tue* volontiers celui qu'il *vole*. Voici une stance de Childe Harold, qu'on pourra rapprocher de la citation précédente ; mais la nuance est plutôt sensible dans les vers mêmes :

« Divine Liberté, ta bannière déchirée est toujours flottante et ne cesse d'avancer comme la foudre qui lutte contre l'aquilon ; ta voix, quoique affaiblie et mourante, retentira plus fortement après l'orage. Ton arbre sacré a perdu ses fleurs, et ses rameaux mutilés par la hache n'offrent plus qu'une écorce rude et flétrie; mais la séve lui reste encore, et ses racines s'entrelacent profondément jusque sous les plages du nord : un printemps plus heureux te promet des fruits moins amers. »
(*Childe Harold*, ch. IVe.)

Quelques passages analogues et de solennelles malédictions prononcées contre la tyrannie anglaise ne pouvaient obtenir un favorable accueil en Angleterre au moment où la politique *positive* de Pitt et la politique *chevaleresque* de Burke avaient rallié presque tous les Anglais contre la révolution française. On cria de toutes parts à l'abus du talent [1]. Qui aurait pu deviner alors dans le jeune poète *gallomane* un des adversaires les plus exagérés de la gloire française? Du reste le vengeur libéral de Jeanne d'Arc n'était pas précisément dans son poëme un girondin ni un patriote de 1789. Par ses opinions religieuses, comme par l'alliance de l'esprit des chroniques féodales au style grave du *Paradis perdu*, c'était plutôt un indépendant du temps de Cromwell et un disciple de Milton. Quelques principes philosophiques du moment sont bien faciles à reconnaître dans cette ad-

---

[1] « Southey, auteur de *Jeanne d'Arc* à dix-neuf ans, « est un prodige, un autre Chatterton; mais c'est un « parricide lançant des traits empoisonnés contre sa « patrie, sa constitution et le caractère de ses habitans. » (*Lettre de miss Seward à M. Gell*, 13 *février* 1797.)

mirable Vision où le Désespoir parle à Jeanne d'Arc en faveur du suicide comme Saint-Preux, et où la vierge d'Orléans emprunte à la *Julie* de Jean-Jacques plusieurs traits de son éloquente réfutation; mais le caractère général de l'ouvrage est religieux. On sourit de voir le futur biographe de Wesley-le-méthodiste faire de Jeanne d'Arc une enthousiaste presque mystique; mais Jeanne d'Arc était-elle autre chose? comment ne pas reconnaître dans cette miraculeuse histoire une inspiration d'en haut, et le doigt de Dieu lui-même? quel Français oserait nier qu'il y eut quelque chose de divin dans le patriotisme de Jeanne d'Arc? — La *Jeanne d'Arc* de Southey n'en est pas moins pure, parce qu'il lui a attribué le souvenir d'une passion terrestre qui donne à sa physionomie un air de mélancolie touchante. Cette passion qui s'est tue à la voix du saint devoir, ajoute encore à l'intérêt que Jeanne inspire et relève son héroïsme. Je n'essaierai pas d'analyser les événemens d'un poëme dont le sujet nous est si familier. Le *merveilleux* y est souvent d'un effet sublime. Le poète n'a point eu recours à des agens fantastiques ; Jeanne raconte seulement à Dunois avec naïveté les signes qu'elle a reçus de sa mission, et ses songes mystérieux sous l'arbre des fées. Le neuvième chant, dans l'origine, était une longue vision qui transportait le lecteur dans un monde imaginaire. Peut-être est-ce un tort de l'avoir retranché pour le donner en appendice, sous prétexte qu'il suspendait trop long-temps la marche des événemens. Coleridge n'était pas étranger à l'invention de cette partie toute allégorique de l'épopée de son beau-frère, qui brille de plusieurs *images* sublimes. Telle est la personnification du Désespoir, tel est l'enfer de la gloire où Henry v expie ses conquêtes. Il faut y remarquer aussi un trait satirique que Milton pourrait réclamer pour son paradis des fous. Southey, si ardent à défendre aujourd'hui la dîme et les prérogatives des dignitaires de son église, avait placé en enfer les prélats anglicans en surplis comme nos cardinaux en grand costume; et les uns comme les autres y sont condamnés à l'ennui de remplir tous les devoirs qu'ils avaient convertis en sinécures dans leurs palais sur la terre. Mais pour réparer la malice d'une telle citation, je m'empresse d'indiquer l'allégorie du fil fragile de la vie qui court avec une vitesse effrayante autour d'un rouet fatal, et que deux Génies humectent d'une onde contenue dans deux urnes. De l'urne d'ébène s'échappent abondamment les flots amers de la source des maux, et le Génie qui les verse regarde avec un sourire sinistre; un Ange plus doux est chargé de l'autre urne, qui recèle une onde plus rare; mais quelquefois il l'augmente par les larmes que fait couler sa pitié pour le sort de l'homme. — « Heureux celui qui a reçu sur le fil de ses jours ces larmes précieuses, si c'est être heureux d'avoir un cœur facile à s'attendrir sur les maux de ses semblables dans un monde si riche en misères. »

J'ai dit que le style de *Jeanne d'Arc* était une imitation du rhythme quelquefois un peu dur de Milton. Dans son second poëme Southey s'est affranchi de toute imitation, tant dans la mesure des vers que dans le sujet. Nous passons de la France du moyen âge en Orient; car Southey a fait le tour du monde dans ses poëmes, et il a mis en œuvre les traditions, l'histoire et les croyances des peuples les plus divers. La science prodigieuse que suppose chacun de ses sujets indique déjà qu'il serait absurde de se traîner éternellement sur les pas d'Homère et de Virgile. Que servirait au poète moderne que la civilisation lui eût ouvert tant de routes nouvelles ? Ce serait un grand malheur en littérature que Milton se fût imposé la loi de faire une autre Énéide. Le Tasse, qui avec un goût infini a su assujettir aux formes antiques la Muse de l'Europe chrétienne, n'est jamais plus grand que lorsqu'il est de son siècle; et avouons-le en rougissant, Voltaire fut plus vrai quand il se fit le rival de l'Arioste que quand, plein des souvenirs du collége, il calqua son Henry IV sur le pieux Énée. Lord Byron s'accuse comme d'un crime d'être du nombre de ceux qui ont élevé des pagodes chinoises à côté des temples grecs, seuls modèles de l'art. L'architecture classique de Saint-Paul ne m'a nullement dégoûté de celle de Westminster-abbey, pas même du pavillon chinois de Brighton. De même je lis volontiers *Thalaba* après *Jeanne d'Arc*, et *Kehama* après *Madoc* ou *Roderic*. Puisque Southey était né sous une étoile qui le

condamnait à composer cinq poëmes épiques,
je suis charmé qu'il n'ait pas fait cinq *Jeanne
d'Arc*, ou cinq *Thalaba*.

> Si *Peau-d'âne* m'était conté,
> J'y prendrais un plaisir extrême,

disait le bon La Fontaine, et il lisait avec un
égal plaisir *Peau-d'âne* et *Baruch*. Mais,
d'après notre poétique, *Thalaba* ne serait pas
plus une épopée que *Peau-d'âne*. Le rhythme,
ai-je dit, n'est plus celui de Milton, mais un
bizarre mélange de tous les mètres depuis le
vers de quatorze pieds jusqu'à celui qui se
compose d'un monosyllabe, sans que les
stances *irrégulières* se succèdent *régulièrement*
comme dans l'ode ou le dithyrambe. Ce style
bigarré, si je puis m'exprimer ainsi, favorise
le mélange de tous les tons. Le poëte, après
un élan lyrique, redescend au rôle plus modeste de conteur. Après une page diffuse et
pleine de mots oiseux artificiellement cadencés, viennent une description brillante, une
apostrophe énergique, ou, par une transition
inattendue, les grâces chastes et sévères de la
véritable épopée.

Le poëme commence par un tableau; car

on pense bien que les invocations à la Muse et l'exposition selon Aristote sont ici négligées.

« — Que la nuit est belle! une humide fraîcheur pénètre l'air silencieux; aucune vapeur n'obscurcit le ciel; pas le moindre nuage n'en trouble l'azur serein. La lune majestueuse, brillant de tout l'éclat de son orbe, traverse les sentiers éthérés. Sous sa paisible lumière le désert s'étend au loin comme un océan entouré de la ceinture du ciel. Que la nuit est belle! »

Le silence de la nuit est interrompu par les pas errans d'une jeune femme qui fuit avec son fils, et bientôt les cris plaintifs de l'enfant retentissent sur le cadavre expirant de la mère. Cet enfant, c'est Thalaba, qui vient d'échapper par miracle à un meurtrier dont le poignard a égorgé son père, vieil Arabe, nommé Hodeïsa, et toute sa famille. Le meurtrier était un agent des magiciens qui habitent les cavernes de Domdaniel au fond de l'Océan, et qui ont appris qu'un *Destructeur* devait naître de la race d'Hodeïsa. Les combats que Thalaba livre aux magiciens sont le sujet du poëme, jusqu'à ce que le jeune héros parvienne au fond de la retraite de ses ennemis, et que ce nouveau Samson périsse avec eux sous les ruines de leur caverne.

On comprend qu'une semblable histoire a besoin de toute la poésie des accessoires; et il faut rendre cette justice à M. Southey : non seulement il s'est servi en grand peintre des riches couleurs du ciel d'orient, de la pompe du paysage et de la nouveauté du costume; mais encore il n'a pas négligé les contrastes variés des incidens et des épisodes. Au milieu de ce luxe d'images et de cette continuité d'aventures extraordinaires, on reconnaît le poète des lacs dans la touchante description des scènes simples qu'offre l'enfance du héros. Il est recueilli par un vieillard arabe qui l'élève avec sa fille sous sa tente patriarcale. La chaste tendresse d'Adam et d'Ève n'a rien de plus intéressant que celle de ces deux enfans du désert. On peut répéter ici ce que Voltaire disait de l'amour, tel qu'il est peint par Milton, que dans tous les autres poëmes il est une faiblesse, et dans celui-ci une vertu. La pureté angélique d'Oneïza et sa cruelle destinée ont inspiré au poète ses chants les plus doux et les plus brillans. Après une fatale séparation, Thalaba la délivre des jardins profanes d'Aloadin, et obtient d'elle le titre d'époux avant que sa mission soit accomplie. Oneïza n'a consenti cependant qu'à regret. — Toutes les cérémonies nuptiales sont décrites, les hymnes de la joie sont répétées; mais le poète termine par ces mots :

« Les fêtes de l'hymen sont finies, les convives ont quitté la salle du destin. —

« Qui sort de la chambre nuptiale? c'est Azraël, l'ange de la mort. »

Le Livre suivant nous fait voir Thalaba égaré par sa douleur et gémissant sur le tombeau d'Oneïza, autour duquel il a erré depuis plusieurs jours, exposé à toutes les injures de l'air. Il y est rencontré par son père; l'ombre d'Oneïza elle-même vient le consoler et l'encourager à poursuivre sa sainte entreprise. Il part solitaire, et le premier soir il reçoit l'hospitalité d'un vénérable derviche : pendant qu'ils prennent leur repas, un cortége nuptial passe en formant des danses joyeuses. Le vieux derviche le bénit, mais Thalaba « regarde, pousse un profond soupir et se cache le visage. »

L'épisode de Laïla est aussi à citer : au milieu d'un désert de neige une clarté soudaine frappe les regards de Thalaba; il s'approche et reconnaît qu'elle part d'un pavillon situé dans un jardin où l'air avait le parfum « — du vent du soir qui vient de traverser les bocages de l'Yemen. Une fontaine de feu jaillissait au centre en gerbes étincelantes qui retombaient pour former de miraculeux ruisseaux, répandant à l'entour la douce chaleur de la vie : » il entre et trouve une jeune fille. Bientôt elle se réveille, et lui apprend qu'elle a été placée dans cette solitude par son père, que son horoscope a averti qu'un danger la menaçait. « — Il construisit ce pavillon, dit-elle, fit croître ce bocage et couler cette source de feu; chaque matin il vient me voir, prend de la neige et en forme des femmes et des hommes comme toi, auxquels son souffle communique le mouvement, la vie.... mais au toucher, ils causent un froid glacial, et toujours au retour de la nuit ils fondent de nouveau, me laissant ici triste et seule. »

Cette idée a été sans doute fournie à un poète aussi versé que Southey dans les légendes, par l'Alcoran des franciscains, livre « de bonne foi, » mais fort singulier, où nous apprenons que quand saint François était tenté outre mesure par la concupiscence, il façonnait de ses mains des nymphes de neige pour tromper et refroidir le démon de la chair.

La pauvre fille du magicien montre au jeune Arabe toutes les merveilles du pavillon enchanté, lorsque son père survient et ordonne à Thalaba d'immoler cette beauté innocente s'il ne veut périr lui-même.

Laïla jette ses mains autour du cou de son père : son visage est tourné vers Thalaba. Le vent qui agite les jets de feu de la fontaine répand sur elle un rayon de lumière; ses yeux, que l'horreur seule anime encore, épient tous les mouvemens de Thalaba. Il refuse de teindre ses mains du sang de l'innocence. Le magicien, triomphant, tire son poignard : tout était accompli. Laïla se précipite entre eux pour sauver le jeune homme; elle est frappée du coup fatal et tombe : — c'est des mains de Thalaba qu'Azraël reçoit son âme.

J'ai besoin de me rappeler que l'espace me manque, afin de ne pas citer quelques uns des tableaux gracieux qui abondent dans le Thalaba. En voici un seul que je voudrais recommander au pinceau magique de mon ami P. Delaroche; il s'agit du paradis d'Aloadin :

— « Que de charmes réunit ce vallon voluptueux avec ses berceaux de jasmin, ses touffes de rose, les grappes de l'henna et ses bosquets d'orangers qui confient à la brise des parfums non moins suaves que ceux que les Péris portent à leur sœur devenue captive des Dives, dans une cage suspendue à quelque arbre élevé! Les Péris secouant de leurs ailes les émanations des célestes fleurs, font fuir au loin leurs ennemis impurs pour qui elles sont un poison, et cependant la prisonnière respire cette nourriture embaumée. Tels furent aussi les parfums divins qui se répandirent sur la terre, quand le jour de l'hymen de Mahomet, une parole du prophète fit tourner les portes éternelles du paradis sur leurs pivots vivans.

Un bonheur universel émut tous les cœurs, et la grande famille d'Adam partagea pour cette seule fois une joie commune. »

L'auteur de *Lalla Roukh* n'a nulle part rien de plus oriental.

Dans *Madoc*, autre poëme de Southey, le lecteur est transporté tour à tour en Angleterre et en Amérique.

On doit reprocher à *Madoc*, comme à *Thalaba*, une simplicité quelquefois prosaïque ou affectée, des traits d'une fausse énergie et un enthousiasme artificiel, sentant un peu trop la rhétorique, des longueurs, un langage diffus, et trop de ces noms étranges qui risquent de faire rire, surtout en France, où, selon l'arrêt de Boileau,

...... un seul nom barbare
Rend un poëme entier ridicule ou bizarre. [1]

Mais il serait injuste de ne pas y reconnaître une heureuse alliance des inspirations de trois grands poètes, Ossian, Milton et l'espagnol Alonzo d'Ercilla. Les bardes gal-

[1] J'adopte la règle pour notre langue surtout; mais j'oserai demander en passant si Childebrand est un nom plus dur que Clytemnestre.

lois de Southey sont même plus vrais et moins monotones que les Calédoniens de Macpherson, dans leurs descriptions de la nature comme dans leurs hymnes de guerre ou de fêtes; le lauréat a su rajeunir quelques unes de ces images, un peu vagues ou usées, qui font le charme du chant mélancolique de Selma. Cette harpe ossianique qui réveille les échos d'un nouveau monde, semble y avoir trouvé des accords jusqu'alors inconnus entre les mains de bardes chrétiens. Elle s'adresse encore à des sauvages; mais ce n'est plus que pour adoucir leurs mœurs et non pour célébrer de sanglantes funérailles; l'épisode de Caradoc semblerait presque une allégorie.

Deux caciques, le Nisus et l'Euryale des Indiens, ont fait une sortie nocturne, et surprennent dans le voisinage du camp chrétien un guerrier endormi que Tlalala, surnommé *le tigre de la guerre*, se prépare à immoler. « — Cette offrande de sang, dit-il, va nous rendre les dieux propices et sera le gage de notre succès. C'est moi qui me charge de le répandre. »

« Il dit, et se glisse comme un serpent sous

l'abri où dans son sommeil Caradoc rêvait de la Bretagne et de la fille aux yeux bleus qu'il aimait. L'Atzeca est auprès de lui, il reconnaît sa victime, et le plaisir de sa vengeance lui inspire une cruelle joie. — Tu as échappé une fois à mes coups ; mais qui te sauvera maintenant? pense le sauvage; et il lève la lance pour frapper. En cet instant la brise du matin glisse sur la harpe inaperçue du Breton, et l'harmonie qui s'échappe de ses cordes vibrées est si douce qu'elle semble n'être pas un son terrestre. Le sauvage s'arrête; il regarde, étonné, autour de lui ; aucune main mortelle n'est là; — et silence! De nouveau la musique aérienne résonne et puis se tait. Alors, pour la première fois, le cœur de l'Atzeca connaît la crainte; il croit qu'un génie ami veille auprès de l'étranger; il s'écarte confondu : — « Un dieu le protége ! dit-il tout bas à Ocelopan. N'as-tu pas entendu ces sons qui m'ont ému soudain et arrêté mon bras suspendu sur sa tête? » — « N'était-ce pas la voix de tes dieux qui voulaient fortifier ton courage et témoigner le plaisir que ton action leur causait? reprit son compagnon plus farouche.

« — Non, dit Tlalala, nos dieux parlent dans les ténèbres et les orages; leur voix est le tonnerre destructeur. Ces sons ne venaient pas d'eux; ce n'était pas une voix pour m'encourager.... Je l'ai sentie pénétrer et énerver tous mes membres.... oui, et amollir mon âme même.... Ocelopan, je ne puis lever la main contre cet homme; frappe-toi même si ton cœur est plus ferme, etc. »

Mais pendant ce temps-là le jeune Caradoc s'éveille et s'éloigne, ignorant le danger qu'il a couru. Cette protection invisible de la harpe me semble une idée des plus poétiques. La captivité du jeune Hoël et de Madoc, et leur délivrance par une prêtresse des faux dieux; puis la mort de Coatel et de son amant excitent le plus vif intérêt. Dans plus d'un passage énergique, comme aussi lorsque le poète exprime des sentimens religieux, il s'élève à la hauteur de Milton; quand il décrit les mœurs des sauvages, leurs conseils de guerre, leurs cérémonies religieuses, leurs combats et les magnifiques paysages du Nouveau-Monde, c'est la Muse d'Alonzo d'Ercilla qui parle, plus exercée et inspirée par un goût plus pur.

L'histoire de Madoc est fondée sur une tradition qui attribue la découverte du continent américain, dans le douzième siècle, à un prince du pays de Galles, fuyant la guerre civile et la haine d'un frère cruel. La postérité de ces Gallois existe encore de nos jours, dit-on, sur les rives du Missouri. A peu près à la même époque, les Aztecas, tribu américaine, abandonnèrent leur première patrie, pour aller fonder l'empire Mexicain, ainsi nommé en l'honneur de leur dieu tutélaire Mexitli. Leur émigration se rattache, d'après Southey, aux aventures de Madoc, et le poète décrit leurs superstitions telles que les Espagnols les trouvèrent chez leurs descendans. Le ton solennel de ce poëme n'en imposa pas aux critiques d'Édimbourg. Comme je le crois supérieur à leurs ironiques attaques, je vais vous citer quelques paragraphes de l'analyse de Jeffrey pour donner une idée de la causticité de ce censeur de la littérature anglaise. Si on le trouve un peu trop irrévérencieux envers le génie, on peut se rappeler que Voltaire s'est permis quelquefois des parodies presque aussi grotesques sur Homère et Milton. Édimbourg se proclame l'Athènes du nord ; Jeffrey quelquefois voudrait être l'Aristophane de la critique :

Le prince Madoc devient sous sa plume « — un assez bon diable, qui appartient malheureusement à une famille d'assez mauvais sujets. Il part en poste, à la nouvelle d'une bataille entre ses frères, pour les réconcilier, et n'arrive que pour enterrer les morts. Un vieillard de la famille royale, privé de la vue par la tyrannie, est un bonhomme d'aveugle. Quand Madoc s'indigne en croyant la gloire de sa patrie compromise, il n'est plus que de mauvaise humeur. Quand, tel qu'Énée à Carthage, il raconte ses aventures, c'est une libation d'hydromel qui l'a rendu plus sociable et bavard. Il bat un évêque, dispute des ossemens à des moines, coupe les oreilles avec un coutelas à un prêtre des sauvages, chasse leur dieu à coup de pierres, le rôtit et convertit ses adorateurs par un long sermon. »

— Les chants des Bardes sont appelés des

chansons d'ivrognes. L'intéressante Coatel n'est pas même respectée dans ce travestissement, que Jeffrey termine par ces mots :

« — Les vices de la fable et des caractères sont nombreux et évidens. Les aventures de Madoc dans le pays de Galles ont peu d'intérêt ou de cohérence en elles-mêmes, et aucune relation avec ses exploits parmi les sauvages. Son histoire en Europe est aussi inachevée et imparfaite. Après avoir cherché à nous intéresser pendant dix-huit sections [1] à la fortune des enfans d'Owen, M. Southey nous sépare tout à coup d'eux au moment où leur destinée s'approchait d'une crise. Un des frères captifs vient de s'échapper d'une prison où le retenait le roi David; un pittoresque personnage de neveu, qui se promène sur la plage au clair de la lune, avec un bateau sur le dos et une rame à la main, a promis de renverser le tyran du trône de ses ancêtres. La princesse saxone aussi semble très fort en humeur de s'évader, et l'évêque court

[1] Le poëme, qui est *double* en effet, est divisé en sections, c'est-à-dire en chants très courts. Le mot *chapitre* sentait trop le roman pour être employé ici.

le risque d'être lapidé. L'auteur n'est pas raisonnable, après nous avoir forcé d'étudier la politique compliquée de cette malheureuse famille, de tirer le rideau sur elle au moment où son histoire commence à être intéressante et plus intelligible.

« A peine s'il y a la moindre nuance entre les caractères dans toute cette partie du poëme. Chaque personnage dont on nous parle est un chef belliqueux plus ou moins généreux ou féroce; et ces messieurs appartenant tous à la classe élevée sont si peu le type d'une race de montagnards celtes, que si ce n'était qu'il est fait mention de harpes et de bardes, avec des noms riches en *W* et en *y*, nous oublierions que nous sommes au pays de Galles, et serions tentés de croire que l'auteur a versifié l'histoire de l'heptarchie, ou quelques chapitres des guerres d'York et de Lancastre, pour préluder à sa légende de la découverte d'Amérique. Madoc lui-même a le défaut commun et inexcusable des héros poétiques, celui d'être trop parfait : il est plus pieux que le pieux Énée lui-même, et considérablement plus correct dans sa conduite envers les dames. Il paraît être en effet invulnérable aux traits de Cupidon, et ne témoigne aucune sorte de penchant amoureux, soit pour les Galloises au teint fleuri, soit pour les princesses olivâtres de l'Amérique. Bref, il est sage, prudent, sobre, vaillant, adroit et heureux autant qu'un poète peut le désirer. Il y a bien un sien cousin bâtard, nommé Cadwallon, qui nous faisait espérer d'abord qu'il pourrait faire exception à la monotone valeur des Cimbres ; mais il descend bientôt au rôle de fidèle Achates de son capitaine. Les personnages américains sont un peu plus variés, mais doués plutôt des attributs généraux d'une classe que des traits particuliers des caractères individuels. Il y a parmi eux de sombres bigots, de farouches guerriers, des reines patriotes et des sujets fidèles, revêtus avec assez d'art du costume local, mais qui ne sont nullement mis en scène comme des personnages réels, etc. »

Le critique met plus de bonne foi dans ses citations; mais il ne se pique pas de choisir les morceaux les plus saillans. On conçoit que de préjugés défavorables s'élèvent contre un poète traité si cavalièrement. Le *peuple* des lecteurs anglais se contente le plus souvent de l'analyse des ouvrages. Il est si commode pour la paresse de trouver ses jugemens tout faits, et si doux pour la médiocrité de donner le coup de pied de l'âne au génie!

Il était temps que la *Quarterly* vînt relever M. Southey. Le poëme qui suivit le *Madoc*, malgré toute sa magnificence, ne pouvait éblouir ceux qui avaient parodié les trois précédens. *La Malédiction de Kehama* serait le plus extravagant des poëmes si l'auteur n'avait su, grâce au talent qui lui est particulier, se dépouiller si complétement de son caractère d'Européen, et s'identifier avec tant de bonheur à son sujet, qu'on croirait lire la brillante version d'une de ces nombreuses épopées nationales des brames, envoyée en Europe par le collége des savans de Calcuta. C'est un vrai tour de force d'avoir excité un autre sentiment que celui de la curiosité par un ouvrage, emprunté à la plus bizarre des mythologies, dans lequel nous passons tour à tour du paradis terrestre sous l'océan, du ciel aux enfers, et dont les personnages principaux sont un roi doué de presque tous les attributs des dieux, un homme frappé de la plus étrange des malédictions, un spectre errant, une sorcière, un Glendower ou bon Génie, et d'autres déités de différens ordres. Le seul être qui appartient à notre monde matériel est souvent transporté dans les régions invisibles, et finit par être admis au rang des génies immortels. L'intérêt d'un tel ouvrage naît de la plus douce de nos affections, celle dont tous les peuples ont fait une vertu, la piété filiale. Kaylial est, selon moi, le grand talisman du poète; elle pourrait souvent être comparée à une vierge de Raphaël singulièrement placée au milieu des extravagantes figures d'un paravent chinois; mais c'est une vierge de Raphaël! Kehama l'orgueilleux et ambitieux tyran de l'Inde, s'élève aussi jusqu'à la sombre énergie et à la majesté infernale du Satan de Milton.

Toute l'histoire est fondée sur une croyance particulière des Hindous. Homère a peint les Prières boiteuses, se traînant avec timidité à le suite de l'Injure. Les brames en auraient voulu faire des divinités audacieuses et puissantes. Ils supposent que, secondées par les mortifications et les sacrifices, elles ont une vertu indépendante des motifs de celui qui les adresse au ciel. Ce sont, pour me servir des termes de l'avant-propos de Southey, des *mandats* sur les dieux, dont ils ne sauraient refuser le paiement. Les méchans peuvent de cette manière obtenir une puissance qui les rend formidables aux intelligences supérieures, et qui nécessite un *avatar*, c'est-à-dire une incarnation de Vishnou.

C'est ainsi que le Raja Kehama menace les dieux d'usurper bientôt leurs diverses prérogatives, et de les soumettre à ses caprices souverains. En attendant, les maux de l'humanité ne laissent pas de l'atteindre. Arvalan, son fils unique, a été tué par un paysan dont il avait voulu outrager la fille.—Le poëme commence par la description des somptueuses funérailles d'Arvalan. Kehama ordonne à ses gardes de lui amener ceux qu'il a voués à sa vengeance; mais Kailyal, la jeune vierge, embrasse la statue de Manataly, déesse protectrice des pauvres, placée sur les bords du Gange où sont célébrés les rites funèbres. Mille bras dociles à la voix du tyran veulent l'arracher de cet asile. La déité offensée ébranlant soudain son image, la précipite dans l'onde avec Kaylial suppliante, et les satellites qui osaient porter sur elle une main sacrilége. Kehama tourne toute sa fureur contre Ladurlad, père de Kaylial, contre lequel il prononce la *malédiction* qui fait le titre du poëme. Un *charme* préservera sa vie de toutes les armes meurtrières, du feu, des flots, des animaux féroces ou venimeux, des maladies et de la mort. Le temps perdra son influence sur lui; la terre lui refusera ses fruits; les vents, les rosées seront sans fraîcheur pour ses membres fatigués; il vivra de sa propre torture tant que Kehama régnera; un feu dévorera éternellement son cœur et sa tête; le sommeil le fuira à jamais.

Ladurlad erre solitaire et consterné sur les bords du fleuve, lorsqu'il voit flotter l'image de Manataly à laquelle sa fille s'est attachée. L'anathème prononcé par le Raja lui donne du moins le pouvoir de sauver Kaylial; les flots s'écartent à son approche, et il transporte sa fille sur le rivage. Mais bientôt Ladurlad se sent la proie de tout ce qu'il y a de cruel dans sa destinée. Les persécutions du spectre d'Arvalan ne sont guère moins terribles pour sa fille. Le bon Génie qui la protége devient lui-même la victime du Raja; et celui-ci est à la veille d'obtenir, par un dernier sacrifice, tout ce que son ambition poursuit. — Il va lever la hache pour immoler un coursier, qui serait souillé si une main mortelle l'avait touché, lorsqu'un homme s'élance, invulnérable à tous les traits lancés contre lui, saisit la victime et la profane : c'est Ladurlad préservé par la *malédiction* des coups de Kehama lui-même. Le prince furieux assouvit sa rage sur ses gardes, dont le massacre est décrit avec la poésie la plus énergique.

Ladurlad, cependant, s'est éloigné de la scène du carnage et visite les lieux témoins de sa jeunesse. Ses émotions, ses souvenirs, l'impression que lui cause tout ce qui l'entoure, offraient à Southey le motif d'une de ces scènes dans lesquelles il excelle, et dont le naturel a plus de charme, je l'avoue, qu'aucune des magiques décorations de son monde idéal. Ladurlad obtient plus tard quelque relâche à ses douleurs sur le mont Mérou, sous les auspices d'Indra : mais ses épreuves et celles de sa fille recommencent dès qu'Arvalan les a découverts dans cette retraite. Le Glendower Eremia lui-même a besoin de ses secours quand il est enchaîné dans le tombeau de Baly, ancien monarque dont la capitale fut jadis ensevelie sous les flots. La description de cette cité forme un tableau pittoresque si nouveau que j'essayerai d'en esquisser quelques images. — Des tours silencieuses, des dômes et des clochers s'élevant encore au-dessus de l'onde, attestent la magnificence de ce qu'on n'aperçoit plus. Sur le sable de la plage plusieurs édifices ont résisté aux vagues qui frappent en vain le rocher où sont creusés leurs fondemens. La solitude règne dans les temples qui résonnèrent jadis de religieux concerts et des danses solennelles des fêtes : depuis le laps des siècles une seule voix se fait entendre; celle de l'océan, soulevé contre ses bords, ou celle des vents qui, visitant leurs cavernes solitaires, unissent leurs gémissemens au murmure mélancolique des flots. Mais il faut suivre Ladurlad lui-même dans cette cité extraordinaire.

Depuis des siècles, aucun mortel ne l'a visitée, aucun mortel ne la visitera plus après lui. Il voit à travers le cristal de la mer éclairée par le soleil ces mille palais, superbes demeures qui semblent des temples élevés par des géans aux dieux immortels, et qui ont la majesté et le silence des créations de la nature ; les éternels rochers eux-mêmes ne sont pas assis sur des bases plus fermes. On pourrait leur appliquer le beau vers sur les pyramides,

<small>Leur masse indestructible a fatigué les flots. [1]</small>

— « Le sable ne s'est pas accumulé devant leurs portiques, la vase n'a pas souillé leurs parvis. — Ladurlad pénètre dans cet édifice royal où Baly avait occupé son trône imposant, et à l'entour duquel s'étendait jadis un superbe jardin riche d'une perpétuelle verdure et des brillantes teintes des fleurs et des fruits de toutes les saisons. — C'était encore un jardin digne du paradis ; car là où le puissant Océan n'avait pu conserver ses anciens trésors, il avait lui-même cherché à réparer ses ravages : là étaient des berceaux de corail, des grottes et des bancs de madrépores, non

---

[1] Leur massé indestructible a fatigué le temps. — Delille.

moins charmans que les lits de mousse sur lesquels les nymphes des bocages reposent leurs membres languissans aux heures brûlantes de l'été.

— « Là encore Ladurlad admire des arbrisseaux formés par des fragmens de cristal, et des plantes dont les fibres sont déliées comme des fils de soie, ou qui se déploient comme la chevelure d'or d'une syrène : d'autres, semblables aux larges rameaux du bananier, élèvent leurs longues feuilles de pourpre comme d'élégantes bannières.

— « Les fontaines n'avaient pas cessé de couler sur un sable d'or; et quand leurs ondes se mêlaient aux flots salés, c'était un spectacle merveilleux de voir les poissons, tels que des oiseaux aériens, voler sur la tête de Ladurlad. Ils accourent à l'entour de ces eaux étrangères, agitant leurs nageoires purpurines, ils semblent hésiter comme s'ils allaient franchir une limite défendue, et puis soudain rapides comme la flèche ou l'éclair, ils se précipitent à travers l'élément inaccoutumé. »

Ladurlad pénètre de là sous les caveaux où sont ensevelis les ancêtres de Baly; mais je m'arrête et renonce à suivre Ladurlad dans l'empire de l'Océan, comme dans les autres miraculeux pèlerinages qu'il fait avec sa fille et le Glendower délivré. L'imagination féconde de M. Southey a trouvé des couleurs pour tout peindre, le Padalon, Pandæmonium des Hindous, et le Mont-Calasy ou leur empirée. Je dois seulement vous apprendre que l'impie Kehama trouve enfin aux enfers la place qui l'attend depuis des siècles. La patience et la piété de la jeune vierge sont récompensées par le triomphe de sa vertu, *les dieux sont absous* selon l'expression de Claudien.[1]

C'est l'abondance des extraits qui m'embarrasse. Il n'est pas de chant du poëme de Kehama où je n'aie marqué au crayon dix passages saillans, tels que le sacrifice des femmes d'Arvalan, et surtout de la jeune Nealliny, la description d'une matinée et d'une soirée de l'Hindoustan, celle du bananier et de l'éléphant; le bocage où Kaylial adore les dieux, sa prière à Manataly, l'expression de sa piété filiale, son amour un peu mystique pour le

---

[1] *Absolvitque deos.*

Glendower, etc.— Sa première entrevue avec l'ombre de sa mère, qu'elle avait perdue dans son enfance, est une de ces scènes toutes de sentiment, qui fournissent à Wordsworth et à son école l'occasion d'une analyse poétique des instincts secrets de notre nature :

« — La jeune fille aperçoit cette figure, la regarde avec attention et ne la reconnaît pas ; mais la nature fait éprouver à son cœur un frémissement soudain ; elle y réveille une pensée, un sentiment oublié depuis maintes années, semblable au souvenir d'un songe, et comme si le lait de sa mère s'agitait de nouveau dans toutes ses veines : elle est prête à s'avancer vers elle, la contemple, lui tend ses mains suppliantes, comme désirant se trouver sur son sein, et cependant elle hésite et craint, accablée à la fois d'amour et de respect. »

Southey a retrouvé dans la mythologie des Hindous, cette fiction du paganisme qui plaçait les âmes des enfans aux approches de l'empyrée :

« — Affranchies de bonne heure du péché, et des peines de cette vie mortelle, ces âmes innocentes et sans tache ont été reçues dans le sein universel de l'amour créateur. Cette sphère d'azur est leur domaine, ces nuages la couche de leur repos, les élémens veillent sur eux comme de tendres nourrices, et entretiennent leur immortalité par une nourriture céleste. Moins pur est cet étrange oiseau de l'Inde, qui ne plonge jamais son bec dans les eaux terrestres, mais qui, entendant le murmure précurseur de la pluie du ciel, lève la tête et reçoit des nuages l'onde qui le désaltère. Moins pur est l'oiseau du paradis, qui ne se repose jamais sur la terre, mais qui, volant sans cesse, plane sur les fleurs, aspire leurs suaves parfums, boit la rosée du matin, et dort dans les airs porté par les brises éthérées. »

Comme je reparlerai ailleurs de M. Southey, j'abandonne ici Kehama et ses autres ouvrages, pour dire quelques mots de sa dernière épopée, dont une traduction par le baron de Sorsum me dispense de vous donner l'analyse. *Rodrigue, ou le dernier des Goths*, n'est pas le plus brillant ni le plus varié des poëmes du lauréat ; mais c'est celui qu'il a conçu dans la maturité de son talent, et qui a réuni un plus grand nombre de suffrages dans toutes les écoles littéraires. Les affections douces ne sont pas exclues de cet ouvrage; mais ce sont des émotions d'une nature plus énergique qui lui donnent sa couleur particulière. Une exaltation passionnée y est le caractère de tous les sentimens, et les vertus même ont un air de fanatisme. Donnez à Walter Scott les mêmes événemens à raconter, les mêmes personnages à décrire, cette terre toute poétique de l'Espagne, ces chevaliers chrétiens et maures, leurs costumes, leurs mœurs, leurs batailles; — comme le tableau va gagner en vivacité de couleurs, en mouvement, en contrastes pittoresques! Que de détails pleins de grâce et de naïveté vont nous amuser sans nous faire perdre de vue la gravité des circonstances! Ce trouvère de la « gaie science » mêlera au bruit du choc des armes, aux cris de la vengeance et de la fureur quelques uns de ces sons plus doux qui font sourire la jeune châtelaine et ses pages, et qui dérident même le front du vieux guerrier. Mais le poète de Rodrigue n'est qu'un moine inspiré, qui ne chante de l'amour que ses remords, et qui ne fait combattre ses chevaliers que sous la bannière de la croix. Sa poésie est énergique, noble, souvent sublime, mais toujours solennelle; et dans son rhythme harmonieux, on croirait reconnaître parfois quelque ressemblance avec la musique monotone des cloches de son couvent. Cette physionomie religieuse du poëme a aussi sa vérité. Il s'agit pour l'Espagne de reconquérir son culte et sa gloire sur les infidèles. — L'ennemi, orgueilleux de ses triomphes, n'a fait que punir et opprimer; ses cris de victoire sont encore des menaces; les vaincus, abattus par la honte, osent à peine faire entendre le murmure de la plainte ou étouffent la voix de la vengeance jusqu'à ce que le signal de l'insurrection soit donné; enfin toutes les haines, tous les ressentimens font explosion. Les voilà en présence; c'est une guerre à mort.—A son retour d'Espagne et du Portugal, Southey s'était déjà essayé à *feindre* le caractère et les opinions d'un Espagnol, mais d'un Espagnol du dix-neuvième siècle, dans ses lettres piquantes attribuées à Don Manuel Espriella. Depuis, il avait étudié avec affection ce qu'il appelle l'esprit monacal, pour combattre un jour le catholicisme avec ses propres armes dans la *Revue ministérielle;* il s'était en même temps pénétré du fanatisme des sectaires de Joanna Southcote et de Wesley dont il est devenu le biographe : c'est ce qui explique comment il joue avec tant de naturel le rôle de moine enthousiaste dans Don Rodrigue. Sa connaissance profonde de la littérature espagnole, et surtout des chroniques, l'a bien servi. *Rodrigue* est un *poëme espagnol* et surtout *catholique.* Le poëte protestant n'existe que sur le titre du livre. — L'idée principale de l'ouvrage est romanesque, mais originale. Un reste de grandeur et d'éclat relève merveilleusement le caractère du roi déchu. Sa pénitence dans le désert, son retour mystérieux parmi ses sujets, les épreuves de sa nouvelle mission, l'immense sacrifice de son dévouement, l'influence puissante de sa présence et le dernier exploit de son enthousiasme et de sa valeur, tout l'investit des attributs d'un héroïsme plus qu'humain. Les rôles

de Julien et de sa fille ne sont pas moins heureux; et leurs diverses entrevues avec le roi sont du plus grand effet. Adosinda, la Judith du poëme, est dessinée avec un art infini; et parmi les personnages secondaires, quel intérêt n'excitent pas le bon Sivérian, qu'Homère eût envié à l'auteur pour son Odyssée, et la mère du roi Rodrigue, digne de s'associer à tous ses sacrifices, et dont les pieuses larmes ont conquis à son fils détrôné une couronne céleste. . . . .
. . . .

Je répète que je n'ai pas tout dit sur le poète de *Jeanne d'Arc*, de *Thalaba*, de *Madoc*, de *Rodrigue*, etc. Il me tarde de l'entendre lui-même sur les bords du Derwent-Water.

LETTRE LXVII.

A Mlle ÉMILIE DE M....L.

> ..... *Not alone by the Muses*
> *But by the virtues loved, his soul in his youthfull aspirings*
> *Sought the Holy Hill, and his thirst was for Siloa's waters.*
> SOUTHEY, *The vision of Judgement.*
>
> Il ne fut pas aimé seulement par les Muses, mais aussi par les Vertus; son âme, dans ses jeunes aspirations, chercha la sainte colline, et fut altérée des ondes de Siloë.

Il est quelques poètes modernes essentiellement religieux, qui me semblent appartenir à la confrérie des lacs : tels sont Kirke White et J. Montgommery. J'ai déjà dit que les méthodistes et autres sectaires dissidens avaient aussi leurs poètes; les quakers eux-mêmes ont le leur dans Bernard Barton.

Les vers de Montgommery et de Kirke White doivent la continuité de leurs succès aux âmes pieuses du culte anglican, qui se feraient un scrupule de mettre Byron et Moore dans leur bibliothéque. Kirke White est l'André Chénier de l'Angleterre; non que l'infortuné Kirke White ait été enlevé par un orage politique; mais il mourut victime de son zèle pour l'étude à l'âge de vingt-un ans, avec le regret, comme A. Chénier, de n'avoir pu donner un plein essor à son talent. Ce jeune poète, rempli de feu et de tendresse, avait reçu avec la révélation des secrètes faveurs dont la Muse l'avait doué, le pressentiment de sa fin prochaine. Dès l'âge de treize ans Kirke White avait mesuré la brièveté de ses jours, et commencé le chant du cygne. C'est à la tombe qu'il adressait ses plus doux rêves de renommée poétique. La fleur qu'il chantait et qu'il chérissait de prédilection, c'était celle du romarin, plante qu'en Angleterre on dépose dans les cercueils, et il lui demandait d'exhaler son parfum fugitif dans la solitude de sa tombe. Pénétré de ces idées mélancoliques, il ne voyait que Dieu dans l'avenir, et traduisait des psaumes, comme pour s'exercer à faire entendre sa voix au concert des anges, ou bien il décrivait ses premières peines, ses premières affections, ses premiers jeux, en associant ce souvenir à celui des caresses de sa mère et de ses petites tribulations d'écolier. Au-delà du premier âge, la vie de ce monde n'eut pour lui qu'un intérêt éphémère ; il ne voyait que Dieu et l'éternité. On est étonné de trouver tant d'élévation et de grâce, de philosophie et de tendre piété dans les poésies d'un si jeune homme. Son poëme intitulé *Childhood* (*l'Enfance*), composé à l'âge de treize ans, offre plus d'un tableau gracieux dont Goldsmith eût pu être jaloux. Le portrait de sa vieille maîtresse d'école est le pendant de celui du magister dans le *Deserted Village*.

Tant d'imagination et de sensibilité ne put s'éteindre même chez un procureur où le jeune poète était resté quelque temps en apprentissage avant d'obtenir une bourse dans un collége d'Oxford. Les études de l'université épuisèrent ses forces, et il mourut avec le regret de n'avoir pu finir son poëme de *la Christiade*. Voici ses adieux à son livre :

.... « — J'ai donc continué jusqu'ici mon sujet solennel, trouvant la récompense de mon travail dans mon travail même; j'ai chanté jusqu'ici les œuvres divines sur un mode plus noble que celui qu'on pouvait attendre de la lyre sur laquelle s'exerçait mon enfance. Et maintenant mes forces languissent, et j'ai suspendu au sombre cyprès cette lyre qui consolait ma tristesse; elles ne vibrent plus ces cordes qui célébraient les louanges de Jésus, ou quand la brise souffle, elles gémissent pour se taire aussitôt.

« La harpe de Juda est-elle donc endormie à jamais? mes chants resteront-ils imparfaits? O toi qui visites les fils des hommes! toi qui écoutes quand les cœurs humbles te prient! prolonge de quelques jours ma triste vie! diffère encore mon dernier arrêt : je suis un jeune voyageur dans le pèlerinage de ce monde, et je voudrais te consacrer ce faible gage d'amour avant de faire connaissance avec la mort et obtenir ma liberté en souriant!.... »

Milton a créé en Angleterre la poésie sacrée; il est le seul du moins qui soit resté modèle de tous ceux qui, malgré l'arrêt de Boileau [1],

---

[1] De la foi du chrétien les mystères terribles
   D'ornemens *égayés* ne sont pas susceptibles.

Comme il s'agit ici du poëme épique, on pourrait deont choisi des sujets chrétiens pour l'épopée. Il n'a été donné qu'à l'auteur de *Paul et Virginie* d'égaler le quatrième chant du *Paradis perdu*. Les deux poëmes de Milton ont produit en Allemagne *la Messiade* de Klopstock, et la pastorale en six chants de *la Mort d'Abel*, que je ne pouvais lire sans pleurer au collége, mais qui produirait peut-être aujourd'hui sur moi la même impression que sur lord Byron, aux yeux de qui l'Abel allemand fut toujours un ennuyeux et insignifiant personnage. Il y a dans Montgommery quelque chose de Milton, quelque chose de Klopstock, et quelque chose de Gesner. Son poëme du *Monde avant le déluge* est une suite du *Paradis perdu ;* mais c'est la colombe de l'arche qui veut rivaliser avec l'aigle; elle a plus de grâce à porter le rameau d'olivier que la foudre. Si elle essaie de peindre les fiers géans, postérité de Caïn, elle revient plus volontiers à la peinture des amours de Javan et de Zillah ; mais ce n'est pas pour prodiguer à la jeune fille de Seth cette fausse parure que le sensuel Thomas

---

mander à Boileau le sens de l'épithète qu'il ajoute à *ornemens*.

Moore prête à ses héroïnes ; il y a dans le poëme de Montgommery autant de sensibilité que dans celui de Gesner, avec une poésie plus *épique*, même dans les scènes pastorales. Quelquefois on regrette qu'une paraphrase éloquente, mais sentant un peu l'amplification, soit substituée à l'énergique et audacieuse concision que la même situation ou la même idée eussent inspiré à l'Homère anglais. On comprend aussi tout ce qu'il y avait de hasardé dans l'opinion de Johnson, lorsqu'il disait que Milton avait écrit en vers blancs parce qu'il ne savait pas rimer. *Le Monde avant le déluge* est en rimes héroïques (*heroic couplet*) ; les vers y gagnent, il est vrai, en harmonie ce qu'ils perdent en énergie austère.

Le sujet est le tableau de la Terre, au moment où les vices des fils de Caïn commencent à lasser la patience du Seigneur. Déjà les géans ont envahi les approches d'Éden, où Enoch entretenait encore le culte du Dieu d'Adam parmi les fils de Seth. Dans le camp des vainqueurs est Javan, jeune orphelin qui a déserté jadis ses frères les justes pour courir après le fantôme d'une gloire toute terrestre ; tant qu'il avait grandi sous les yeux de sa mère, il avait résisté aux vagues désirs de son ambition :

Her home was precious for his mother sake, etc.

Quand il eut déposé dans sa tombe les restes de cette mère tendre, les conseils d'Énoch n'avaient pas suffi pour retenir ses pas vagabonds. Il était devenu l'élève de Jubal et le ménestrel favori du roi des géans ; mais la faveur et la fortune laissaient son cœur vide. A l'aspect des lieux où fut son berceau, et où il a enseveli sa mère, il s'émeut au souvenir de son enfance, et à celui d'un premier amour que lui avait inspiré Zillah, naguère sa jeune compagne.

Ces souvenirs ont été pour lui comme un double talisman de vertu dans la société des méchans ; ils le rendent enfin à lui-même ; Javan jure de vivre ou de mourir avec les siens. Il quitte seul l'armée ennemie ; et, arrivé au bocage qui fut témoin de ses adieux à Zillah, il y surprend la jeune fille elle-même qui dort à l'ombre d'un berceau de lauriers, et qui, dans les rêves de son sommeil, prononce doucement encore les mots *Javan* et *adieu*. Javan se retire à l'écart et joue de la flûte, instrument dont le poète lui attribue l'invention.

At once obedient to the lip and hand, etc.

« Docile à ses lèvres et à sa main, la flûte
« exprime toutes ses émotions; ses doigts
« agiles volent de l'une à l'autre ouverture, et
« un ange semble parler dans chaque son qui
« s'en échappe. »

Zillah s'éveille, se lève et croit voir paraître celui dont elle rêvait tout-à-l'heure. Javan se montre; mais il n'ose se découvrir, et Zillah, feignant de ne pas le reconnaître, s'éloigne après lui avoir indiqué la demeure d'Énoch. Énoch embrasse son disciple, et s'écrie dans son allégresse :

« — Ah! j'ai pleuré maintes nuits sur toi,
« et, pendant de longs jours, j'ai attendu cet
« heureux moment. . . . .

« Ma foi était forte dans mon sommeil
« comme dans la veille. Ton image ne cessait
« de m'apparaître; j'étais sûr que tu vivais :
« j'en avais pour gage cette communication
« mystérieuse entre mon âme et la tienne. »

Javan l'informe de l'approche du roi des géans, et le presse de fuir avec les siens; mais Énoch a reçu une communication céleste qui soutient son espérance, et il est décidé à braver la présence des impies. Ce jour-là est l'anniversaire de la mort d'Adam, célébré par un sacrifice sur sa tombe. Montgommery (un peu *mystique*) a fait du lieu de la sépulture des premiers hommes un de ces cimetières moraves ornés d'arbustes et de fleurs, et qu'on pourrait appeler les jardins des morts. Énoch fait le récit des derniers momens d'Adam, et c'est ce récit du patriarche qui lie le poëme de Montgommery à celui de Milton. Après une alternative de crainte et d'espérance qu'excitent dans le cœur d'Adam mourant la mémoire de son péché et sa confiance en la bonté de Dieu, il expire pendant un orage :

« — Il ferma les paupières avec un sourire calme, et parut continuer pendant quelque temps une prière muette; nous étions à genoux autour de sa couche avec un respect filial, lorsque soudain une clarté du ciel nous révéla un ange descendu près de nous : il portait dans sa main droite le glaive du Seigueur; son visage avait l'éclat de l'éclair, et son vêtement celui de la neige, quand le soleil levant l'illumine de ses rayons sur la cime de la montagne; mais il y avait tant de douceur et de beauté dans tout son aspect que sa présence calma la fureur de l'orage; — les vents se retirent, le bruit des eaux a cessé; son regard exprimait l'amour; sa salutation nous annonça la paix.

« Notre mère le vit la première avec un effroi mêlé de tristesse; mais cet effroi se changea bientôt en transport : C'est lui, s'écria-t-elle,

« — C'est lui, c'est le prince des séraphins, qui nous exila des bocages fortunés d'Éden. Adam, ma vie, mon époux, réveille-toi, retourne au paradis, voilà ton guide. Oh! que je puisse te suivre en te tenant embrassé!

« Elle se baissa sur Adam, et cacha sa tête dans son sein. Adam leva les yeux, aperçut l'ange, et son visage brilla comme celui du céleste messager. « — Je viens, dit-il, animé d'une ardente foi, — je viens, » et il expira dans un soupir d'extase. La miraculeuse clarté avait disparu, et l'ange avec elle; nous étions seuls, les vivans avec le mort; la flamme de quelques branches allumées éclairaient le corps dans cette obscurité solennelle ; mais il y avait dans toute cette scène un calme saint : la porte du ciel venait de s'ouvrir et de se refermer.

« Ève pressait encore son époux d'un bras fidèle. Je tentai avec douceur de la relever de son affaissement ; elle ne répondit pas ; son corps retombait inanimé. J'écartai ses cheveux blancs de ses yeux ; son âme avait pris son essor ; elle était belle encore dans sa vieillesse auprès du compagnon de ses bons et mauvais jours ; l'amour avait uni leurs vies, la mort ne put les séparer. »

Cependant après le sacrifice, Javan se découvre à Zillah, et en obtient son pardon ; mais elle lui rappelle le danger qui les menace et qui leur défend de songer à un amour terrestre. En effet l'heureux vallon est envahi, et la famille des justes est captive dans le camp des géans. Leur chef est une de ces personnifications du mauvais principe si fréquentes dans les poètes et les romanciers, et que M. Montgommery n'a pas su reproduire d'une manière originale. Depuis, Southey a fait son Kehama, et l'érotique Thomas

Moore a dessiné son Mokanna (le prophète voilé) sur le type commun, en l'entourant d'attributs bizarres. Le roi des géans de M. Montgommery a le malheur de rappeler par la nature du sujet le Satan de Milton, dont la sombre majesté éclipse toutes ces imitations subalternes. Dans un seul passage le chef des fils de Caïn s'élève à la hauteur du génie audacieux de l'Archange rebelle, lorsque laissant ses compagnons s'enivrer du chant de leurs exploits, lui seul oubliant tout ce qu'il a fait sur la terre, il rêve la conquête du paradis dont Dieu a déshérité la race d'Adam. La flamme des glaives ardens de la milice céleste préposée à la garde d'Éden ne fait qu'irriter son ambition. Ce vaste désir fait palpiter le cœur du géant; il lui tarde d'escalader ces hauteurs et de prendre d'assaut ces remparts de feu. « — Son âme dans ce « délire croit déjà combattre Michel et ses « anges; il voit les séraphins semblables à des « météores, fuyant devant ses étendards jus-« qu'aux portes du ciel, tandis qu'il foule aux « pieds le glorieux jardin, et dicte sa loi sur le « Mont-Sacré. »

Le poète a donné pour conseiller à ce terrible monarque une espèce de magicien ligué avec les démons : c'est le *Mathan* du poëme, opposé à Énoch qui en est le *Joad;* et dans les prophéties d'Énoch, M. Montgommery s'est servi du texte d'Isaïe, que Racine a traduit en vers divins. Les vers du poète anglais nés de la même inspiration ne le cèdent peut-être en harmonie qu'à ceux de Racine [1]. Il aurait dû, comme le poète français, adopter le rhythme lyrique, qui est merveilleusement approprié à l'enthousiasme prophétique, et dans lequel il a prouvé ailleurs qu'il excellait.

Les patriarches doivent être sacrifiés aux faux dieux. Javan va les précéder sur le bûcher, lorsque Zillah s'attache à lui pour partager

---

[1] Montgommery a introduit aussi dans son poëme ce vers d'*Athalie*, en le citant en note :

Je crains Dieu, cher Abner, et n'ai point d'autre crainte.
They feared their God, and knew no other fear.

Ce que je remarque d'autant plus volontiers que les dépréciateurs de Racine en Angleterre, tels que Hazzlitt, affectent de trouver ce vers très plat en le comparant à celui de *Sylla*:

J'ai gouverné sans peur et j'abdique sans crainte.

sa mort. C'est un autre Olinde et une autre Sophronie. Alors Énoch s'avance et confond les ennemis de Dieu par de saintes menaces. C'est contre lui que la rage du roi et de son magicien va se tourner; mais l'élu de Dieu disparaît. Les captifs le voient s'élever au ciel; Javan reçoit son dernier regard et son manteau. L'esprit du patriarche descend aussi sur lui. « — Où est le Dieu d'Énoch? s'écrie-t-il. Captifs, suivez-moi; impies, retirez-vous; » et il traverse les rangs des géans surpris, avec Zillah et toute la famille de Seth. Les cavernes des montagnes leur servent de refuge. Le lendemain les géans attaquent Éden, et sont repoussés par la grêle, les éclairs et les glaives des chérubins. Leur roi périt de la main d'un des siens, et la paix règne dans l'heureuse vallée jusqu'au jour du déluge universel.

Le poëme de Montgommery a de riches détails; on y respire ce parfum de poésie que communique l'inspiration des livres saints; mais j'ai déjà dit qu'il y avait plus de grâce et d'harmonie que de force et d'originalité. C'est aussi le caractère de son

Wanderer of Switzerland (le fugitif ou le banni de la Suisse), quoique dans cet ouvrage, qui a précédé l'autre, le poète s'échauffe d'une indignation patriotique et s'aide du mouvement plus rapide du rhythme lyrique ; mais ce rhythme devient ici un défaut, parce qu'il s'applique à la forme dramatique du dialogue qui s'accommode mieux en anglais du vers blanc. Le fugitif de la Suisse est un vieillard que l'invasion des Français force d'émigrer avec les restes de sa famille échappés au fer ennemi ; il reçoit l'hospitalité dans la cabane d'un berger, auquel il raconte les combats et les malheurs de ses concitoyens. La patrie absente fournit à l'émigré des images tour à tour touchantes ou sublimes; dans ses plaintes, il nous intéresse à ses montagnes natales et à ses chalets comme à des êtres animés. — « Parmi les hameaux, STANTZ, couronnée d'une simple grandeur, semblait la mère du vallon, avec ses enfans épars autour d'elle. Maintenant, au milieu des ruines, elle abaisse sa tête vénérable, telle qu'une veuve pleurant sur ses enfans qui ne sont plus. » Ailleurs,

c'est tout un canton qui s'immole à la liberté.
« Les uns après les autres, ils expirent, égorgés, mais non vaincus : ils meurent libres. — Albert résiste encore, seul valant une armée! — « C'est ainsi que, lorsque la
« nuit épaississant ses ombres, gravit les
« Alpes de rocher en rocher, et recouvre de
« son voile immense tous ces géans des
« montagnes endormis, — leur roi (*le Mont-*
« *Blanc*)[1] élève encore dans les airs son
« front étincelant, qui brille au loin comme
« un nouvel astre du ciel. »

Les poëmes *sur la traite des nègres* et *le Groënland* offrent également des beautés du premier ordre : Montgommery a réussi encore dans une foule de pièces lyriques, remarquables surtout par la mélancolie et une sensibilité vraie. Il est une de ces pièces dont l'origine réfute l'ironique pitié avec laquelle la Revue d'Édimbourg a toujours parlé de « ce pauvre M. Montgommery et de sa folie sentimentale. » Peu de temps après la publi-

---

[1] Le Mont-Blanc, en effet, dominant toutes les montagnes environnantes, retient pendant vingt minutes de plus qu'elles les rayons du soleil couchant.

cation de ses premiers essais, le poète reçut une lettre d'une dame qui se disait convertie par la maladie aux charmes d'une poésie plaintive. Une correspondance s'ensuivit entre elle et le poète, dont les lettres et les vers consolèrent les derniers jours de la dame souffrante. Quand elle passa dans un monde meilleur, Mongommery connut son nom, et apprit que son imagination l'avait devinée telle qu'elle était. Ce fut pour lui le sujet d'un poëme, expression de ses regrets et de sa pieuse amitié. En voici la faible traduction :

« — Ma pensée l'avait faite jeune, belle et pure comme ses frères les lis des champs; elle l'avait douée d'une grâce virginale et de tous ces charmes de l'âme et de la beauté que la Vertu approuve, et que le cœur chérit dans celle qu'il affectionne tendrement; sa candeur avait quelque chose de céleste, et je voyais dans tous ses traits l'image de son créateur.

« Tel était le portrait divin que l'imagination m'avait tracé d'elle. La Muse par son art mystérieux avait révélé sa ressemblance à mon cœur; chacun de ses traits s'était reproduit fidèlement dans ma pensée comme dans un miroir. Cependant elle se flétrissait pour la tombe, comme la fleur qu'un ver caché dévore. Mais pendant que son corps mortel déclinait, l'Ame s'élevait avec des forces nouvelles. Ainsi lorsque la nuit s'étend sur la terre, la lune déchire peu à peu le voile des ténèbres, pénètre les nuages de ses rayons, et versant bientôt sa lumière par torrens, poursuit sa marche triomphante dans les sentiers du ciel; telle cette âme prête à s'affranchir des liens terrestres, se montrait déjà plus brillante à travers un corps épuisé, dont la faiblesse croissant toujours révélait une partie de l'éclat que sa modeste vertu avait jusqu'alors dissimulé.

« Hélas! ses amis la pleureront toutefois, quoique un doux repos ait succédé à ses souffrances. Ils pleureront quoique, transportée dans le paradis, la Sainte fasse partie du chœur des séraphins qui lui ont prêté leurs ailes de feu. L'Amitié rappellera souvent ses dernières paroles, son dernier geste et ses derniers regards, lorsqu'elle sourit en s'endormant sur le sein de la Mort, laissant dans tous les cœurs qui la chérissaient un tendre souvenir de ses paisibles vertus, semblable aux douces clartés dont le dernier rayon du soleil dore l'horizon.

« O toi qui me fus inconnue sur la terre, et compagne seulement de ma pensée, tu restes pour moi la même dans le ciel, d'où tu continueras à communiquer avec mon cœur. Encourage mes espérances, exalte mes projets, sois le bon ange de ma muse; — si mes vers plaintifs eurent naguère le don de plaire à ton oreille, si dans tes derniers jours ils eurent pour toi un charme qui calma tes douleurs, s'ils versèrent dans ton âme une mélancolie douce pour elle comme la rosée du soir l'est pour les fleurs dont elle rafraîchit le calice desséché, écoute-moi : quand le sommeil fuira de mes yeux qui chercheront en vain à percer les ténèbres; quand le spectre solitaire de l'Insomnie viendra agiter mon sein ; quand mes anciennes jouissances, mes peines présentes et mes craintes pour l'avenir seront également amères pour moi; ombre amie, descends à travers l'obscurité, en répétant les accords de triomphes qui apaisent l'agonie des saints au lit de mort;

ces accords que Dieu lui-même aime à entendre dans le paradis. Viens en restant invisible, et révélée seulement par ta voix mystérieuse mêlée aux sons de la harpe de Sion; ranime mon abattement; j'écouterai tes concerts jusqu'à ce que la nuit et la douleur s'évanouissent, jusqu'à ce que la joie soit rendue à mon cœur, jusqu'à ce que le jour colore de sa clarté la voûte des cieux.

« S'il m'est donné, ô sainte amie, d'apprendre de toi les hymnes du ciel, ton inspiration communiquera des transports célestes à mon âme; ma voix continuera ta mélodie, et sera l'écho de tes chants; émue d'une sympathie divine, ma lyre répondra aux sons de la tienne, et de leurs accords réunis naîtront des concerts inconnus à la terre. Alors mes pensées descendues du ciel comme une flamme vivifiante, aspireront à s'élancer de nouveau vers le ciel, etc. »

Le poète compare ce commerce direct de la poésie avec une habitante du paradis à l'échelle mystérieuse que le patriarche Jacob aperçut en songe. Cette pièce, dépouillée même du charme des vers, me semble une expression curieuse du *spiritualisme* d'une classe de poètes anglais, dont la *croyance poétique* se rapproche souvent du catholicisme. — M. Montgommery appartient à la secte des frères moraves.

FIN DU TOME SECOND.

www.ingramcontent.com/pod-product-compliance
Lightning Source LLC
Chambersburg PA
CBHW060222230426
43664CB00011B/1522